문학의 시점

안유환 選集

문학의 시점

인쇄 2025년 7월 30일
발행 2025년 8월 14일

지은이 안유환
발행인 서정환
발행처 수필과비평사
주 소 서울시 종로구 삼일대로 32길 36(운현신화타워 빌딩) 305호
전 화 (02) 3675-3885, (063) 275-4000
팩 스 (063) 274-3131
이메일 essay321@hanmail.net
출판등록 제300-2013-133호
인쇄·제본 신아출판사

저작권자 ⓒ 2025, 안유환
이 책의 저작권은 저자에게 있습니다. 서면에 의한 저자의 허락없이 내용의 일부를
인용하거나 발췌하는 것을 금합니다.
COPYRIGHT ⓒ 2025, by Ahn yoohwan
All rights reserved including the rights of reproduction in whole or in part in any form.

저자와 협의, 인지는 생략합니다.
잘못된 책은 바꿔 드립니다.

ISBN 979-11-5933-599-0   03800
값 25,000원

Printed in KOREA

* 이 책은 부산광역시 부산문화재단의 우수예술 지원금으로 제작되었습니다.

문학의 시점

안유환 選集

수필과비평사

사람이 마음으로 자기의 길을 계획할지라도
그의 걸음을 인도하시는 이는 여호와시니라.

— 잠언 16장 9절

서시

어린 날과 이팔광음에는
뜬구름을 쫓아다녔다
발자국마다
부끄러운 점, 점, 점……

목련꽃 서럽게 지던 어느 봄
나사렛 친구를 만나 좁은 길을 걸으며
민둥산 아래 여윈 농촌을 괴로워했다

생선을 즐겨 먹으며 뱃놈이라 욕하고
농부인 아버지가 창피스러운 굴비처럼
뿌리를 까먹은 이상한 나라 사람들

언제나 막차를 타는 버릇

두리번거리다 신문사를 찾아들었으나
12년이 흘러도 멈추지 않는 오랜 부르심
선지 동산에 올라 목자의 띠를 띠고

어설프게 양무리를 돌보던 어느 날,
때 묻은 가운을 입은 별 하나
산비둘기로 날아간 뒤
시를 쓰며 막힌 숨통을 틔웠다

23년 은퇴 후에는 마음을 고쳐먹고
사이버 대학생이 되어
고희에 소설을 쓰기 시작했다

내 인생의 절친-
문학과 정담을 나누며
나한테 주어진 길을 걸어간다

2025년 사순절에.

白餘 안유환

차례

서시 • 6

제1부 문학이란 무엇인가?

문학이란 무엇인가? • 15
수필이 그리는 그림 • 27
시가 돋아난 자리 • 37
소설이 꿈꾸는 세계 • 50

제2부 수필이 걷는 길

편지를 쓰며 산다 • 63
엽서 한 장 • 67
착각의 계절 • 71
목사 작명가 • 74
액자 속의 내 고향 • 81
킬리만자로여 안녕 • 85
임택진 목사님을 생각하며 • 90
신학은 좋지만…… • 94
아호 이야기(2) • 99
농農의 심포니 • 104

제3부 시를 쓰는 마음

홍콩의 밤 • 111
못다 새길 묘비명 • 115
보길도 파도 소리 • 117
물의 고향 • 119
두 번째 부활의 아침 • 120
돌에서 캐낸 정답 • 122
애기하는 모자상 • 124
그래그래 3년을 살았다 • 126
사랑하는 딸에게 • 127
세상 풍파 • 129

제4부 소설가의 옆집

둥근별 • 133
프란치스코 여숙旅宿 • 156
하이네의 자서전 • 179

제5부 초록 우체통

김형석 교수 • 203
공재동 시인 • 207
한경동 시인 • 214

제6부 산문의 텃밭

고독이라는 양약 • 219

나도 글을 쓰고 싶다 • 226

사랑의 계절에 띄우는 편지 • 234

소설을 쓰는 이유 • 237

새로운 삶을 찾아가는 통로 • 241

나의 신앙 나의 문학 • 250

문화생산의 마당을 펼친 선구자 • 254

십자가 하나면 충분하다 • 257

새해 아침에 • 260

故 송재천 목사 조사弔詞 • 263

제7부 느낌이 오는 작가들

양왕용 시집 『백두산에서 해운대 바라본다』 • 269

박정선 장편소설 『유산』 • 274

김광수 장편소설 『자전거』를 읽고 • 279

김훈의 「화장」 • 282

김승옥의 「무진기행」 • 288

김영하의 「흡혈귀」 • 291

서하진의 「제부도」 • 293

윤대녕의 「말발굽 소리를 듣는다」 • 296

이문열의 『금시조』 • 299

이청준의 「눈길」 • 301

제8부 신문칼럼

목사가 되기 전에 • 307
하나님이 주신 마음 • 309
기회를 빼앗는 사회 • 311
푸른 초장을 그리며 • 313
사랑받아야 할 사람 • 315
반 신앙의 치료부터 • 317
아담의 사과 • 319
생각해 볼 문제들 • 321
그레이스 케리의 마음 • 323

제9부 한국교회 · 성지순례

박창환 전 학장과의 대화 • 327
예루살렘 성에서 • 334

거울 앞에서 • 376
저자 약력 • 378

제1부

문학이란 무엇인가

이탈리아 밀라노의 두오모 성당(2018년 4월 8일)

문학이란 무엇인가?

　인문학적 질문의 답은 하늘의 별처럼 그 수가 많을지도 모른다. '인생이란 무엇인가?' 질문이 나온 지는 까마득하다. 수많은 철학자가 오랜 세월 이 물음에 여러 가지 답을 내놓았다. 그럼에도 불구하고 이 질문은 오늘까지 계속되고, 사람들은 나름대로 그 답을 살고 있다. 왜냐하면 인생의 문제는 어떤 사람이 내린 정의나 몇 개의 답으로 한정될 수 없기 때문이다. 문학도 마찬가지이다. 이 명제 역시 수많은 문인과 학자들이 같은 질문을 계속하며 그 답을 이야기해 왔다. 문학의 세계는 생각하면 할수록 넓고 깊고 높기 때문이다. 오랫동안 시를 짓고 소설을 쓰고 있는 내게 '문학이란 무엇인가?' 묻는다면 나름대로 이해한 바를 다음과 같이 정리해 볼 수는 있을 것이다.
　'문학'이란 포괄적으로 '언어예술을 통한 인생의 표현'이다. 사전적 의미는 "사상이나 감정을 상상의 힘을 빌려 언어로 표현한 예술"로 정의된다. 그러나 아무리 풀어서 설명해도 그 뜻은 쉽게 이해되지 않는다. 더욱이 문학의 정의에 '예술'이란 말까지 덧붙여지고 보면 한결 이해하기 어려워진다. 그렇다면 예술이란 무엇인가? 그 답은 "아름다움을 표현하고 창조하는 일에 목적을 두고 작품을 제작하는 모든 인간 활동과 그 산물을 통틀어 이르는 말"로 더욱 복잡해진다. 중학교 때 미술 선생님은 "미를 창조하고 표현하려는 기술이 곧 예술"이라고 가르쳐주었다. 그분은 제자들에게 이 말을 계속 반복하며 외우게 했기에 오늘까지 기억에 남아있다.

예술에 속하는 문학도 아름다움을 창조하고 표현하는 것이다. 그래도 '문학'이란 말의 개념은 쉽게 떠오르지 않는다. 사르트르의 『문학이란 무엇인가』에서 그 답을 찾아본다. 차례를 살펴보면 '1. 쓴다는 것은 무엇인가 2. 무엇을 위한 글쓰기인가 3. 누구를 위하여 쓰는가 4. 1947년의 작가 상황'이란 제목들이 나와 있다. 이 가운데 '누구를 위하여 쓰는가'란 챕터 말미에서 다음과 같은 설명들이 눈에 띈다. "문학은 자유로운 행위에 의지하고 만인의 자유로운 판단에 내맡겨지는 세계의 자기표현일 것이며, 또한 계급 없는 사회 그 자체의 반성적인 자기표현일 것이다. ……한마디로 해서, 문학은 그 본질상 영구혁명중에 있는 사회의 주관성이다. 그러한 사회에서의 문학은 말과 행동의 이율배반을 지양할 것이다." 이러한 몇 마디 인용으로 전체를 아우를 수는 없지만 '자유로운 자기표현'이란 말이 풍기는 의미는 결국 '문학이란 쓰는 것'으로 이해할 수 있을 것 같다. 어느 장르도 생각만으로는 예술이 될 수 없다. 문학은 언어로 표현되어야 한다.

인생의 의미도 지천명은 되어야 어렴풋이 깨달을 수 있을 것이다. 어느 정도 인생을 이해할지라도 예술의 의미는 더더욱 구름을 잡는 것처럼 손에 잡히지 않는다. 책을 읽고 글을 쓰며 이제는 잡았다고 생각하면 그것은 어느새 모래알처럼 손가락 사이로 빠져나가 버린다. 톨스토이는 '예술'의 의미를 캐려고 생각하기 시작해서 15년이나 걸려 『예술이란 무엇인가』를 펴냈다. 그동안 그는 『참회록』, 『우리는 무엇을 해야 하는가』, 『인생이란 무엇인가』, 『기독교 교의』 등 8권의 책을 출간하고 나서 마침내 '예술의 답'을 밝혀냈다. 톨스토이가 파악한 인생관—종교의식—은 예술을 인생으로부터 분리할 수 없다는 것이었다. 그는 "예술이란 무엇인가? 묻는 것이 얼마나 어리석은 질문인가 반문하며, 예술은 온갖 형식의 건축·조각·회화·음악·시" 등으로 정의했다. 그뿐만 아니라 인간 생활은 온갖 종류의 예술작품으로 가득 차 있으며, 자장가·농담·흉내·개선행렬까지도 예술 활동에 포함하고 있다.

문학이 되려면 언어라는 도구로 무엇을 만들어내야 한다. 어떤 것이나 이루어지기 전에는 그 형체를 알 수 없다. 하나님이 태초에 천지를 창조하실 때 "땅이 아식 모양을 갖추지 않고 아무것도 생기지 않았는데, 어둠이 깊은 물 위에 뒤덮여 있었다."(창세기 1:1)로 공동번역 성경은 기록하고 있다. 그러한 상태에서 하나님의 말씀을 따라 빛과 하늘과 땅이 생겨나고 동식물과 인간이 만들어졌다. 천지가 창조되는 과정처럼 처음 우리의 정서는 '혼돈하고 공허한' 상태였다. 할머니의 옛이야기를 들으면서, 책을 읽어가면서 무언가 쓰고 싶은 생각이 꿈틀거리고, 가슴속에 있는 것들을 하나씩 그려내기 시작했다.

대부분의 사람들은 일기를 쓰는 것으로 문학적 걸음마를 시작했는지도 모른다. 글자 모양을 베껴 쓰면서 글을 익히고, '일기 숙제'를 검사 맡기도 했을 것이다. 필자가 본격적으로 일기를 쓰기 시작한 것은 중학생을 벗어나 고등학생이 되려는 무렵이었던 것으로 기억한다. 철이 없기는 언제나 마찬가지지만 어쩌다가 자기를 돌아보고 싶은 마음이 생겼던 것일까? 누구로부터인가 '공자의 일일삼성(一日三省)'을 접한 것이 일기 쓰기의 계기가 된 것같다. 처음에는 대학노트로, 그 다음에는 제작된 일기장을 사용해 십여 년이 지나도록 꾸준히 일기를 썼고, 그때가 나의 신앙이 자리를 잡아가는 과정이었던 것으로 보인다.

지금은 그 이름을 잊었지만 '좋은 생각'이나 '샘터' 같은 규모의 월간잡지를 읽으면서 독후감이나 독자평을 써 보내면 뒷면 독자란에 게재될 때가 있었다. 출판사에서는 원고료 대신으로 잡지를 한 권씩 더 보내주었다. 처음의 일기는 참으로 단조로웠으나 시와 소설, 수필을 읽으면서 깨달음을 하나씩 더해갔다. 그리고 나도 무언가 그들-작가들처럼 어떤 이야기라도 써보고 싶은 충동이 꿈틀거렸다. 우한용 교수는 "자신의 깨달음을 간단하게나마 이야기하고 싶어지고 글로 쓰고 싶은 충동을 억누르지 못하게 되는 표현 욕구에서 문학은 출발한다." 말했다. 어릴 적 일기 숙제, 대입 논술시험 같은 것으로 글쓰기를 지속해 갈 수는 없을 것이다,

처음에는 방향도 목적도 없이 그저 무엇이든지 쓰고 싶어진다. 얼핏 보면 시 같기도 하고, 수필의 형태를 닮기도 하며, 이야기가 좀 더 길어지면 소설의 흉내를 내는 것처럼 보이기도 할 것이다. 무엇(글)이 될 것 같아 선배 문인이나 스승에게 보여보면 그것은 잡문도 아니고 허튼소리에 불과하다는 판정을 받는 경우가 대부분이다. 쓰고 싶은 욕구가 바로 문학이 될 수는 없다. 그것은 문학을 향해 마음 문을 열고 스타트라인에 서거나 출발을 준비하는 자세일 뿐이다. 필자의 메모장에는 '문학의 역할'이란 제목 아래 다음과 같은 글이 보인다. "문학은 마음을 열어준다. -눈을 뜨게 한다. -높은 생각을 하게 하며 신(神)에게까지 다가간다. -껍질을 깨고 나오게 한다. -편협하지 않

은 꿈을 꾸게 한다. ―곡선 의식(직선을 벗어나), 곧은 길이 아니라 굽은 길, 아스팔트가 아니라 시골길에서(발견한다)"

　이러한 문학의 역할에 기능하려면 먼저 문학작품을 머리와 가슴으로 받아들여야 한다. 읽고 나서 일기를 쓰듯 독후감을 적어보는 것도 좋은 방법이 될 수 있을 것이다. 필자가 문학작품을 대하고 가슴 깊이 크게 감동한 것 가운데 심훈의 장편소설 〈상록수〉가 제일 기억에 남는다. 농촌계몽 운동을 펼치는 주인공 채영신의 이야기는 고교 교과서에도 실렸었다. 이광수의 〈흙〉은 얼마 후에 읽었다. 그때 지식인은 민중을 위해 살아야 한다는 농촌운동이 요원의 불길처럼 일어나고 있었다. 류달영 박사, 배민수 목사, 덴마크를 일으킨 그룬트비 목사, 그리고 모든 영광을 내려놓고 검은 땅 아프리카로 건너간 알베르트 슈바이처 박사에 내한 담론들이 내 좁은 가슴을 뒤흔들었다. 그때 농촌운동은 시대정신이었다.

　이들의 영향을 받으면서 나는 글을 쓰려는 것이 아니라 농촌을 일으키는 농부가 되고 싶었다. 그리고 필요한 전문지식을 쌓기 위해 농학도가 되었다. 막차를 탄 그 꿈은 60년대 초 중공업 정책으로 이농현상이 일어나면서 어디론가 떠내려가 버렸다. 그러나 문학은 내 삶 속에 함께 있었다. 이제는 어떻게 하면 글을 좀 잘 쓸 수 있을까, 하는 쪽으로 생각이 기울었다. 수많은 작가 가운데는 이광수, 전영택, 이문열을 비롯해 헤밍웨이, 존 스타인벡, 카뮈 등 기자나 언론인 출신이 많았다. 나는 그때 신문기자가 되면 저절로 글이 잘 써지는 줄 알았다. 농촌에의 꿈이 멀어진 내게 글을 잘 써보려는 새로운 꿈이 나를 일간신문 기자의 길로 이끌었다.

　문화부에서 처음으로 취재한 글을 데스크에 넘겼다. 나는 나름대로 미사여구를 동원하며 200자 원고지 몇 장에 정성을 다했다. 그러나 데스크로부터 돌려받은 나의 원고는 너덜너덜하게 걸레처럼 되어 있었다. 나름대로 꾸몄던 아름다운 문구들은 다 깎여나가고 말았다. 다시 정서해서 제출한 글이 기사로 지면에 얼굴을 드러낼 수 있었다. 이런 과정을 거치면서 기사를 제대로 쓰는 노하우를 터득했다. 기자 생활 12년은 문학의 도구인 언어를 연마하는 데 많은 도움을 주었다. 호모 파베르(homo faber), 인간의 역사는 도구를 사용할 줄 아는 인간 자신의 부단한 확장으로 이어져 왔다고 학자들은 말하고 있다.

그 중심에 문학이 있다. '물리적으로, 정신적으로 우리를 옭아매고 있는 모든 여건을 뛰어넘어 초월적인 세계를 만듦으로써 우리는 삶의 공간을 확장한다. 그것은 자유를 위한 투쟁이고, 그 투쟁의 상상적 형상화가 문학의 집을 짓는다.' 그러기 위해 우리는 문학을 삶의 영역으로 이끌어 들여야 한다. 부지런히 읽고, 배우고, 끊임없이 써야 한다. 어느 정도는 독학도 가능하나 더 나은 발전을 하려면 배우지 않으면 안 된다. 괴테는 1788년 이탈리아를 여행하는 중에 회화(繪畫)를 공부하면서 끊임없이 다른 사람에게 배웠다. 그는 말했다. "제가 자신을 가르치려면 가르치는 힘과 소화하는 힘이 하나가 되고, 따라서 발전은 줄어들 수밖에 없습니다." 스스로 배운다는 것은 너무도 어려운 일이다.

누구에게 배울 것인가? 수습기자 훈련을 받을 때 편집국장은 "기자의 스승은 신문이다."라고 말했다. 매일매일 쏟아지는 신문은 어떻게 하면 기사를 잘 쓸 수 있는지를 가르쳐주었다. 필자는 수필로 문학을 시작해서 시를 짓고, 마침내 소설을 쓰게 되었다. 수필은 수필의 스승이었고, 시집은 시의 스승이며, 소설의 스승은 고전과 이름있는 작품들이었다. 제임스 A. 미치너는 『작가는 왜 쓰는가』에서 자기의 경험을 털어놓고 있다. "대학 시절 나는 아주 완성도 높은 소설이라고 생각되는 『보바리 부인』을 읽었다. 처음 읽었을 때는 그 내용이 그리 마음에 들지 않았다. 그러나 여름방학 때 그 책을 다시 한번 읽으면서 교묘한 인물묘사, 정확한 배경설정, 그리고 장중한 비극에 이르는 정연한 플롯에 대해 눈뜨게 되었다." 그러나 미치너는 늘 독자의 입장이었지 잠재적인 작가의 입장은 아니었다. 그러다 어느 여름방학, 윌리엄 새커리의 『허영의 시장』을 읽고 처음으로 소설에 푹 빠지는 경험을 했다. 소설 속의 인물들은 직접 눈앞에서 보는 것 같았고, 끝 페이지에 이르렀을 때는 이런 인물들을 영원히 떠나보내야 하는구나, 아쉬움을 느꼈다. 바로 그 순간 그는 글쓰기의 마력에 눈을 떴다고 고백하고 있다. 그리고 『안나 카레니나』를 읽고 역시 같은 감동을 느꼈다. 필자는 유명 시인, 작가들이 언급하는 작품을 다시 찾아 꼼꼼히 읽어보았다. 고전은 최고의 문학 스승이었다.

　그러나 그런 작품이 아무리 훌륭하다고 하더라도 그것은 추상적 이론에 불과했다. 더 구체적인 것은 자기의 유년 시절과 사춘기, 그리고 고향의 추억이 작품의 형상화에 귀한 소재가 된다. 그 속에 슬픔이 있고, 그리움이 깃들고, 때로는 지울 수 없는 아픔이 잠자는 그를 일깨운다. 『의사 지바고』를 쓴 파스테르나크는 "사춘기의 추억이 얼마나 소중한지를 말하기 위해 사람들은 사춘기가 지나서 몇십 년을 더 살아도 연료를 받으려 격납고로 자꾸만 돌아가는 연습용 비행기처럼 그때의 추억 속으로 되돌아가게 된다."고 말했다. 오생근 교수는 "슬픔을 느끼는 마음이야말로 세속적인 현실 안에서 우리의 정신이 둔탁해지고 감수성이 무디어지는 것을 막는 장치"라고 말한다.

슬픔은 과거로 돌아가려는 감상적이고 낭만적인 취향의 욕구가 아니라 현재의 시간 속에 함몰되지 않고 깨어있으려는 순정한 의지일 수 있다는 것이다.

수많은 문학 지망생들이 열병을 앓는 '신춘문예'는 언제나 좁은 문이지만 문학의 터전은 동서 사방으로 넓게 퍼져있다. 문학의 세계는 그 자체가 우주이다. 모든 예술의 집은 아무리 채워도 차지 않는다. 가도 가도 끝이 없는 길이다. 문학의 집은 하루아침에 이루어지는 것이 아니다. 하나의 과일은 묘목을 심고, 가꾸고, 잎이 피고, 꽃이 피고 마침내 열매를 맺는다. 그리고 천천히 익어간다. 삶 속에 나타나는 많은 고통과 기쁨과 슬픔이 문학을 곱게 색칠한다. 예술의 토양은 고난과 슬픔이다. 의사의 아들로 태어난 시벨리우스(1865~1957)는 핀란드가 러시아의 식민지로 고통을 당하고 있을 때 불후의 곡 '필란디아'를 작곡했다. 핀란드 국민은 이 음악을 통해 러시아의 압제에 저항하며 독립운동에 불을 지폈다. 핀란드가 해방된 후에 국가는 시벨리우스를 국부로 추앙하며 아무 걱정 없이 편히 곡을 쓸 수 있도록 모든 지원을 아끼지 않았다. 그 후 28년 동안 그는 많은 곡을 썼으나 국민의 가슴을 울리는 필란디아 같은 곡은 나오지 않았다고 한다. 문학예술은 언제나 고통과 슬픔, 압제와 소외의 현장에 있어야 한다.

그리고 아무리 화려한 조명을 받고 등단했다고 할지라도 그의 문학이 완숙하려면 오랜 연륜이 필요하다. 흔히 문학상 심사기준을 정할 때 5년, 10년, 20년의 이력을 내세우는 것은 그 정도의 연륜을 거쳐야 문학이 자기 면모를 갖추게 된다는 것을 인정하는 것이 아닐까? 문학도 나이를 먹으면서 자란다. 박경리는 25년 동안 대하소설『토지』(16권)를 집필했고, 괴테는 58년에 걸쳐『파우스트』를 완성했다. 마저

릿 미첼이 『바람과 함께 사라지다』를 쓰기까지는 10년이 걸렸다. 23세 때부터 글을 쓰기 시작하여 54세에 노벨문학상을 수상한 오르한 파묵은 2006년 수상 연설에서 "나는 인류가 자신을 이해하기 위해 창조한 가장 소중한 산물이 바로 문학이라고 믿습니다."라고 말했다. 그는 문학은 자기의 이야기를 다른 사람의 이야기처럼, 다른 사람의 이야기를 자기 이야기처럼 풀어낼 수 있는 기예(技藝)라고 풀이했다.

그럼 문학의 배경은 어디까지인가? 사르트르는 다음과 같이 말했다. "파브리스 블라네스(스탕달 의 '파름의 승원' 작중인물)의 모험의 배경에는 1820년의 이탈리아와 오스트리아와 프랑스가 있고, 블라네스 신부가 점치는 하늘의 별들이 있고, 결국 대지 전체가 있다. 화가가 우리에게 들이나 꽃병을 보여줄 때 그 그림은 말하자면 온 세계를 향해 열려있는 장문이다. 밀밭 사이로 뻗어간 그 뻘간 길을 우리는 빈 고흐(Van Gogh)가 그린 것보다 더 멀리 따라간다. 다른 밀밭 사이로, 다른 구름 아래로, 바다로 흘러드는 땅끝까지 그 길을 따라간다." 하나의 예술작품은 더 많은 상상력을 불러일으킨다.

이것은 시나 소설 등 여러 작품을 읽을 때도 마찬가지이다. 우리가 예술작품을 감상하는 원동력은 상상력(想像力)이다. 문학예술은 그 자체가 상상력의 산물로 형상화된 것이며, 그것을 읽는 행위에도 그에 못지않은 상상력이 요구된다. 상상력은 문학을 지탱하는 힘이다. 상상력은 '꿈을 꿀 수 있는 힘'으로 작용하기도 한다. 이것이 없는 것을 있는 것같이, 보이지 않는 것을 보는 것 같이 재구성하여 현실의 세계로 이끌어낸다. 문학이 상상력에 의해 추구하고자 하는 '새로운 세계'는 반드시 낭만과 환상의 유토피아를 의미하는 것은 아니다. 문학은 우리가 깨닫지 못하면서 지나치는 일상의 삶을 의미 있는 각성의 차원으로 이끌어 올린다. 평소 우리의 눈에 익은 일상을 낯설게 하고, 우리의 현실을 재구성하여 '의미'를 발견하게 하는 것이다. 이것은 1920년을 전후하여 러시아 형식주의자들이 단지 문학의 형상화를 미학적으로 설명하기 위해 동원했던 '낯설게 하기'의 수준을 넘어서는 것이라 할 수 있다.

문학의 그릇은 그 크기를 한정할 수 없다. 발자크에 필적하려는 꿈을 꾸던 이병주는 "경주의 하늘에서 신라의 하늘을 보고, 그 옛터의 부서진 기왓장에 눈물을 흘리게 하는 것도 문학"이라고 말한 바 있다. 그리고 언어를 수단으로 하는 문학은 필경 사상(思想)의 예술일 수밖에 없다. 그는 문학과 사상을 얘기하면 너무나 광범위한 늪 속에 빠질 위험이 있기 때문에 '문학적 인식'에 국한하여 다음과 같이 설명하고 있다.

그는 무엇보다 문학의 인식을 위해 '사랑'을 앞세우고 있다. 우리는 하늘과 산과 들, 이 마을과 도시의 사람들을 사랑하는 마음과 눈으로 문학을 인식해야 한다. 슬픈 까닭에 사랑하고, 추함 때문에 사랑하고, 아름다움으로 인해 물론 사랑하게 된다는 것이다. 이처럼 사랑이 문학의 원천이며, 그 원천으로써의 인식이 문학적 인식이라는 것이다. 사랑이 문학으로 기능하려면 심성의 질서와 논리에 따라 그 인식을 정교하고 촘촘하게 정리해야 한다. 심성의 질서는 공인된 사회질서를 무시하고 보편적인 질서 의식에 반발하는 데서 나타난다. 예를 들면 구두닦이와 대기업 사장 사이에 계급의식을 두지 않는다. 명문의 규슈와 창녀에 대해서도 인간적 차별을 두어서는 안 된다. 도스토옙스키는 창녀 소냐 속에 숨어있는 신성(神性)을 보았으며 허다한 명문 여성을 젖혀놓고 소냐에게 여성이 지닌 최고의 품성을 부여했다.

작가는 사회의 서열과는 확연히 다른 순서로 문학세계를 구축해야 한다. 또한 정치·경제·사회·문화 등 무릇 인간에 관계되는 모든 일은 문학적 비판에 면책특권을 가져서는 안 된다는 것이다. 허위와 영화에 대해서도 민감하여 악한 선인과 선한 악인을 가려낼 줄 알아야 한다. 세속의 법정에서 사형선고를 받은 범인이 무죄선고를 받을 수 있는 것은 오로지 문학의 법정에서 가능하며, 기념 동상으로 세워진 독재자에게 유죄 선고를 내릴 수 있는 것도 문학이 세우는 정의라는 것이다.

그리고 문학적 인식은 기록과 묘사를 통해 새롭게 조명되어야 한다. 문학은 만인이 느끼고 있으면서도 정착시키지 못하는 것을 언어의 수단을 통해 형상화 시켜야 한다. 오르한 파묵도 문학을 하는 사람은 "모든 사람이 알고 있어도 자신이 안다는 사실을 모르고 넘어가는 일을 언급해야 한다."고 말했다. 이러한 문학 텍스트는 예술적으로 형상화된 구조로 존재한다. 박인기 교수(경인 교육대)는 문학의 효용성을 문학을 대하기 전에 너무 강조하는 것은 반문학적일 수 있다고 말한다. 일찍이 칸트(Immanuel Kant:1724~1804)는 문학예술의 효용가치를 지나치게 목적적으로 접근하는 것을 경계했다. 그럴 수밖에 없는 것이 문학은 형상화된 언어방식으로 자신의 존재를 알리고 자신의 메시지를 내포하여 전달하기 때문이다.

자크 데리다는 "문학은 모든 것을 말할 수 있게 해주는 기이한 영토이다.", 롤랑 바르트는 "문학은 언어로 도달할 수 있는 가장 이상적인 형태의 유토피아"라고 말했다. 다시 말해 언어로 표현되지 않은 것은 문학이 될 수 없다. 괴테는 이탈리아 여행 중에 그의 지인들에게 다음과 같은 편지를 썼다. "……제가 눈보다는 정신으로, 손보다는 영혼으로 이 편지를 쓰고 있다는 것을 여러분은 알아주시기 바랍니다. 친애하는 형제여, 정진하십시오. 다른 사람들을 개의치 말고, 계속 생각하고, 찾고 종합하고 시를 쓰고 글을 쓰십시오. 우리는 살아있는 한 글을 써야 합니다. 처음엔 자기 자신을 위해서인데, 그러다 보면 자기와 비슷한 사람들을 위해서 존재하게 됩니다." 그는 영혼으로 글쓰기를 강조하고 있다. 필자는 혼을 쏟아부어 글을 쓰며 그 속에 '생기'를 불어넣는 것이 작가의 자세라 생각한다. 이렇게 형상화된 문학은 독자에게 큰 감동을 불러일으킬 것이다. 감동이 없는 문학은 그 존재의 의미를 찾을 수 없다. 이 '울림의 힘'이 문학의 가장 중심이 되는 가치이다.

(부산 크리스천문학 제37호. 2022년 상반기)

| 참고문헌 |

- 장폴 사르트르(정명환 역) : 『문학이란 무엇인가』, 민음사, 2017.
- L.N. 톨스토이(동완 역) : 『예술이란 무엇인가』, 신원문화사, 2017.
- 문학과 문학교육연구소 : 『문학의 이해』(제3판), 삼지원, 2016.
- 오르한 파묵(이난아 역) : 『다른 색들』, 민음사, 2016.
- 오생근 : 『시인과 나무, 그리고 불빛』, 문학판, 2020.
- 이병주 : 『문학을 위한 변명』, 바이북스, 2010.
- 제임스 A. 미치너(이종인 역) : 『작가는 왜 쓰는가』, 예담, 2016.
- 요한 볼프강 폰 괴테(박찬기 외 2명 역) : 『이탈리아 기행 2』, 민음사, 2019.
- 프랑수아즈 사강(김남주 옮김) : 『브람스를 좋아하세요』, 민음사, 2024.

수필이 그리는 그림

　수필은 내게 '죽마고우'처럼 다가왔다. 어릴 적 친구를 오랜만에 만난 자리에는 격식도 예절도 순서도 꾸밈도 없다. 누가 보든 말든 그 옛날 '고향 사투리'를 그대로 늘어놓으며 이야기꽃을 피운다. 산사락이나 풀밭에 제멋대로 자라는 야생화처럼, 길가에 흐드러지게 피어있는 코스모스처럼─. 고상한 지식이나 정치적인 얘기는 끼어들 자리가 없다. 지난날 어떤 아이는 여자친구들의 고무줄놀이를 방해했고, 딱지치기, 땅따먹기 놀이를 하며 서로 싸우기도 했다. 그러나 자고 나면 모든 '원한'은 아침 안개처럼 사라지고 '나의 살던 고향은~' 노래를 함께 불렀던 시절이 그림처럼 되살아난다. 어릴 적 얘기를 하다가 금방 사춘기로 넘어가고, 그리고 학업으로, 직장으로 뿔뿔이 흩어졌던 날들을 돌아본다. 함께 뛰놀던 친구들이 지금은 어디에 살고 있고, 어떤 친구는 일찍 세상을 떠났다는 소식에 그리워하며, 슬픔에 젖는다. 내가 수필을 처음 만났을 때의 모습이 그러했다.
　처음 글을 쓰기 시작할 때는 그야말로 '수필'이었다. 우리가 아는 대로 수필이란 따로 형식을 취할 필요도 없이 붓 가는 대로 쓰는 글이다. 틀에 잡힌 형식이나 딱딱하게 규격화된 것은 재미를 만들어내기 어렵다. 자연보다 더 아름다운 것도 없고, 성형의사의 손이 가지 않은 얼굴보다 더 매력적인 미인도 없다. 그야말로 제멋대로 얼마간 '수필'이란 것을 끼적였다. 글을 쓴다는 것은 누가 시켜서 할 수 있는 일이 아니다. 제멋에 겨워 써놓고 보면 나름대로 보람을 느끼고 재미도 있었다. 그즈음 부산에서도 크리스천 문인협회가 태동하고 모이며 조금씩 활동을 시작했다.

30~40년 전에는 요즘처럼 글 쓰는 사람이 그렇게 많지 않았다. 따라서 회원확보도 어려웠을 것이다. 부산 크리스천 문인협회에서는 등단도 하지 않은 나를 회원으로 가입시켰다. 지난날 신문 기사를 쓰던 문화부 기자라는 나의 이력을 등단으로 간주한 것이다. 당시 목회자였던 나는 '무면허'로 수필의 운전대를 잡았다. 그럼에도 불구하고 한동안은 주눅 들지 않았다. 왜냐하면 '문학'이 어떤 것인지 제대로 알지 못했기 때문이다. 그저 생각나는 대로 글을 쓰면 문학이 되는 줄 알았다. 막연히 글 쓰는 것을 동경하여 기자가 되었지만 사실 기사를 취재할 때는 문학을 깊이 공부할 시간적 여유도 없었다. 그러나 동인들의 글을 읽고 이름있는 수필가들의 작품을 접하면서 나의 무면허에 대해 조금씩 자괴감을 느꼈다.

그럼에도 불구하고 '수필작법' 같은 책을 사보거나 특별히 공부를 따로 한 기억은 없다. 등단을 작심하고 두 편의 수필-「雅號 이야기」 「無隻山」-을 차례로 써서 1997년 월간『수필문학』의 추천을 완료했다. 첫 수필집『매미 소리를 들으며』를 선보인 것은 1999년이었다. 그리고 15년 후 두 번째 수필집『마음을 건드리는 노래』를 펴냈다. 그동안 목회에서 은퇴하고 출석하는 교회의 성도들을 대상으로 글쓰기 〈문예교실〉을 지도하기 시작했다. 그때 나는 '문학이란 무엇인가?' '수필이란 무엇인가?'를 깊이 생각하게 되었다. '가르치며 배운다'는 말처럼 비로소 문학을 공부하기 시작한 것이다. 나는 글쓰기 지도에서 윤오영(1907~1976)의 『수필문학입문』을 텍스트로 하며 2~3권의 '수필창작론'을 참고했다.

윤오영은 수필의 개념을 다음과 같이 말했다. "수필은 자유로운 산문이다. 그러나 어디까지나 문학작품으로서의 자유로운 산문이다. ……세간에 흔히 수필이라면 신변잡기에 불과한 사소한 문장이라 경시하며 시사 평론적, 문화 평론적인 도도한 문장을 에세이 문학으로 생각하는 경향이 있으나 그것은 문학적 성격을 몰각하는 말이다. ……수필이란 가장 오래된 문학 형태인 동시에 가장 새로운 문학 형태요, 아직도 미래의 문학 형태이다."

영국의 시인이며 비평가인 하버드 리드(H. E. Read) 다음과 같이 정의했다. "수필은 단순한 기성의 언어에 의한 건축물이 아니다. 시나 희곡처럼 탁마되고 정선되어 이루어진 글이 아니다. 우리가 일상 가지고 있는 언어에 의하여 이루어진 산문이 수필이다." 강범우 평론가는 "수필은 소설처럼 허구로 꾸며내는 이야기가 아니라 자기 현시(顯示)의 글이다. 수필은 체험을 토대로 하는 주관적, 개인적, 심경적인 것들이 그 본바탕을 이룬다. 그러므로 수필은 다른 글보다 독자에게 더 친근감을 주고 있다."

피천득(1910~2007)은 그의 「수필」에서 다음과 같이 이야기하고 있다. "……수필은 청춘의 글은 아니요, 서른다섯 살 중년 고개를 넘어선 사람의 글이며, 정열이나 심오한 지성을 내포한 문학이 아니요, 그저 수필가가 쓴 단순한 글이다. ……수필은 한가하면서도 나태하지 아니하고, 속박을 벗어나고서도 산만하지 않으며, 찬란하지 않고 우아하며, 날카롭지 않으나 산뜻한 문학이다." 이런 말들을 살펴보면 '수필'은 어쩌면 모든 사람에게 '죽마고우'처럼 다가서는 글인지도 모른다.

"왜 글을 쓰는가?"라고 질문을 받은 사람들이 가장 쉽게 내놓는 답은 대체로 "쓰고 싶어서, 쓰지 않고는 견딜 수 없어서"라는 말이다. 틀리지 않은 답이지만 올바른 답이라 할 수는 없다. 어떤 일에는 반드시 이유가 있고 뜻이 있기 마련이다. 바울은 고린도 교회에 보내는 첫 번째 편지에서 "세상에 소리의 종류가 많으나 뜻이 없는 소리는 없다"(고전14:10)고 말했다. 온갖 소리가 다 뜻이 있다면 마음을 펼치는 글쓰기에 의미가 없을 수 없다. 우리의 눈으로 볼 수 없는 사물이 많고, 그것들이 어떻게 이루어지고 어떤 과정을 거쳐왔는지 다 알아보기는 참으로 어렵다. 어떤 느낌을 받았는지 다 표현할 수도 없다. 그렇다고 "참 좋다!" "아름답다!" "멋있다!" 한마디로 평가해버린다면 아마 우리는 한 발짝도 앞으로 나아가지 못했을 것이다. 이유를 찾으면 답이 보인다. 눈으로 볼 수 없는 것은 현미경으로 찾아보고, 알 수 없는 것은 배우고 연구해야 한다. 우주의 수많은 별을 관찰하기 위해서는 천체망원경이 필요하다. 글을 쓰는데도 분명히 소중한 이유가 있다.

글을 쓰는 이유는 무언가 남기고 싶은 마음이 있기 때문이다. 귀중한 일을 잊어버릴까 하여 메모를 하는 것처럼. 글을 쓰는 사람은 먼저 누군가에게 이야기하고 싶은 마음이 있었다. 여행지에서 아름다운 경치를 렌즈에 담는 사람처럼 보고 들은 좋은 생각을 메모하고 그것을 누구에게 얘기하고 싶어진다. 그대로 흘려버리기는 아쉬운 자기 생각이 붓을 따라 글로 모습을 바꾼다. 아무런 형식이나 계획도 없었다. 생각나는 대로 옮기다 보니 한 페이지의 글이 되었다. 그 글의 '이름을 불러주었을 때' 그 글은 나에게로 와서 한 편의 '수필'이 되었다.

살다 보면 어렵고 답답한 마음이나 감동적인 느낌을 털어놓고 얘기하고 싶어도 그런 얘기를 들어줄 사람이나 그 마음을 알아줄 수 있는 사람을 만나지 못할 때도 있다. 가까운 이웃들과 함께 살면서도 그런 사람을 찾기는 쉽지 않다. 그럴 때 우리는 한 장의 종이를 앞에 놓고 이야기를 시작한다. 거울에 자기 얼굴을 비춰보듯 지면에 자기 모습을 그려낸다. 그 모습은 외출하려고 얼굴을 씻고 옷매무새를 고친 것이 아니다. 나들이에서 돌아와 편한 옷으로 갈아입고 소파에 몸을 던진 모습이다. 그럴 때 글을 쓰는 사람은 해방감을 맛보고 사기가 쓴 글에 위로를 받는다. 그것은 치유와 '구원'으로 이어진다. 그 남겨진 글—아무에게도 얘기할 수 없었던 이야기—을 읽는 사람들은 언젠가는 작가의 모습을 대하는 것처럼 그 진솔함에 감동을 받게 될 것이다.

그리고 문예지에 수필을 발표하거나 한 권의 책으로 묶어낼 때는 그 모습도 매만지고 단장도 하며 퇴고를 해야 한다. 나의 첫 수필집 서문은 "수필은 정돈된 마음의 행로이다.……"로 시작되고 있다. "……때로는 해수욕장이나 휴양지에서 벌거벗거나 아무렇게나 차린 모습들을 스냅으로 카메라에 담기도 하지만 정식으로 인물사진을 찍을 때는 대체로 머리모양도 손질하고, 화장도 하고, 정장을 하게 된다. 이것을 두고 아무도 가식이라고 말할 수는 없다. 수필을 쓰는 것도 이런 일들과 흡사하다. 글을 쓰는 사람들은 마음의 정장을 하고 그 표현도 화장을 하는 셈이다. 거추장스러운 것들을 제하며 가장 아름다운 마음들을 정리한 것이 한 편의 수필로 완성된다. 그러기에 수필을 읽으면 그 안에 예절이 있고 아름다움이 있고 감격과 기쁨을 발견한다."

어떻게 한 편의 수필을 쓸 수 있을 것인가? 시인이 한 편의 시를 쓰려면 우선 시상이 떠올라야 하고 은유와 직유 등을 적용할 방법을 고안하고 흙 속에서 보석을 찾아내듯 오래도록 고심하며 알맞은 시어(詩語)를 발굴해야 한다. 시를 쓰는 장소는 외딴곳이나 골방이 적당할 수도 있을 것이다. 소설가가 한 편의 소설을 쓰려면 플롯을 생각하고 소재를 관찰하고 묘사하여 주제를 살려내기까지 한동안 일상생활과는 담을 쌓을 수도 있을 것이다. 그러나 수필가는 삶의 현장을 떠날 수 없다. 소재가 생활 속에 널려있기 때문이다. 수필의 소재는 외따로 있는 것이 아니며 특별한 주제를 미리 설정해야 하는 것도 아니다. 만약 계획된 주제로 글을 쓴다면 그것은 수필이기보다는 자기의 생각이나 주장을 논리적으로 전개하는 논설문이 되고 말 것이다.

수필은 자기 이야기를 쓰는 것이다. 자기가 태어난 자리와 유년, 소년, 청년 시절의 성장 과정, 기쁨과 슬픔, 성공과 실패, 미래의 꿈 등 그가 생각하며 살아가는 모든 일이 수필의 소재가 된다. 영국의 비평가이며 수필가인 페이터(Walter Pater)는 "만 가지의 경험을 함께 쓸어모으면 영원한 생명체가 된다."고 말했다. 수필은 소설처럼 꾸며낸 서사가 아니라 진솔한 자기 이야기이다. 누구에게 지식을 전달하려는 것이 아니라 남기고 싶은 얘기를 하는 것이다. 글(수필)을 쓴다는 것은 잊어버린 자기를 되불러내는 것이며, 달아나는 기억을 붙잡아두는 일이다. 우리의 삶은 곧 이야기이다. 서로가 만나면, 앉으면 온갖 이야기를 꺼낸다. 그 이야기를 골라서 잘 정리하면 한 편의 수필이 될 수 있다.

글을 쓴다는 것은 자기의 정체성을 찾는 것이다. 글을 쓰면서—자기가 쓴 글을 읽으면서 '내가 누구인지' 알게 되고, 역지사지하는 마음이 다른 사람을 이해하게 한다. 사람이 자기의 정체성을 잃어버리면 의무와 책임도 소홀히 할 수 있다. 그러다 보면 마땅히 누려야 할 권리도 찾지 못하고 마침내는 소중한 자유마저 잃어버리게 된다. 그러나 글을 쓰면 과거를 반성하고, 현재 상황을 파악하여 주제를 알고, 미래에 대한 희망과 꿈을 가질 수 있다. 글을 쓰며 생각하는 것은 삶의 자리를 돌아보는 것이며, 어디서나 자기 좌표를 확인하면 방향감각을 되찾고 나아갈 길을 바로 걸어갈 수 있을 것이다. 마침내는 자아의 옳고 그름은 판단하고 왜 살아야 하는지, 어떻게 살아야 하는지, 궁극적인 질문을 하는 자리에 이른다. 이러한 질문의 답을 얻으면 흐트러진 삶은 바로잡히고 다른 사람에게도 선한 영향을 미친다. "우리가 글 쓰는 방법을 배우는 이유는 누군가를 심판하거나 탐욕과 질투를 키우기 위해서가 아니라 스스로의 인생에 대해 경탄과 애착을 가지기 위해서다." 미국의 작가 나타리 골드버그의 말이다.

한 걸음 더 나아가서 좋은 수필은 문학성이 있어야 한다. 귀한 교훈이 가득한 경전을 두고 문학성이 있다고 말하지 않는 것처럼 내용이 좋다고 다 문학작품이 되는 것은 아니다. 문학이란 아름다움을 창조하거나 발견하는 예술적 언어의 구조를 말한다. 그리고 모든 예술적 표현은 우리에게 감동을 불러일으킨다. 미국의 바바라 애버크롬비(Barbara Abercrombie)는 그의 『글 잘 쓰는 기술』에서 마음을 움직이는 표현을 이렇게 설명하고 있다. "사람들로 붐비는 출근길 지하철 입구에 맹인 두 사람이 구걸하고 있었다. '저는 태어날 때부터 앞이 보이지 않습니다'라는 표지를 목에 걸고 있는 사람의 깡통에는 각박한 인심을 반영이라도 하듯 동전 몇 개만 덩그러니 담겨있었다. 그러나 조금 떨어진 자리에서 '저는 봄이 와도 꽃을 볼 수 없습니다'라는 팻말을 세워놓고 앉아있는 맹인의 깡통에는 동전이 가득했다. 이 사람의 단 한 줄 팻말이 행인들의 마음을 움직인 것이다." 수필은 읽는 사람의 마음을 움직일 수 있어야 한다.

피천득은 '수필'을 차를 마시는 것에 비유하고 있다. "수필의 재료는 생활 경험, 자연 관찰 또는 사회현상에 대한 새로운 발견 등 무엇이나 다 좋을 것이다. 그 제재(題材)가 무엇이든지 간에 쓰는 이의 특성과 그때의 무드에 따라 '누에의 입에서 나오는 액이 고치를 만들 듯이' 수필은 씌어지는 것이다. 수필은 플롯이나 클라이맥스가 필요하지 않다. 가고 싶은 데로 가는 것이 수필의 행로이다. 그러나 차를 마시는 것과 같은 문학이 그 방향(芳香)을 갖지 아니할 때는 수돗물같이 무미(無味)한 것이 되어버리는 것이다." 한 편의 수필은 마음을 끄는 향기를 지니고 있어야 한다는 것이다. 윤오영은 문장의 품위를 두고 "마음이 담담하게 가라앉아야 그윽한 정이 고이고, 그윽한 정이 있어야 문장이 방향을 머금을 수 있다"고 말했다.

수필가 김용준(1904~1967)은 그의 「예술에 대한 소감」에서 다음과 같이 밝히고 있다. "예술이란 알고 보면 아무것도 아니다. 배가 고프면 밥을 먹는 것과 같은 다반사에 불과하다. 식탁 앞에 앉은 사람이 어떠한 태도로 어떻게 밥술을 움직이느냐 하는 것이 곧 예술창작의 이론과 실제이다. 점잖게 먹느냐 얄밉게 먹느냐, 조촐하게 먹느냐 지저분하게 먹느냐 하는 것이 문제의 초점이다. 모든 위대한 예술은 결국 완성된 인격의 반영일 수밖에 없다. 인간이 되기 전에 예술이 나올 수 없다." 참으로 수필가다운 정의이다. 내가 신학교에 들어갔을 때 P 학장은 첫 강의 시간에 "목사가 되기 전에 먼저 인간이 되라"고 하시던 말씀을 기억한다. 인간이 되려면 누구에게서나 배워야 한다.

공자는 논어에서 "삼인행 필유아사(三人行 必有我師)"라 말했다. 이 말은 세 사람이 함께 길을 가면 반드시 나의 스승이 있다는 의미만은 아닐 것이다. 좋든지 나쁘든지, 어쩌면 세상 만물에서 우리는 교훈을 얻을 수 있다. 그러나 좋은 수필을 쓰려면 좋은 글을 많이 읽어야 한다. 그리고 아름다운 삶의 흔적을 남겨야 한다. 아무도 수필에 부끄럽고 끔찍한 이야기들을 적어넣고 싶지는 않을 것이다. 잊지 못할 사람, 머무르고 싶었던 추억, 다시 한번 가보고 싶은 아름다운 지역과 그런 마음들을 정리하면 한 편, 한 편의 수필이 된다. 글의 시두는 열리는 꽃봉오리처럼 아름다워야 한다. 피천득은 그의 「수필」의 서두를 "수필은 청자(靑瓷) 연적이다. 수필은 난(蘭)이요, 학(鶴)이요, 청초하고 몸맵시 날렵한 여인이다.……"로 시작한다.

아름다움과 새로움은 문학의 본질이다. 윤오영은 "평범한 생활 속에 묻혀있으면서 아무도 발견하지 못한 것을 찾아내면 참신한 수필이 될 수 있다."고 말했다. 마르셀 프루스트는 "예술가의 참된 작업이란 이미 있는 아름다움을 수집하는 것이 아니라 새로운 아름다움을 만들어내는 것"이라 말했다. 반드시 새로운 사물이 아니라도 진부한 문자를 그대로 쓰지 않고 표현을 새롭게 할 수도 있다. 그렇다고 어렵게 생각할 필요는 없다. 왜냐하면 붓이 가는 대로 따라가면 한 편의 수필이 되는 것이니까. 붓이 가는 길을 알려면 지난날 붓이 걸어간 길을 걸어보아야 한다. 그 길은 수많은 책-고전 속에 있다. 자칫 직설적인 자기 자랑이나 변명, 남을 비난하는 내용은 글의 품위를 떨어트릴 뿐만 아니라 글 쓰는 이의 인품을 훼손할 수도 있다.

수필의 매력은 제멋대로 걸어가던 붓이 마침내 하나의 아름다운 그림을 완성하는 데 있다. 돌아보면 수필을 쓸 때는 즐겁고 감사할 일이 많았다. 수필이 그리는 그림은 작가의 가장 순수하고 고운 마음이다. 나는 좋은 글을 쓰며 아름답고 따뜻한 마음을 오래도록 간직하고 싶다. 이태준도 이러한 마음을 그의 수필집 『무서록』을 통해 들려주고 있다. "오래 살고 싶다. 좋은 글을 쓰려면 공부도 공부려니와 오래 살아야 될 것 같다. 적어도 천명(天命)을 안다는 50에서부터 60, 70, 100에 이르기까지 그 총명, 고담(枯淡)의 노경(老境) 속에서 오래 살아보고 싶다. 그래서 인생의 깊은 가을을 지나 농익은 능금처럼 인생으로 한번 흠뻑 익어보고 싶은 것이다." 이것은 아마 수필을 쓰는 모든 사람의 한결같은 바람이리라!

(부산 크리스천문학 제42호. 2024년 하반기)

시가 돋아난 자리

　시는 '쓰는 것'보다 '아는 것'이 더 어렵다. '밥'이 무엇인지 모르면서도 밥을 먹기 시작했고, '시계'가 어떻게 만들어졌는지 알지 못하면서도 그것을 손목에 차고 사용했던 것처럼 시를 알지 못했으나 시를 쓰기 시작했다. 써 놓은 것이 시가 되는지, 어떤지, 생각하면서 '시가 무엇인지?' 확실히 알아보고 싶었다. 그러나 '시'라는 존재를 처음 만났을 때부터 오늘까지 어디에서도 '시는 이것이다'라는 확실한 대답을 찾을 수 없었다. 시에 대해 알아보려는 생각은 내게 구름을 잡으려는 것과 다름이 없었다. 그것은 전문가들에게도 어려운 과제인 것 같았다.
　김은자 시인(한림대 교수)은 '시란 무엇인가?'에 대해 다음과 같이 말했다. "시론의 권위자들인 대학의 교수들, 시를 논하는 일로 업을 삼는 논객들은 물론, 이 질문의 대상인 시를 창조하는 주체인 시인들에게조차 시는 아득한 그리움이다. 새로운 시를 쓸 때마다 시인은 막막하고 또 막막하다." 김종삼 시인(1921-1984)은 아예 시를 모른다고 대답했다. "누가 나에게 물었다. 시가 뭐냐고. 나는 시인이 못됨으로 잘 모른다고 대답하였다." 또한 김수영 시인(1921-1968)은 "시를 쓴다는 것이 '무엇'인지 알면 다음 시를 못 쓰게 되는 것"이라고 말했다. 김은자 교수는 "시는 다가가면 갈수록 잡히지 않는 신비한 것"으로 풀이했다. 나는 세 권의 시집을 내기까지 계속 시를 찾아 헤매었다.

예고 없는 정전처럼
즐거이 걷던 길이 뚝 끊인 저녁
발신인도 수신인도 없는
새하얀 초청장 하나 날아들었다

바람이 쓸어간 겨울 바닷가로
누군가 걸어간 흔적을 따라
숨죽이고 얼마나 걸었을까

달무리 울타리 둘린
詩가 산다는 동네 어귀에서는
달맞이꽃이 내 말을 삼키고

지평선으로 달려가는 초원에
미루나무들만 우두커니
다들 어디로 갔을까
이슬 같은 발자국 남기고

― 졸시 〈시를 찾아서〉 전문

내가 시를 쓰기 시작한 것은 '예고 없는 정전처럼 즐거이 걷던 길이 뚝 끊인 저녁'부터였다. 나는 그때부터 하고 싶은 말을 할 수 없었다.

왜 말할 수 없었는지, 그 이유는 잠시 접어두자. 그때까지 "나는 산문(수필)이면 내가 할 수 있는 말은 무엇이나 다 할 수 있다고 생각했다. 꾸고 싶은 꿈을 멋있게 꿀 수 있고, 아름다운 그림도 마음껏 그려낼 수 있는 것으로 믿었다. ……나는 왜 시가 필요한지 알지 못했고, 운문에 대해서는 특별한 관심도 없이 주변인처럼 살아왔다. 그러던 어느 날 산문만으로는 하고 싶은 모든 말을 다 털어놓을 수 없는 영역이 있다는 것을 알게 되었다. 말을 할 수는 있지만 정작 해야 할 그 말은 끄집어낼 수 없었다. 해야 할 말은 입술에서 맴돌기만 할 뿐 입 밖으로 나오지 못했다.……"(세 번째 시집-시인의 말)

아프면 아프다고, 슬플 때는 슬프다고 말 할 수 있는 사람은 참으로 행복한 사람이라는 생각이 들었다. 이런 일상의 '행복'을 누리고 나타내기 위해 들을 수 없는 사람은 수화를 배우고, 볼 수 없는 사람은 점자를 익히고, 말 못 하는 사람은 필담을 나누기도 한다. 그렇지도 못하면 손짓 발짓을 하며 몸으로 소리를 지른다. 볼 수 있고 들을 수 있음에도 불구하고 해야 할 말을 하지 못하는 괴로움을 어디다 비할 수 있으랴? 나는 나름대로 글(산문)을 끼적여 보았으나 나의 속뜻을 전할 수 있는 말은 한마디도 그려낼 수 없었다. 하지 않고는 배길 수 없는 말을 입 밖으로 내보내기 위한 단어들을 찾아 나선 것이 시 쓰기의 출발점이었다. 이것이 나의 시가 돋아난 자리였다. 그 자리는 내게 '스올'과 같았다.

      함께 울어준 사람들 돌아가고
      뚝 끊인 발걸음, 아무도 없는
      텅 빈 집에 전화벨이 울린

자국만 남기고, 얼마 후
다시 만난 사람들 힘드시지요-
더 좋은 것 주시려고-
유명한 분들은 모두 고난 속에-
라마의 슬픔[1])을 위로할 자 누구랴
나 스올[2])로 내려가리라
그리고 아무 말도 하지 않았다[3])

— 졸시〈그리고…〉전문

특별히 시를 쓰려고 고심하거나 어떤 형식을 갖추려고 하지 않고 할 말을 그대로 적어 내려간 것이 시가 되었다. 운문에 관해서는 문외한으로 살아온 내게 하고 싶은 말을 입 밖으로 내보낼 수 있도록 길을 열어준 것이 '시'이다. 비로소 '시라는 것'을 쓰기 시작하면서 숨이 막힐 것 같은 내 가슴이 조금씩 열렸고, 어디서 오는지도 모를 평안이 물안개처럼 피어오르는 것을 느낄 수 있었다. 이즈음 시에 대해 내가 한가지 깨달은 것은 '은유' 같은 비유가 필요하다는 것이었다. 그것은 내가 할 수 있는 말이나 행동의 표현을 감추면서도 드러낼 수 있는 도구로 이해되었다. 그리고 나는 가슴에 갇혀있던 말들을 하나씩 끌어내어 시를 쓰기 시작했다.

그러나 "시를 찾아갔지만 시는 내게 얼굴을 내밀지 않았기에 나는 한동안 시가 무엇인지 제대로 알지 못했다. 그럼에도 불구하고 한가지 어렴풋이 깨달은 것은 시는 내가 하고 싶은 말은 무엇이나 할 수

---

1) 예레미야는 이스라엘 백성들의 바벨론 포로를 자식을 잃은 부모의 슬픔에 비유했다.
2) 야곱이 사랑하는 아들 요셉이 짐승에게 찢겨 죽었다는 소식을 들었을 때 한 말.
3) 전혜린의 수필집 '그리고 아무 말도 하지 않았다' 표제에서 인용.

있게 해주고, 드러내기를 두려워하는 이야기는 언제까지나 꼭꼭 숨겨주는 신뢰감을 보여주고, 내가 하기 어렵거나 차마 할 수 없는 말까지도 대신해주는 능력을 보유하고 있었다. 누구도 말하지 않고는 존재의 의미를 나타낼 수 없다. 말한다는 것은 존재를 존재 되게 하는 것이다. 시는 할 말을 잃어버린 사람에게 말을 찾아주고, 침묵을 강요당한 사람을 놓아주며 존재의 의미를 확인시켜주는 보호자였다."(세 번째 시집 '시인의 말')

낯선 길을 가는 것은 누구에게나 어려운 일이다. 나는 여러 권의 『시작법』을 읽고, 인터넷을 통해 시학 강좌를 들으며 이름있는 시집들은 무엇이나 사서 탐독했다. 그렇게 1년이 넘는 시간이 흘렀다. 나는 내가 쓴 시편 가운데 괜찮아 보이는 10편의 시를 골라내어 가까이 지내던 L 시인에게 시가 되는지, 좀 보아달라고 부탁했다. 인제쯤 내 원고가 시의 형태를 제대로 갖추고 돌아오려나, 기다리고 있었는데 한 달쯤 지난 어느 날 L 시인은 내게 '당선 소감'을 보내라는 전화를 했다. 나는 깜짝 놀랐다! 그것은 너무나 뜻밖의 일이었다. 내가 시인의 면허를 받게되다니! 계간 『文藝韓國』에 실린 시는 〈실향〉, 〈역사를 위해 −L 교수에게〉, 〈나팔꽃〉, 〈빨간 지붕〉 4편이었다. L 시인이 고친 것은 〈실향〉의 마지막 다섯째 연 "말없이 돈을 나눠 받은/ 사람들이 사방으로 골고루 흩어진 뒤/……" 중에서 '돈'을 '은혜'로 고친 것뿐이었고 다른 것은 내가 쓴 그대로였다. 그리고 2년 뒤 첫 시집 『천사들의 휴양지』를 출간할 때는 위의 두 줄을 "은혜를 나누어 받은 사람들이/ 말없이 사방으로 흩어진 뒤"로 퇴고했다. 퇴고는 시를 배우는 공부였다.

천사들의 휴양지에서
　　쉬고 싶었던 마음은 나의
　　탐심이었을까. 우상이란
　　그렇게 자리를 잡아가는 것일까.
　　지존자가 그 아름다운
　　땅을 거두어 가신 뒤
　　나는 슬픈 천명(天命)[4]을 따라
　　시를 쓰기 시작했다.
　　고운 흙 화분에 심고
　　터알이 피기를 기다리며…
　　　　　　— 첫 시집 『천사들의 휴양지』 自序

　그동안 나는 문인협회의 소속 장르를 '수필'에서 '시'로 바꾸었고, 12년 동안 시무하던 교회를 사임하고 '산마을 교회'로 목회지를 옮겼다. 나는 목회를 그만두려는 생각까지 했으나 모든 것을 버리고 선지동산에 올랐던 때의 그 부르심과 서원을 외면할 수 없었다.

　낮아지고 더 낮아져야 할 사람이 이렇게 높은 곳으로 올라오게 된 이유를 묻는 사람들이 있습니다 그때마다 나는 '인도하심 따라'라고 대답하지요 나는 11대를 이 마을을 지키며 대문에 훈장을 달아놓은 집에 세 들어 살며 100살이 다 된 교회를 섬기고 있습니다 교회는 많은 나이 탓인지 겨우 새끼손가락 만큼 걸어갔습니다 나는 예배당 신축을 앞두고 교회 위치는 마구간으로부터 얼마나 떨어져야 하는 지를 골똘히 생각하고 있습니다 혹시 호주 선교사들이 우리 교회 주춧돌을 놓던 자리를 알고 계시는 지요 그러나 지난 얘기는 덮어둡시다

---

4) 윤동주의 시 〈쉽게 씌어진 시〉에서 인용.

오늘은 모처럼 비단잉어와 함께 주인집 연못에서 놀고 있습니다 희고 붉은 나비들이 돌 틈을 비집고 영산홍 꽃으로 피어있고 어떤 친구는 물속을 날고 있군요 불과 넉달 동안 무수한 꽃들이 울다가 웃다가 새로운 기쁨의 싹을 틔우지만 이따금 허공을 더듬는 나의 버릇은 아직도 그대로 입니다 나는 내 생애 가장 귀한 역사자료를 모두 사과 상자에 넣어 봉하고 분홍보자기에 싸서 옆집에 맡겨두었습니다 그리움의 꽃이 지는 날 나는 그 상자를 열어봅니다 그리고 즐겁게 수필을 쓸 수 있었던 날들을 다시 그리워할 것입니다

− 〈역사를 위해−L 교수에게〉 전문

그때 나는 깊은 산골의 자연 속으로 숨어버리고 싶었다. "……내가 은퇴를 한 세 번째 목회지는 해발 400미터에 위치한 산마을에 있었다. 36년 전 광나루 선지동산에 오를 때 맨 처음 가슴에 품었던 '작은 교회'를 거기서 만났다. 30평의 양철집 앞에 세워진 조그만 철탑의 십자가가 외로웠다. 주말이면 등산객들이 몰려오는 유원지 마을은 주일날이 더 바빴지만 정성을 다해 믿음을 지켜가는 성도들이 아름다웠고 교회는 사랑스러웠다. 봄이 오면 교회당 앞 양쪽에는 솔로몬 성전의 야긴과 보아스 두 기둥처럼 백목련과 자목련이 화사한 꽃을 피웠다. ……봄에는 매화를 시작으로 산마을은 꽃으로 장식되었다. 여기저기 목련이 활짝 웃는 얼굴을 내밀고 망초꽃이 흐드러지게 핀다. 나는 철 따라 민들레, 제비꽃, 쑥부쟁이, 물봉선, 구절초와 함께 놀았다. 이제는 어디서도 찾아볼 수 없는 화사하기 이를 데 없는 하늘타리도 그때 만나보았다. 때죽꽃이 첫눈처럼 하얗게 내려앉은 산길을 걸으면 시가 나를 따라왔다. 나의 두 번째 시집 『서설』은 그 마을에서 태어났다. 좁다란 서재의 창문을 열면 노을고개로 지는 석양이 아

름다웠다.……"(목회서신 『흔적은 아름다워야 한다』 서문) 산마을은 찾아든 나그네의 모든 허물과 슬픈 꿈을 덮고 어둠을 몰아내며 새로운 길을 열어주었다. 그 길은 한없는 은혜의 길이었다.

지울 수 없는 허튼 발자국
아무도 새 출발을 하지 못한다

주눅 든 나그네가
곤한 꿈속에 몸부림치던 밤
태초에 만들어진 길 하나 내려와
다시 출발선에 다가선 사람들
가슴에 빈 하늘 하나씩 간직하고
썰물처럼 쳇바퀴를 빠져나간다

빠른 경주자라고
선착하는 것이 아니며
용사들이라고
전쟁에 승리하는 것이 아니라5)

말씀의 등불6) 앞세우면
언제나 소풍처럼 즐거운 발걸음
밤에도 가로등이 필요 없는
환한 길이 열린다

— 졸시 〈서설〉 전문

---

5) 전도서 9장 11절.
6) 시편 119편 105절.

나는 "감꽃이 떨어진 고향집 마당처럼 때죽나무 하얀 꽃무늬로 곱디곱게 수놓은 길을 따라 북문을 오르기도 하며, 머루 다람쥐 재주넘는 모습과 장끼들의 발성 연습 소리를 들으며, 실새풀이 일렁일렁 미풍에 산책하는 길을 홀로 걸으며, 성도들과 함께 새로운 교회당을 건축하며 만 6년을 시무했다. 그리고 안식년이라도 얻은 것처럼 5년을 앞당겨 조기 은퇴하고 산 아래로 내려왔다. 그동안 시는 나의 동반자였다. 고난의 짐을 지고 입문한 시가 어떻게 그토록 재미가 있었을까? 시는 참으로 신기한 존재였다. 어쩌면 이런 시를 좀 더 잘 써 볼 수 있을까? 이것은 아마 글을 쓰는 모든 사람의 한결같은 마음이리라!

대학생이었던 이형기 시인이 6.25 피난 시절, 부산의 한 출판사에서 아르바이트 교정원으로 일하고 있을 때었다. 어느 날 회사의 일로 대구에 갔을 때 역시 피난살이 하던 선배 시인 조지훈을 만났다. 문인들의 술자리가 파한 뒤 두 사람이 함께 밤길을 걸으면서 이형기는 평소 가슴속에 뭉쳐있던 제일 큰 물음을 지훈에게 털어놓았다. "선생님, 어떻게 하면 시를 잘 쓸 수 있을까요?" 그 말을 듣고 조지훈은 일언지하에 "그건 방치할 수밖에 없는 일이오."라고 대답했다. 그리고 그는 자기도 정지용에게 그 말을 들었다고 덧붙였다. 이 말은 누구나 시가 자랄 때까지 기다릴 수밖에 없다는 의미로 들린다. 아마 요즘의 필자 같으면 "많이 생각하고, 남의 시를 많이 읽고, 부지런히 필사를 하는 것이 도움이 될 것"이라고 대답했을 것이다.

무엇이나 보다 잘하려면 스승이나 자기보다 앞서가는 선배에게 배우는 길 외에 다른 방법은 없을 것이다. 나는 은퇴한 지 2년 후에 사이버대학 문예창작학과에 등록하고 3년을 수학하며 시를 집중적으로 공부했다. 시의 세계는 들여다보면 볼수록 한없이 넓고 아득해 보였다. '시를 쓰는 것보다 시를 아는 것이 더 어렵다'는 것을 실감했다. 어릴 적 심하게 앓았던 두 차례의 자폐증으로 말을 잃어버린 프랑스의 작가 파스칼 키냐르(1948~)는 "내가 글을 쓰는 이유는 글만이 침묵을 지키며 말할 수 있는 유일한 방식이었기 때문이다."라고 말했다.

─말을 거부하며 말하기, 말없이 말하기, 길목에 지켜 서서 결여된 단어를 기다리기, 독서 하기, 이 모두가 동일한 것이다.─ 키냐르의 『혀끝에서 맴도는 이름』은 '시란 무엇인가? 왜 시를 쓰는가?'란 물음에 답을 제시하고 있다. "시, 되찾은 단어, 그것은 이 세상을 다시 바라보게 하며, 어떤 이미지 뒤에나 숨어있게 마련인 전달 불가능한 이미지를 다시 태어나게 하며, 꼭 들어맞는 단어를 떠올려 빈칸을 채우고, 언어가 메워버려 늘 지나치게 등한시된 화덕에 대한 그리움을 되살리고, 은유의 내부에서 실행 중인 단락(短絡)을 재현하는 언어이다." 키냐르의 말은 내 가물은 땅에 뿌려진 한줄기 단비였다.

    물줄기 멎은 물레방아
    날개에 소낙비 고이면
    반 바퀴 돌고

    다시금
    멈추면
    무덥고 답답한 오후
    심호흡 한번하고
    노래 부른다

돌아라 물레방아야
너는 돌기 위해 만들어진 것

은총의 비 내리면
다시 돌겠지

지친 새벽길
순례자의 귓전에
아련히
물레방아 도는 소리

— 졸시 〈물레방아〉 전문

나는 돌다가 멈추는 물레방아처럼 때때로 시를 쓰며 방황했다. 내 영혼의 닻인 믿음조차 흔들렸다. 어느 시인이 '행복한 사람은 시를 쓰지 않는다'라고 했던 말을 기억한다. 이 말은 불행한 사람은 시를 쓴다는 말이 될 수도 있을 것이다. 그러나 불행하기 위해 시를 쓰는 사람은 아무도 없을 것이다. 어디에서도 찾을 수 없는 아름다움과 행복을 조금이나마 얻어 누려보려고 시의 장원(莊園)을 기웃거리는 것이 아닐까? 시는 황무지처럼 메마른 내 가슴을 조금씩 적셔주었고 흔들리는 내 믿음을 바로잡아주었다. '내 몫에 태인 십자가 늘 지고 가리다' 찬송하며 나는 베풀어주신 은총을 따라 방황을 멈추어야 했다. 방황의 종점에서 생각나는 것은 고향이다. 지난날 내가 꿈꾸고 계획하고 약속했던 일들이 기다리는 삶의 자리로 다시 돌아가야 한다는 생각이 나를 이끌었다.

언제나 하는 일은 주인 발자국 더듬는 일
이루어놓은 것은 아무것도 없네

너울이 어깨를 들썩일 때마다 덩달아 춤추며
바다 끝을 떠도는 유령 같은 내 모습
수평선은 굳게 입 다문 채 자꾸 뒷걸음질 치고
쉬어갈 섬들도 하나 둘 숨어드는 해거름에
하늘길 외로이 걸어가던 낮달이 빙그레 웃는다

동판에 내 발자국 찍으려는 숨김표 읽었나

돛달면 어디든지 길이 되지만
만선 깃발 올려도 채워지지 않는 빈자리
물통을 안고 목이 타던 탄탈로스[7]를 생각하던 내게
행복을 위해서는 아무것도 필요 없네
귀에 익은 그대의 속삭임 바람결에 묻어와
소금꽃 핀 가슴 열고 오늘 뱃머리 돌린다

먼동 틀 때 함께 일어나 씨 뿌리던 마을 야산이
그대의 어진 눈썹처럼 나를 반기는 아침
묵정밭에 맺힌 약속의 꽃망울은 아직도 봄을 기다리는지
뒤따르는 갈매기처럼 옛이야기 즐거운 몸짓 보여
나리꽃이 부르는 노랫소리에 귀 기울인다

그대 곁에 내가 있어야 한다고,
나를 떠나서는 아무것도 할 수 없다[8]

---

7) 그리스 신화에 나오는 인물로 영원히 기갈에 시달려야 했다.

는 그 음성, 포도나무에서 들리네

　　　　　　　　　　　　— 졸시 〈그림자의 귀향〉 전문

"별을 찾아 바다 끝을 떠돌던 내 그림자를 불러들인다. 남루한 흔적을 모두 거두어 베들레헴 외양간으로 돌아가려 한다."(세 번째 시집 〈自序〉) '새천년 사월'을 맞은 지 어언 25년이 흘렀지만 스물일곱 살 인턴의 모습은 오늘도 그대로이다. 참척의 땅을 돌아보면 여전히 풀이 마르고 꽃은 시들고 있다. 어디서나 아는 사람을 만나면 반갑기 그지없다. 그러나 시가 태어날 즈음에 내게는 모르는 사람이 더 반가웠다. 위로의 말을 하며 다가오는 사람보다 모른 채 외면하는 사람이 한없이 고마웠다. 깊은 바다에 빠져 허우적거리던 사람에게 시는 생명줄이 달린 구명환이었다. "그칠 줄 모르는 하늘의 눈물은/ 타버린 백두대간에도 새싹 돋게 하지만// 허물어진 내 가슴에/ 언제쯤 새살 돋아나려나/ 언제쯤 그 별 다시 만나려나"(졸시 〈그 별이 떨어진 밤에〉 일부) 비는 그치기 마련이고 때가 되면 봄은 반드시 우리를 찾아온다. 나는 아직도 "죽은 땅에서 라일락을 키워내고/ 추억과 욕정을 뒤섞고/ 잠든 뿌리를 봄비로 깨운다"는 T.S. 엘리엇의 '잔인한 사월'을 기다린다.

---

8) 요한복음 15장 5절.

소설이 꿈꾸는 세계

삶의 패턴 중의 하나는 이사하는 것이다. 자라나면서, 낡은 집을 떠나, 학업과 직장을 따라, 사람들은 그때마다 새집이나 낯선 터전으로 옮아간다. 수몰지에서 쫓겨난 주민들과 지역개발에서 밀려난 사람들도 새로운 삶의 자리로 이주하고, 어떤 이들은 더 나은 삶을 꿈꾸며 끊임없이 방황하기도 한다. 또 하나의 삶의 패턴은 여행이다. 생활의 여유가 생기면 사람들은 가보지 않은 곳을 찾아 시간을 내어 여행을 떠난다. 여행은 영혼의 심호흡이라 할 수 있을 만큼 우리에게 큰 활력을 공급한다. 이사하면서 그 지역 습속을 익히고, 여행하면서 새로운 문물을 배운다. 이러한 발걸음이 그들이 머무는 땅을 새롭고 아름답게 가꾸어간다.

소설 쓰기를 생각하면 이사와 여행이 떠오른다. 나의 첫 직장은 기사를 쓰고 신문을 만드는 곳이었다. 그다음엔 수필 쓰기로 나아갔고, 그리고 시를 지으면서 글쓰기의 삶을 어느 정도 목회와 병행했다. 내 삶의 '이상향'으로 생각했던 목회를 마치고 나서 내가 할 수 있는 일은 글을 쓰는 것밖에 없었다. 일찍부터 일기를 쓰고 잡문을 끼적거렸던 것을 생각하면 글쓰기는 나의 생활 속에 스며 있었던 것 같다. 철이 들면서 표지가 낡은 동화집이나 교과서에 실렸던 동요나 시들을 읽을 즈음 '두꺼운 소설책'도 눈에 띄었다. 그때 보이던 소설들은 거의 장편소설이었다. 이광수의 『흙』은 표지에 마치 흙이 묻은 것처럼 낡고 지저분했다. 아마 읽히면서 여러 사람의 손을 거쳤기 때문이리라.

소월 시집 『진달래』는 마음이 끌리고 이해하기도 쉬운 편이었다. 재미를 붙이면서 시가 좋아 다른 시인들의 시를 읽어보면 차츰 어려워지고 무슨 말인지, 어떤 뜻인지, 알 수 없었다. 그러나 어쩌다 접하는 소설은 시보다는 이해하기가 쉬웠다. 읽으면 많은 생각을 불러일으키고 동화보다는 더 깊은 재미도 있었다. 심훈의 『상록수』는 많은 공감을 불러일으켰다. 피폐한 농촌의 상황에 절실했던 그 '운동'은 그 시대 젊은이들에게 꿈을 심어주었다. 손이 닿는 대로 여러 권의 소설을 읽었으나 지금까지 가장 뚜렷이 인상 지워진 것은 박계형의 『머무르고 싶었던 순간들』과 앙드레 지드의 『좁은문』, 헤르만 헤세의 『데미안』 정도이다. 대체로 애절한 사랑 이야기는 오래 기억에 남았다.

재미있고 감동적인 작품을 읽을 때마다 나도 이런 소설을 써보고 싶다는 막연한 생각을 한 적이 있었다. 그러나 그것뿐이었다. 문학에 대한 작은 관심은 나의 '농촌에의 꿈'을 이기지 못했다. 나의 삶을 돌아보면 한 우물을 파지 못하고 몇 차례나 이사를 거듭했다. 농부의 꿈에서, 신문기자로, 목회자로, 그리고 목회를 마치고는 다시 글을 쓰는 자리로 돌아왔다. 느지막이 소설을 쓰면서 사춘기를 전후한 시절에 막연히 소설을 써보고 싶었던 기억을 떠올렸다. 그러나 처음부터 소설을 써보려는 생각은 없었다. 뜻밖에 숙명처럼 다가온 시를 쓰게 되면서, 울림이 큰 시를 써보는 것이 내 은퇴 후의 꿈이 되었다.

'신중년'에 남는 것은 시간이었다. 여행하거나 글을 쓰는 것 외에 −5~6년 텃밭을 가꾸기는 했으나− 더할 일이 없었다. 시는 알아갈수록 참으로 재미가 있었다. 시를 제대로 잘 써보기 위해 사이버 대학 '문예창작학' 강의를 듣기 시작했다. 내게 문학의 장르는 모두가 매력적이었다. 별 부담 없이 즐겨 수필을 썼고, 심혈을 기울여 세 권의 시집도 출간했다. 문학은 언제나 새로운 땅을 찾아가는 여행이었다. 시를 공부하면서 소설의 과제물도 제출해야 했다. 소설 공부에서 맨 먼저 맞닥뜨린 것은 '왜 소설을 쓰는가'라는 문제였다.

−소설가가 되기 위해서는 왜 소설을 쓰려고 하는가, 에 대한 적극적인 질문이 필요하다. 왜 우리는 소설을 쓰고, 쓰려고 하는가. 대체 소설이란 무엇인가. 우리 시대에 소설은 어떤 의미이며 그 역할은 대체 무엇인가. 내게는 과연 소설을 쓸만한 재능이 있는가……질문은 끝없이 계속되어야 한다.−

맨 처음 주어진 과제물은 김훈의 「화장」을 읽고 감상문을 제출하라는 것이었다. "운명하셨습니다."란 서두에 긴장하면서 나는 절박했던 상황을 더듬어 내려갔다. 50대의 성공한 직장인이 겪는 가정적 어려움은 아내라는 위치가 남편에게 또 하나의 지주라는 생각을 일깨우고 있었다. "당신의 이름은 추은주(秋殷周). 제가 당신의 이름으로 당신을 부를 때 당신은 당신의 이름으로 불린 그 사람인가요.……제가 당신을 당신이라고 부를 때, 당신은 당신의 이름 속으로 사라지고 ……저는 부름과 이름 사이를 건너갈 수 없었는데, 저의 부름이 닿지 못하는 자리에서 당신의 몸은 햇빛처럼 완연했습니다. 제가 당신의 이름과 당신의 몸으로 당신을 떠올릴 때 저의 마음속을 흘러가는 이

경어체의 말들은 말이 아니라, 말로 환생하기를 갈구하는 기갈이나 허기일 것입니다." 나는 소설 속으로 빨려들기 시작했다.

"……비구름이 갈라지고, 빌딩의 옥상 간판들 사이로 내려앉는 저녁 해가 당신의 목걸이에 비쳐, 목걸이 구슬마다 해는 저물었습니다. 사위는 잔광 한 줌씩 거두어 가면서 구슬 속으로 저무는 일몰은 위태로웠습니다.……"

'야-, 소설을 이렇게도 쓸 수 있구나!' 그때 혼자서 내뱉은 감탄의 말이다. 이 문장 앞뒤의 한두 페이지는 사랑을 노래한 산문시로도 손색이 없을 정도였다. 죽어가는 아내와 딸 같은 신입사원 추은주와의 사이에서 빚어지는 사랑의 감정들은 나를 사로잡았다. 그리고 이청준의 「눈길」, 이문열의 「금시조」, 신경숙의 「풍금이 있던 자리」 등의 과세물을 세출하면서 나도 소설을 써보고 싶은 생각이 더욱 강하게 일었다.

무엇을 어떻게 쓸 것인가? 누구나 자기가 모르는 것을 말할 수는 없을 것이다. "소설은 억지로 만들어지지 않습니다. 자기가 가장 잘 아는 이야기, 체험적 사실을 소재로 할 때 좋은 소설이 나올 수 있습니다. 쓰는 이가 신명이 나지 않으면 읽는 이에게 감동을 줄 수는 없습니다." 교수의 가르침을 따라 애를 썼지만 내 등단작 단편소설 「텃밭」은 많은 시련(?)을 겪었다. 맨 처음 C 문예지에 제출한 내 원고의 추천 심사를 맡았던 H 교수는 다음과 같은 의견을 적어 보냈다.

"……우선 문장이 다듬어졌다는 점에서 신뢰가 갑니다. 그리고 문제의식도 신선합니다. 그런데 너무 많은 이야기를 하려고 하는 데서 작품이 산만하다는 느낌을 받았습니다. 의도하는 주제와 관련된 상황이나 모티브만 선택해서 재구성했으면 합니다. 〈텃밭〉에서, 주인공의 목회 사역에 대한 많은 이야기를 다 하는 것이 아니라, 목회자이면서 인간으로 살아가야 하는 데서 빚어지는 갈등을 소설의 문제로 삼아 그것을 집중적으로 추구해 나가면 좋은 작품이 될 것입니다.……목회자로서, 아내 아닌 다른 여성에 대한 감정이, 불순하지 않더라도 아내와의 갈등을 빚게 되는 그 과정에 주인공의 갈등이 더욱 심화되어 가는 이야기를 만들었으면 합니다. 그리고 작품은 목회자의 그러한 갈등을 통해서 인간의 진실한 단면을 드러내면 족하겠지요. 인간의 진실은 도덕 이전의 문제입니다. 그것은 아내가 이해하는 결말로 처리한다든지, 더욱 혼란스러움으로 처리하든지, 주제의 문제입니다. 다시 읽어보시면 생각이 많이 나실 것입니다. 초면에 난삽한 말로 목사님의 마음을 혼란스럽게 만들지 않았나, 두렵습니다. 내내 평안을 빕니다." 이러한 도움말을 읽으며 어떻게 소설을 다듬어 갈 것인가, 아득했다.

　나는 겸손하면서도 진지한 그분의 조언을 따라 고친 작품을 보냈으나 주인공과 함께 등장하는 여인과의 관계를 좀 더 적나라하게 표현하라는 주문을 도저히 그대로 받아들일 수 없었다. 나름대로 정성을 다한 원고를 다시 보냈으나 심사자를 만족시키지 못하고 첫 번째 추천에서 실패했다. 나는 사이버 대학에서 소설실기를 지도했던 소설가 S 교수에게 원고를 보냈다. 그분은 격려 조로 시작하여 다음과 같은 자상한 조언을 보내왔다.

　"소설 잘 읽었습니다. 제게는 낯선 목회자의 생활이 신선한 독서였습니다. 기독교 계통의 공모전에 응모하신댔으니 주제 의식이나 표현에 딱히 제가 첨언할 게 없을 듯합니다.……일인칭 화자인데 정황 설명에 비해 심리묘사가 부족한 점이 우선 눈에 띄었습니다. 화자가 어떤 방식으로 목회 활동을 했는지는 자세히 나타나는데 그 과정에서 '갈등'의 시작점들이 강렬하게 드러나지는 않은 듯합니다. 아마도 이 소설의 중심에 놓여야 할 갈등은 실제 사모와 J 집사의 관계쯤이 될 듯한데, 그 갈등이 충분하게 묘사되어야 할 것 같습니다.

예를 들어, '시험'을 벗어나기 위해 교회를 옮긴 것으로 갈등이 봉합된다면 '구성'의 측면에서 볼 때도 그리 매끄럽다고 할 수 없습니다.……시험에서 피하려는 의지와 끊임없이 시험에 들게 하려는 운명 사이의 대결은 언제나 흥미로운 법입니다. 하지만 이 소설에서는 그러한 갈등이 심화되지 않은 채 마무리되는 듯합니다.……반드시 화자와 J 집사가 파국을 맞을 필요는 없습니다. 예를 들어 황순원의 소나기에서 소년과 소녀가 섹스를 하지 않아도 그 어떤 소설보다 에로틱하듯이 화자와 J 집사 사이에 소통되는 감정들이 좀 더 세밀히고 섬세하게 묘사될 필요는 있을 듯합니다. 남녀 사이에 흔히 그럴 것이라고 여겨지는 표현을 넘어 영혼의 떨림을 반영할 수 있는 묘사들에 한 번 더 주의를 기울이셨으면 합니다."

H 교수와 S 교수의 도움말은 별로 다르지 않다는 느낌을 받았다. 나는 S 교수의 말을 따라 심리묘사를 보충하고 주제와의 연관성이 적은 부분들을 대폭 덜어내며 정리를 했다. 퇴고한 원고를 다시 S 교수에게 보냈다. 그는 내 원고를 읽고 다시 "갈등과 긴장이 너무 늦게 등장한다. 설명이나 해설을 줄이고 보여주기를 늘려야. 전개되는 사건에서 독자의 상상력을 자극해야 한다."는 내용의 긴 편지를 보내왔다. 그분은 그때 한국예술위원회 파견작가로 6개월 동안 튀르키예(터키)의 앙카라 대학에 머물고 있었다.

원고를 퇴고하면 할수록 고쳐야 할 것이 계속 눈에 띄었다. 큰 기대를 안고 문협 문예지의 공모 요강에 따라 세 편의 단편소설을 제출했다. 편집자 측에서는 심사 결과는 알려주지 않고 뜻밖에 '당선조건'을 제시했다. 나는 그 조건을 충족시키지 못했다. 두 번째 등단 시도도 불발로 끝났다. 얼마 후 우연히 신생 문예지에서 '신인상 공모' 광고를 보고 투고한 것이 당선 소식을 안고 돌아왔고, 앞서 요구받았던 만큼의 상금을 받은 것이 위로가 되었다. 나의 소설 등단은 고희의 선물이었다.

나는 등단 4년 만에 첫 소설집 『둥근별』(2016)을 상재 했다. 그때 내 신학교 동기인 L 목사(전 대학교수, 평론가)는 다음과 같은 표사를 써주었다. "30여 년 전 나는 안유환을 광나루 선지동산에서 만났다. 그때 우리는 모든 것을 내려놓고 오직 목양의 길을 가기 위해 힘쓰고 있었다. 졸업 후 10여 년이 지나 그가 시를 쓴다는 얘기를 들었다. 그의 시편들은 울림의 파장이 큰 것이었다. 더 오랜 세월이 흐르고 무엇을 하는지 궁금했는데, 이번에는 소설집을 출간한다는 소식을 전해왔다. 소설 쓰기는 어려운 작업이다. '세상에서 가장 어려운 일은 사람이 사람의 마음을 얻는 일이다.' 생텍쥐페리의 말이다. 소설을 쓴다는 것은 뭇 사람의 마음을 얻는 일에 다름아니다. 쓰고 나서도 여러 사람에게 재미있고 유익하게 읽혀야 한다. 안유환 작가의 소설은 이 둘을 다 충족시켜주고 있다." 이것은 내 어설픈 소설에 대한 격려와 덕담이었다.

나는 이듬해 두 번째 소설집 『그는 언제나 맨발이었다』(2017)를 출간했다. 이때쯤 소설이 조금씩 눈에 들어오는 것 같았으나 선배들이 중편이나 장편을 쓰는 것을 보면 갈 길은 너무도 먼 것 같았다. 몇 편의 중편을 쓰고나서 2년이 걸려 첫 장편 『주네브행 열차』(2021년)를 출간할 수 있었다. 소설 쓰기는 이론으로 배워서 되는 것이 아니라 자꾸 써보는 것이 깨달음을 더해주었다. 장편을 쓰기는 참으로 복잡하고 어려웠다. 무라카미 하루키는 장편의 어려움을 토로하면서 "제정신인 사람은 장편소설 같은 건 쓸 리가 없다."고 말했다. 이런 어려움을 견디고 나자 어느 정도 소설 쓰기가 이해되는 것 같았다. 그리고 이듬해 세 번째 소설집 『하이네 자서전』(2022)을 출간했다. 이곳저곳 출판사의 문을 두드리다가 처음으로 기획출판의 맛을 볼 수 있었다. 이것은 등단 10년 만에 내게 주어진 은혜였다.

어떤 일이나 계속하면 다소 익숙해지기 마련이지만 소설 쓰기는 그렇지 않았다. 황무지를 개간하면 남은 땅은 점점 줄어들 것이지만 소설의 영토는 발을 들여놓고 보니 끝없이 넓은 세계였다. 세계적 석학이자 이탈리아의 소실가인 움베르또 에고는 "서시는 다른 무엇보다 우주가 탄생하는 사건이다. 무언가를 서술할 때 우선 작가는 데미우르고스(demiurge), 즉 하나의 세계를 창조하는 존재가 되어야 하며, 그 세계는 최대한 정밀하여 스스로가 그 안에서 일말의 의심도 없이 돌아다닐 수 있어야 한다."고 말했다. 그가 『전날의 섬』을 준비할 때는 소설의 배경이 된 정확한 지리적 위치를 찾아 남태평양을 향했고, 시시각각 물과 하늘의 빛깔이 어떻게 변하는지, 또 물고기와 산호들의 색조가 어떻게 달라지는지 확인했다. 2~3년간은 당시 선박의 모형과 그림을 공부하면서 선실이나 벽장 등이 얼마나 컸는지, 사람들이 그 공간을 어떻게 오갔는지 연구했다는 것이다.

알베르 카뮈도 "가장 훌륭한 소설은 바로 그들의 우주를 그 속에 지니고 있는 것, ······사람이 이야기를 전하는 것은 그의 우주를 창조하는 것"이라 말했다. 소설의 우주는 작가의 마음속에서 태어난다.

소설의 정의는 그 구성만큼 다양하다. 일반적으로 소설이란 "사실이나 허구의 이야기를 작가의 상상력이나 구성력을 가미하여 산문체로 쓴 문학의 한 갈래"로 풀이한다. 게오르그 루카치는 말했다. "소설은 현대의 문제적 개인이 잃어버린 정신적 고향과 삶의 의미를 찾아 길을 떠나는 동경과 모험의 형상화이다." 스탕달은 『적과 흑』에서 "소설이란(어깨에 메고) 큰길가를 돌아다니는 거울과 같다."고 말했다. 채롱에 담긴 거울은 푸른 하늘을 비춰 보이기도 하고, 때로는 도로에 파인 수렁의 진흙을 비춰 보이기도 한다는 것이다. 이에 반해 움베르토 에코는 '소설은 거울이 아니라 '렌즈'라고 말했다. 에코는 소설은 있는 그대로 세상을 비추는 게 아니라, 나름의 인식 도구를 이용해 세상을 들여다보는 것이라 풀이했다. 다시 말하면 작가의 견해와 관점이 중요하다는 것이다. 스탕달의 '거울'은 소재의 선택에 대한 작가의 변명이지만 에코의 '렌즈'는 서술자의 책임을 강조하는 것으로 보인다.

소설의 영토에 들어선 지 십여 년이 지났다. 작가에게 중요한 것은 수많은 이론보다는 계속해서 써보는 것이다. 마음을 다잡고 글을 쓰려고 하면 여러 생각들이 여울처럼 한데 어울려 도무지 글이 써지지 않을 때도 있다. 등산을 하다 길을 잃으면 원점으로 돌아가야 하고, 사건이나 사고의 원인을 알아내기 위해서는 처음의 상황을 밝혀내야 한다. 소설은 무엇이며 어떻게 쓰는 것인가? 이것은 언제나 떠나지 않는 질문이다. 오르한 파묵은 이렇게 대답하고 있다. "소설은 기본적으로 시각적 문학이다.……나에게 글을 쓴다는 것은 특정 장면을 눈앞에 떠올리는 과정이다. 내가 쓸 문장을 한편의 그림처럼, 내가 쓸 장면을 영화의 한 장면처럼 눈앞에 떠올리려고 애쓴다. 소설은 일상의 작은 관찰로부터 출발하여, 처음에 약속했던 감춰진 진실로, 중심부로 우리를 데려간다." 그는 "쓴다는 것은 단어로 그림을 그리는 것이고, 소설 읽기는 다른 사람의 단어를 가지고 내 머릿속에 그림을 그리는 것"이라 말했다.

(부산 크리스천문학 제41호. 2024년 상반기)

수필이 걷는 길

아내와 함께 발리섬 빠당빠당 비치에서(2014년 8월 27일)

편지를 쓰며 산다

 편지는 써서 즐겁고 받아서 기쁘다. 말없이 조용히 흐르는 세월을 토막 내어 헤아리고 싶지는 않다. 까마득한 옛날얘기ㅡ. 반세기 전에 흘러간 물을 끌어다 시비를 걸 사람은 아무도 없으리란 생각을 하며 혼자 미소 짓는다. 여름방학을 맞아 집으로 가는 길에 동해남부선 철길을 달리는 두 간 짜리 동차 옆자리에서 볼살이 통통한 단발머리 소녀를 만났다. 세일러복의 여중 3학년인 그녀는 동해안 K 읍의 초등학교 교사인 오빠 집에 놀러 간다고 말했다. 부모님은 계시지 않고 혼자서 자취하며 산다고. 친구들 얘기, 학교생활 등 여러 이야기를 자연스레 주고받았다. 주변 사람들이 보기에는 흡사 조카가 삼촌에게 스스럼없이 얘기하는 것 같았을 것이다. 종착역이 가까워져도 얘기는 끝날 줄 몰랐다. 헤어지기 전에 혹, 물어볼 일이 있으면 편지를 해도 좋다면서 내가 출석하던 교회의 주소를 일러주었다.
 여름방학이 끝나고 첫 번째 편지를 받았다. 아직도 엄마 앞에서 어리광을 부릴 나이에 혼자서 자취생활을 하다니! 애처로운 마음을 쓰다듬으며 답장했으나 그 편지는 나에게도 활력소로 작용했다. 이듬해 내가 입대했을 때는 '위문 편지'를 보내왔고, 2년이 넘도록 이야기는 그윽하게 왕래했다. 첫 휴가를 받았을 때는 부모님을 뵙기 전에 그녀의 자취방을 먼저 찾았고, 밤 11시 군용열차가 오기까지 나란히 낙동강 변을 산책했다. 어떨 때는 편지지 17매에 깨알 같은 글을 써 보냈으나 어떤 사연인지는 전혀 기억나지 않는다. 그녀의 어느 편지에는 노천명의 시 '오월의 노래'도 한 구절 들어 있었다. "…아름다운 전설을 찾아 사슴은 화려한 고독을 씹으며 불로초 같은 오후(오시)의 생각을 오늘도 달린다. 부르다 목은 쉬어 산에 메아리만 하는 이름…" 그때쯤 우리의 편지지는 아마 분홍색으로 조금씩 물들어 갔는지도 모른다. 그 무렵 고등학생이 된 그녀는 체육 시간에 평균대 위에서 실족해 다리를 다치고 코끼리 다리처럼 부푼 상처를 안고 달포 동안 병상에 있었다. 그녀는 자리에서 일어나서야 그 소식을 보내왔다. 나는 그때 영천 부관학교에서 행정교육을 받고 있었기에 병문안을 할 수도 없었다. 대학입시를 준비한다는 그녀는 어느 날 단짝 친구로부터 그런 사귐(군인과의)은 찬성할 수 없다는 얘기를 들었다면서, '아듀—'라고 적은 마지막 편지를 보내왔다. 편지를 받는 것이 슬프기도 한 것을 처음 알았다. 그때는 군복이 원망스러웠다.

나는 고등학생이 되면서 일기를 쓰기 시작했다. 일기는 자기에게 쓰는 편지였다. 대학을 마치고 직장인이 되기까지 오늘의 반성, 내일의 꿈, 독후감 등으로 일기 쓰기는 10년이 넘도록 계속되었던 것 같다. 결혼을 앞두고는 총각 때 쓰던 일기장은 모두 태워버리라는 인생 선배의 말을 따라 내 분신 같은 일기장과 편지들을 모두 정리했다. 첫 직장에서는 2 백자 원고지로 글을 썼다. 문화부 기자가 쓰는 기사는 독자들에게 보내는 편지였다. 한 번씩 '편지' 잘 읽었다는 찬사를 듣기도 했지만 어떤 기사에는 항의를 받기도 했다. 독자들에게 편지 쓰기 12년이 되었을 때 회사를 그만두고 나는 목회자의 길을 걷기 시작했다. 나는 한 우물을 파지 못한 사람이었다. 그러나 돌아보면 모든 일은 인생의 한 우물이었다. 신학교 시절에 사랑하는 아내와 자녀들에게 썼던 편지와 받은 답장은 아직도 내 가슴높이의 목회자료 함 아래 칸에 세 뭉치나 누런 종이봉투에 쌓여있다. 가족에게 쓰는 편지는 더욱 즐거웠다.

　신학교를 졸업하고는 23년 동안 교회 앞에서 편지를 썼다. 설교는 하나님의 말씀을 쉽게 풀어 전하는 것이지만 목회자의 자리에서 보면 성도들에게 보내는 편지이다. 아마 성도들에게 전하는 편지만큼 정성으로 쓴 편지는 없었을 것이다. 하나님은 세상 사람 모두에게 66권이나 되는 긴 편지를 썼다. 그것은 하나뿐인 아들의 피로 쓴 사랑의 고백이었다. "하나님이 세상을 이처럼 사랑하사 독생자를 주셨으니 이는 그를 믿는 자마다 멸망하지 않고 영생을 얻게 하려 하심이라."(요한복음 3장 16절)

　목회에서 은퇴하고 보니 잊을 수 없는 사람들이 한둘이 아니었다. 내가 교회를 섬길 때는 하나님의 일에 충성봉사 하던 사람들이 한 세대가 지난 세월에도 '처음 사랑'을 변치 않는 성도들이 있었다. 그 은혜와 사랑을 기리기 위해 나는 '사랑의 편지'를 쓰기 시작했다. 한 달에 한 차례씩, 보통 A4 용지 한 장 내외를 썼으나 분량은 제한이 없이 긴 얘기를 쓰기도 했다. 신학교 때 절친한 친구들까지 포함하여 50여 통, 그동안의 안부를 묻고 살아가는 이야기를 함께 엮으며 수작업을 했다. 내가 쓴 편지를 출력하고, 아내와 함께 주소를 오려 붙이고, 우체국에 가는 일까지 모두가 즐거운 시간이었다. 어쩌다가 답장을 보내오는 분도 있었고, 어떤 이는 털실로 뜬 장갑을 '답신'으로 보내왔다. 편지를 받을 때마다 잊지 않고 꼭 전화로 인사를 전해오는 장로님도 있었다. 은혜를 갚으려는 일이 오히려 은혜를 입었다.

　사랑의 편지를 쓰고 10년이 되는 연말 나는 마지막 편지를 띄웠다. 사랑의 교제를 나누던 수신자들 가운데 두 분이 하늘나라로 떠나가시자 '내가 편지를 너무 오래 썼나'라는 생각이 들기도 했다. 편지를 끝내기 얼마 전에는 사랑의 편지 로고와 우리 집 주소를 인쇄한 봉투 1,000장을 만들었다. 오랜만에 붙박이장 맨 위 칸에 올려놓았던 종이 상자를 내려보니 누렇게 곰팡이가 핀 편지 봉투 네 묶음(400장)이 아직 남아있었다. 세월의 흔적처럼 한 달, 두 달, 한 해, 두 해 쌓인 편지는 마침내 한 권의 책이 되었다.

　－『주님의 얼굴을 보는 사람들』'사랑의 편지' 10년(신국판, 268쪽)－

'책 머리'에는 '그리스도인이기 때문에'라는 제목으로 다음과 같은 서문을 붙였다. "사랑하며 기도하며 편지를 써왔다. 그 고마움, 끊어지지 않는 사랑에 감사의 인사를 계속하다 보니 어언 10년의 세월이 흘렀다. 사랑하는 사람들에게 편지쓰기는 기다려지는 즐거움이었다. 언젠가는 어떤 일 때문에 몇 달 동안 편지를 쉬고 있었다. 이때 한 권사님의 아들이 내 안부를 물으며 '병석에 계신 어머니가 목사님의 편지를 몹시 기다립니다.'라는 문자 메시지를 보내왔다. 나는 그 말이 '알람'처럼 들려 잠을 깨듯 그동안 쉬었던 편지쓰기를 다시 이어갔다.……" 책으로 묶은 편지는 사랑하는 수신자들과 가까운 분들에게 한 권씩 나누었다. 10년 동안의 사랑의 편지를 마무리했으나 나의 편지쓰기는 아직 끝나지 않았다. 이제는 소설을 쓰며 산다. 소설은 독자에게 보내는 내 정성 들인 편지이다.　　　　(수필과 비평. 2025년 2월)

엽서 한 장

　시가 버려진다는 것은 슬픈 일이다. 시집을 버린다는 것은 죄송한 일이다. 이름도 알지 못하는 분들로부터 보내온 시집, 오랜 세월 그것들이 모이면 책꽂이가 넘쳐나고 여기저기 쌓아놓다가 부득불 버리게 된다. 내가 보낸 첫 번째 시집과 두 번째, 세 번째 시집이 어디서 그렇게 버려지고 있다는 생각을 하면 보낸 내가 오히려 죄송하다. 내 마음이 아프면 남의 마음을 헤아린다. 보내온 시편을 새겨볼 마음의 여유를 갖지 못한 것이 송구스럽다.
　시인의 마음을 알려면 그에게 가까이 다가가고 그의 마음이 되어야 하지 않을까? 나무의 마음을 알려면 나무가 되어야 하고, 돌의 마음을 알려면 돌이 되어보아야 하는 것처럼. 매월 열 손가락도 모자랄 숫자의 월간지나 계간지, 동인지가 날아들지만 읽어보지 못하고 버려지는 것들이 대부분이다. 마음은 편치 못하다. 지인의 출판기념회에 참석하지 못했을 때처럼 한동안 찜찜한 마음이 자리 잡는다. 유명시인들의 고전이야 색깔이 바래고 책모서리에 먼지가 쌓여도 그대로 두지만 그렇지 않은 시집들은 버려지기 마련이다.

얼마 전 마음이 텅 빈 것처럼 허전하여 자리에 누운 채로 오래된 메모첩을 넘겨보고 있었다. 그것은 목회할 때의 여러 가지 기록들을 겸한 것으로 잡기장이라 할 수도 있을 것이다. 표지 안쪽과 첫 페이지 앞쪽에 아무렇게나 휘갈긴 메모들이 잊었던 기억의 조각들을 한꺼번에 쏟아냈다. 이리저리 뒤적이고 있는데 엽서 한 장이 내 얼굴 위로 떨어졌다. 한 시인이 오래전에 내게 보낸 일반 엽서이다. 반가운 사람을 만난 듯 엽서를 읽어본다.

> 귀한 시집 『서설』을 받아서 읽은 지도 벌써 한 해가 훌쩍 넘어버렸습니다. 회신을 제때 못한 송구한 마음으로 찬사와 감사의 뜻을 담아 뒤늦은 인사를 드립니다. 「…그 어지러운 자리를 쓸고 부활의 아침은 오리니/ 사람아, 가고 싶은 데까지 달려가 보라/ 가슴 깊이 신표를 간직하고/…」 새해에도 늘 건강하시고 좋은 글 많이 쓰시기를 기원합니다.
>
>   − 2007년 12월 29일 ○○○ 드림

이 엽서는 내가 두 번째 시집을 이름으로만 알고 있는 그분에게 보낸 뒤 1년이 지나서 받은 것이다. 그분은 나보다 몇 년 앞서 시집 『그림자에게』(시와 사진의 만남)를 내게 보냈었다. 표지를 넘겨보니 '2004년 3월 13일'로 적혀있었다. 나는 그분의 시집을 받아 읽고 답신을 보내려는 마음을 먹고 있으면서도 3년 반 동안이나 생각만하고 행동으로 옮기지는 못했다. 어떤 말로 내 마음을 적어 보낼까, 생각하다 너무 많은 시간이 흘러버렸다. 그러나 나는 그 시집을 옆에 두고 때때로 읽고 있었다. 죄송한 마음이 희미해질 때쯤 그분의 엽서가 날아왔다. 그제야 나는 자책하며 '그림자에게' 철 지난 답장을 써 부쳤다.

그분이 엽서에 만년필로 적은 글을 보면서 나는 편지지에 좀 길게 답신을 썼다. 나도 똑같은 마음이었다는 송구스런 변명과 함께 감사와 그분의 시에 대한 감상을 올려놓았을 것이지만 무슨 말을 적었는지 기억이 나지 않는다. 기억이 나지 않는 편지를 골똘히 생각하기보다는 내가 그분의 시를 생각하는 지금의 마음이 그 답신에 아마 크게 다르지 않을지도 모른다는 엉뚱한 생각을 하며 그분의 시집을 펼쳐 본다.

시집의 서문에는 이렇게 적혀있다.「……나에게 있어 사진은 대상의 재현이기보다는 언어의 한계 저쪽에 있는 것을 담아낼 수 있는 확대된 서정시로서의 의미가 더 크다고 할 수 있다. 나는 그동안 렌즈로 시를 쓴다는 마음으로 사진을 가까이 해왔다.……」

그분의 시편 가운데서 〈처음의 꽃〉을 읽어본다. "꽃 한 송이가 피어나면/ 조금 먼 데서 또 꽃이 피어납니다/……// 한 사람이 불을 켜면/ 조금 떨어진 사람이 또 불을 켭니다/……// 마지막 꽃이 피기 전에/ 처음의 꽃은 아마 졌겠지요마는/ 마지막 불이 켜지기 전에/ 처음 켜 든 불은 아마도 꺼졌겠지요마는// ―그리하여 그 처음의 꽃과 첫 불을 켜 든 사람은// 세상을 위하여 눈물 흘리는 자의 맨 첫 자리에/ 서는 외로움을 허락받았습니다"(일부 생략)

처음의 꽃을 피운 사람과 첫 불을 켜 든 사람! 소리 없이 꽃이 피듯 말없이 밝고 선한 일을 시작하는 이 시대의 외로운 이를 생각하게 하고 있다. 또 한 편의 시 〈파도〉를 읽어본다. "수평선에서부터 눈 맞추고/ 마주 달려 온 당신과의 눈높이가/ 여기에만 오면 왜 맞지 않는지/ 나의 눈은 언제나 당신의 발끝에 머물고/ 당신의 눈은 왜 언제나 바다 끝만 바라보는지/ 온몸으로 부딪쳐도 알 수가 없어/ 외마디 울음으로 하얗게 그리움 풀어/ 부서지고 또 무너진다"(전문) 이는 마치 절대자 앞에 선 인간의 한계를 보여주는 것 같다. 조갑지만한 머리로 아무리 생각해보아도 하나님의 섭리는 알 수 없는 일이다.

  그분의 시를 읽으면 내 마음이 제자리를 찾아가는 것 같고, 말 없는 사람들, 말하지 않는 사람들의 말에 귀를 기울이며 '파도'처럼 인간의 한계성을 다시금 점검해보게 된다. 단 한 번 엽서를 받았고, 단 한 번 답신을 보냈지만 그분의 시를 대할 때마다 나의 편지는 계속해서 쓰여지고 있다. 한해가 훌쩍 지나도록 나의 시를 생각하며 나에게 답신을 보낼 마음을 간직하고 있었던 그분, 내가 그 엽서 한 장을 받기 전부터 그에게 오래도록 답신을 쓰려는 마음을 간직하고 있던 것을 생각이나 했을까? 마음은 마음으로만 이어지는 것인가?

  살아오면서 내게 잊히지 않는 여러분들을 생각해본다. 그분들과의 관계 속에서 기억에 남는 일들은 아무리 세월이 흘러도 버리고 싶지 않은 소중한 흔적들이다. 오래도록 기억에 남는 일들은 돌에 새겨진 것이 아니다. 그것은 서 있는 자리에서 말없이 처음 꽃을 피우고, 캄캄한 어둠을 탓하지 않고 맨 먼저 촛불을 켜 드는 사람만이 이루어낼 수 있는 일이다. 오래된 엽서 한 장을 읽으며 버려지지 않는 시를 쓰고 싶다. 말은 없어도 누군가가 가슴속에 고이 간직하고 맨 먼저 꽃을 피우며 살아갈 한편의 글을 쓰고 싶다.

(수필문학 21. 2008년)

착각의 계절

 아무리 생각해도 그것은 어처구니없는 일이었다. 오래전 해외여행으로 적립된 항공 마일리지 통보를 몇 차례나 받았다. 더 시간이 지나면 아까운 마일리지가 소멸될까 싶어 가을이 깊어가는 시월 하순 아내와 함께 2박 3일 제주도 여행길에 올랐다. 이륙할 때는 잔뜩 흐린 날씨였는데 구름 위에 올라서자 가을 하늘은 그대로 펼쳐있었고, 찬란한 햇빛을 받으며 썰매를 타고 설원을 달리는 기분이었다. 제주도를 여행할 때는 렌터카가 필수이다. 공항에 내리자마자 몇 개의 렌터카 출장소 직원들이 줄지어 있는 창구로 가서 문의했다. 첫 번째 창구담당자는 한참이나 내 주민등록증을 들여다보며 옆 사람과 "80세까지 제－!"라며 얘기를 주고받더니, 주민등록증을 돌려주며 다른 창구에 문의해보라고 말했다. 옆 창구직원도 마찬가지로 불가능하다는 대답이었다.
 며칠 전 여행을 계획할 때 인터넷을 통해 문의했던 Y 렌터카로 전화를 걸었다. 다행히 그 업소는 운전에 지장이 없는 한 누구나 렌터카가 가능하다고 말했기 때문이다. 휴대폰으로 Y 렌터카 직원의 안내를 받으며 공항청사를 나와 횡단보도를 건너 '렌터카 하우스'를 찾아갔다. 그곳은 여러 렌터카 업체가 고객을 자기들 회사로 안내하는 셔틀버스 주차장이었다. 제주에 도착한 시간은 오후 4시 30분이었으나 여기저기 문의하다 보니 어느새 해는 지고 어두워졌다. 셔틀버스에 올라 15분쯤 기다리자 차가 출발했다. 러시아워에 겹쳐 Y 업체까지는 30분도 더 걸리는 것 같았다.

차례를 기다려 수속을 마치고 쏘나타를 배정받았다. 내 차 기어는 P(주차) R(후진) N(중립) D(주행) 작동이 막대 식인데, 배정받은 차는 신형으로 버튼식이었다. 주차 페달도 밟는 것이 아니라 작은 레버를 당기는 식이며, 내비게이션도 형태가 달라 사용하기가 쉽지 않았다. 다시 직원을 불러 사용설명을 듣고 차를 출발시켜 한 시간 넘게 걸려서 내지에 자리한 H 콘도에 도착했다. 숲속에 여기저기 흩어져있는 주차장에는 승용차가 빼곡히 주차되어 있었다. 한참 만에 겨우 빈자리를 찾아 주차했다. 오래전 몇 차례 이용한 적이 있는데도 밤이라서 그런지 대형콘도는 낯설어 보였다.

프런트로 가서 입실 수속을 하고 카드키를 받았다. 방 번호는 '603호'였다. 그날은 마침 대전 S 여고생들의 단체 숙박으로 실내는 시끄럽고 혼잡했다. 6층 방으로 올라가서 손잡이 아래에 카드키를 대었으나 문이 열리지 않았다. 몇 번 시도하다 프런트에서 적어준 방 번호를 확인했다. 자세히 살펴보니 방 번호는 '603호'가 아니라 '623'호였다. 조그맣게 쓴 글자 '2'가 '0'으로 보인 것이다. 아무리 돋보기를 끼지 않았기로서니 뜻밖의 실수였다. 콘도 위치가 외딴 지역인데다 식당 운영 시간도 지나 구내 편의점에서 라면을 사다 저녁 식사를 대신했다. 방안에서는 취사가 금지되어 있었기에 집을 떠나니 이래저래 고생이었다.

제주도는 10여 년 전에 아내와 함께 이미 올레길을 완주했고, 그 후에도 방문할 때마다 '오름'이나 '명소'로 알려진 곳은 거의 둘러보았기에 이번에는 목적지도 정하지 않고 발 닿는 대로 돌아보기로 했다. 이튿날 오전 10시쯤 어젯밤에 주차했던 곳으로 가서 '내차'를 찾았으나 차가 보이지 않았다. 아무리 둘러보아도 내 차를 찾을 수 없었다. 위치나 길을 찾는 데는 어느 정도 자신이 있는 나로서는 참으로 난감했다. 아내는 이리저리 나를 따라다니면서 "차 번호가 몇 번 이예요?" 물었다. 내가 아무런 대답을 하지 않자 아내는 다시 한번 물었다. 나는 속으로 '이 사람이 우리 차 번호도 잊었는가'라는 생각을 하고 있었다.

아내가 다시 묻기에 차 번호를 말하려고 하니 나도 '내차' 번호를 알 수 없었다. 나는 렌터카 키에 적혀있는 7765번을 확인하면서 깜짝 놀랐다. 어떻게 이런 일이 있을 수 있을까? 이때까지 나는 '감청색 쏘나타 6996번'-, 집에 두고 온 '내 차'를 생각하고 있었다. 게다가 렌터카 색깔이 흰색이란 것도 생각하지 않았다. '흰색 차 7765번'을 확인하고 보니 렌트한 차는 5~6미터 앞에 얌전히 주차되어 있었다. 나는 그때까지 습관적으로 집에 두고 온 내 차를 찾고 있었다. 나는 어처구니없는 실수에 놀라움과 실소를 금치 못했다. 아내는 앙천대소하며 "당신이 이런 모습은 처음 보았다!"는 말과 함께 손가락 몇 개를 펴 보이며 장난조로 비아냥댔다. 나는 변명할 말이 없어 "그래서 나이 들면 비서가 필요한 것이야!"라고 엉뚱한 대답을 끌어냈다. 방 번호도 제대로 보지 못하고, 부산에 두고 온 차를 제주도에서 찾다니! 치부를 들킨 것 같지만 산수를 넘기면서 착각의 계절에 접어들었다는 생각을 지울 수 없었다.

(좋은수필. 2024년 12월)

목사 작명가

"안유환 목사님이시죠?"

밝고 명랑한 여자의 음성이 나를 확인하는 소리에 나는 "그런데요 —?"라고 대답하며 다음 말을 기다렸다.

"목사님, 저, 희도입니다." 낯선 음성이 내게 바짝 다가서는 듯했다. 나는 잠시 멈칫했지만 곧 생각이 떠올랐다.

"희도 라고?" '희도'는 20여 년 전에 내가 지어준 여자아이의 이름이다.

"목사님, 저의 이름 기억하시지요?"

"기억하고 말고—, 네가 희도냐? 아버지 어머니는 평안하시냐?"

내가 나이를 물었더니 '스물한 살이며 D대 체육학과 2학년'이라 대답했다.

'희도'란 한자로 기쁠 희(喜) 자와 기도할 도(禱) 자로 쓴다. 내가 희도의 이름을 지어준 것은 나의 두 번째 목회지에서이다. 나는 교회의 구역을 재편하면서 여집사들을 훈련시켜 구역장으로 세웠다. 교회를 중심한 지역으로 담임목사가 속한 구역에는 L 집사가 구역장을 맡게 되었다. 남편은 중고차 판매상으로 일하고 부인인 L 집사는 초등학생들의 과외를 지도하면서 열심히 사는 가정이었다. 재혼하여 아이 낳기를 소원하던 그녀는 딸 하나를 얻고 내게 이름을 지어주도록 부탁했다.

한 사람이 평생을 갖고 살아가야 할 이름을 짓는 것은 소홀히 할 수도 없고 쉽지도 않은 일이다. 나는 기도하며 생각한 끝에 "항상 기뻐하라 쉬지 말고 기도하라"는 말씀을 떠올렸다. 성도의 삶의 자세로 그보다 더 귀한 것도 없는 것 같았고 하나님께서 주신 아이도 그렇게 살도록 기도하라는 의미로 나는 '희도'라 이름을 지어주었다. 구역예배 때면 L 집사는 희도를 무릎에 앉히고 때로는 우는 아이를 달래며 구역 공과로 예배를 인도하던 모습이 눈에 선하다. 그는 한 번도 아이 때문에 맡은 일을 할 수 없다고 말한 적이 없었다. 오랜 세월이 지나 그 아이가 하나님의 축복 가운데 잘 자라 자기 이름을 지어준 목사에게 전화를 걸어온 것이다. 나는 다음날 희도에게 전화를 걸어 집 주소를 묻고 나의 고희기념 시집 한 권을 보내주었다.

내가 지어준 어린아이들의 이름 가운데는 신원(信園)이란 이름이 있다. 내가 첫 목회지 양산에서 조그만 과수원을 돌보고 있는 가정을 심방했을 때의 일이다. 태어난 지 얼마 되지 않은 아이의 이름을 물었더니 틈이 나면 작명가를 찾아가 이름을 지으려 한다고 대답했다. 교회에 나온 지는 얼마 되지 않았고 그 집안은 유교적 전통에 젖어 있었다. 나는 즉석에서 그 아이를 위한 이름을 생각해냈다. 동산 같은 과수원에서 태어났기에 동산 원(園) 자를, 그 동산에서 탐스런 과일처럼 믿음의 일꾼으로 아이가 잘 자라도록 믿을 신(信) 자를 붙인 것이다. 작명가를 찾아가 아이 이름을 지으려던 그녀는 담임목사가 지어준 이름을 받고 너무도 기뻐하며 감사했다.

　성도들에게 있어서 아이의 이름은 그를 향한 평생의 기도 제목과 같은 것이다. 사람들은 자녀의 이름을 짓는 것을 중요한 일로 생각할 뿐만 아니라 실제로 이름처럼 복되게 사는 사람들이 많다. 특히 여자 분 가운데 남자처럼 느껴지는 이름을 가진 사람들이 큰일을 하는 경우가 많은 것을 볼 때가 있다. 하나님은 믿음의 조상 아브람의 이름을 아브라함으로 바꾸어주셨다. 이름의 뜻을 풀어보면 '큰아버지'에서 '열국의 아버지'가 된 것이다. '거짓말쟁이' 야곱은 얍복 나루에서 밤새워 천사와 씨름하며 기도하다 마침내 '이스라엘'이란 새 이름을 얻었다. '하나님과 겨루어 이겼다'는 뜻인 그 이름은 하나님의 택한 백성의 나라 이름으로 불리고 있다. 아비가일이란 이름은 '아버지의 기쁨'이란 뜻이다. 그녀의 남편 나발은 그 뜻이 '미련한 자'라는 의미이다. 나발은 이름처럼 어리석고 교만하여 다윗의 화를 입게 되었으나 그의 아내 아비가일은 슬기로운 삶의 자세로 아버지의 기쁨이 되었다. 이처럼 성경에는 이름이 그 사람의 생애를 좌우하는 것으로 나타나는 경우가 많다.

　한번은 김해공항 부근에 사는 가정을 심방했을 때였다. 그 집도 아이가 출생한 지는 제법 되었지만 이름은 아직 짓지 못하고 있었다. 함께 심방했던 권사님 한 분이 우리 목사님도 이름을 잘 짓는다고 말하자 새 신자인 그분은 아이 이름 짓는 것을 내게 맡겼다. 나는 '우량아' 모습을 한 튼튼한 그 남자아이가 여호수아처럼 자랐으면 좋겠다는 생각이 들었다. 여호수아서 1장에는 하나님의 종 모세가 여호수아에게 명한 말씀 가운데 "율법을 다 지켜 행하고 좌로나 우로나 치우치지 아니하면 어디로 가든지 형통하리라"는 말씀이 있다. 하나님의 말씀은 '형통하게 하는 법'이다. 나는 말씀의 뜻을 따라 그 아이의 이름을 형률(亨律)이라 지어주었다. 하나님의 말씀대로 살아 형통한 사람이 되라는 의미였다. 이렇듯 한 사람의 이름을 지어주는 것은 그 사람에게 최고의 축복을 하는 일이다. 그래서 인명이나 상호의 작명가들은 많은 대가를 받는지도 모른다.

이 밖에도 한두 명 더 이름을 지어준 것 같은데 오래된 일이라 생각이 나지 않는다. 그러나 어른의 이름을 고쳐준 기억은 아직도 뚜렷하다. 교회당 부근에서 미장원을 열고 있는 그 집에는 여자들만 네 사람이 ―미용사인 주인과 중학생 초등학생 딸 둘과 할머니 한 분― 살고 있었다. 그 할머니는 아이들의 친할머니나 외할머니도 아니며 정확한 관계는 알 수 없었다. 누가 물으면 할머니는 불쌍한 분인데 심덕이 좋아 함께 살게 되었다고만 대답하던 것을 기억한다. 어떤 이는 그 미용사가 다른 남자의 '세컨드'라는 말을 하기도 했다. 그러나 남편이 다섯이었던 수가성 여인을 생각하면 교회는 그런 것에 상관할 바는 아니었다.

그 할머니의 이름은 '수노미'로 불리고 있었다. 참으로 어감이 좋지 않은 데도 그분에게 다른 이름은 없었다. 그 이름은 흡사 '숫놈'이라는 느낌이 들었다. 아들을 선호하던 옛날에 딸을 계속 낳자 그다음엔 아들을 얻으려는 의미로 부모가 그런 이름을 붙인 것인가? 나는 외롭고 불쌍한 그 할머니의 이름을 고쳐주기로 했다. 그 할머니와 가족은 모두 찬성했다. 나는 그 할머니가 의지할 데 없이 불쌍하다는 생각을 하다 룻기의 '나오미'를 떠올렸다. 나오미는 남편과 함께 두 아들을 데리고 베들레헴 땅의 기근을 피해 모압 땅으로 이주했다. 잘살아보려고 하던 나오미는 그곳에서 남편이 먼저 세상을 떠났고 두 아들마저 잇달아 잃는 슬픔을 당했다. 나오미는 아들이 없는 며느리 룻을 데리고 다시금 베들레헴으로 돌아와 '기쁨'이라는 이름의 의미대로 복음의 역사를 이어가는 여인이 되었다. 나는 그 수노미 할머니의 이름을 '나오미'로 부르도록 교회 앞에 광고했다. 교회 요람에도 그 할머니 이름을 '김 나오미'로 등재했다. 발음도 비슷할 뿐만 아니라 김 씨 성 한자(漢字)의 뜻을 새기면 '금 나오미'로 듣기도 부르기도 그 뜻도 좋은 이름이라는 생각이 들었다.

나는 교회의 이름도 두 개나 고친 적이 있다. 내가 두 번째로 시무한 교회의 처음 이름은 평강(平江)교회였다. 지금도 대저 들판을 가로질러 흐르는 평강은 이름 그대로 평평해서 물의 흐름이 거의 없고 20여년전 만해도 수질오염으로 물고기도 서식하지 못하는 죽은 하천이 되어가고 있었다. 나는 교회 옆으로 흐르는 그 하천을 볼 때마다 오래된 우리 교회의 모습이 그와 비슷해지고 있다는 인상을 지울 수 없었다. 부임 1년 만에 교회당을 신축하면서 오래도록 생각하고 기도하던 끝에 나는 교회 이름을 '平江'에서 '平康'으로 바꾸고 그 앞에 '부산'을 붙였다. 옛날에는 행정구역이 김해였기 때문에 사람들의 입에 익은 대로 늘 '김해평강'으로 불렸기 때문이다. 교회가 정체된 平江을 벗어버리고 날마다 주님의 平康속에 전진한다는 생각 만해도 은혜와 축복이 넘치는 것 같았다. 교회는 그 이름 따라 성장을 거듭했다. 그리고 세 번째 교회에서는 같은 '금성'이라는 이름이 너무도 많아 교회 이름 뒤에 마을 동(洞) 자를 붙여 오직 하나의 이름이 되게 했다. 당시 통합 측 교회 주소록에는 '금성'이라는 이름으로 13개의 교회가 나와 있었다.

고심하여 교회 이름을 지어놓고 끝내 사용하지 못한 이름도 있다.

내가 불혹을 눈앞에 두고 선지 동산에 오를 때는 개척교회가 우후죽순처럼 생겨날 때였고 한편으로 시골 지역에는 목회자가 없는 교회도 제법 있었다. 놀랍게도 신학교 입학을 하고부터 바로 교회 개척에 나서는 사람도 있었으나 나는 처음부터 개척하려는 생각은 해본 적이 없었다. 다만 농촌이나 벽지 아니면 낙도 교회라도 나를 필요로 하기만하면 달려가 그 교회를 섬기기로 다짐하고 있었다. 그러던 나의 다짐이 십여 년이 넘게 최선을 다해 목회하면서 조금씩 달라지는 것 같았다. 개척하여 소신껏 목회하는 목회자들이 소위 성공적 목회를 하는 경우를 많이 보았기 때문이다.

하나님께서 내게도 교회 개척을 허락하신다면 다음과 같은 이름을 붙이고 싶었다. '주명한 교회'. 이 이름은 여호수아 1장 9절에서 나왔다. "내가 네게 명한 것이 아니냐. 강하고 담대하라. 두려워하지 말며 놀라지 말라. 네가 어디로 가든지 네 하나님 여호와가 너와 함께 하느니라." 나는 이 말씀을 묵상하며 개척할 교회 이름을 먼저 지었다. 그리고 교회 개척이 허락된다면 그것은 주님이 명령하신 것이며 반드시 하나님이 기뻐하시는 교회로 성장하게 될 것이라 믿었다. 이름부터 지어놓고 기도하며 하나님의 허락을 기다렸으나 끝내 내게는 개척이 허락되지 않았다. 내가 생각해도 개척을 하기에는 너무 늦은 것 같았다. 그럼에도 불구하고 내가 지은 교회의 이름은 참으로 좋은 이름이라는 생각을 아직까지 버리지 못하고 있다. 누가 교회를 개척하거나 기존의 이름을 바꾸려 한다면 나는 '주님이 명하신 교회'라는 이름을 기꺼이 내어주고 싶다.

남의 이름을 지어준 대가로 차 한 잔 얻어 마신 적 없지만 남을 축복하는 마음으로 좋은 이름을 지어주는 것은 참으로 즐거운 일이 아닐 수 없다. 그것은 남에게 가장 좋은 것을 아낌없이 베풀고 싶어 하는 마음이기 때문이다. 더욱이 내가 이름 지어준 집사님의 딸 희도가 아름답고 지혜로운 믿음의 청년으로 성장하여 내게 걸어온 안부 전화를 받은 것은 뜻밖의 큰 보람이었다. 이제는 내가 항상 기뻐하고 쉬지 말고 기도하고 범사에 감사하며 형통케 하시는 하나님의 말씀을 따라 목사로서 부끄럽지 않은 여생을 살아갈 수 있어야겠다.

(제2수필집. 2014년)

액자 속의 내 고향

　떠나올 때 따라온 그리움은 평생을 그림자처럼 함께 걷는다. 잃어버린 고향에 대한 그리움이다. 예쁘다거나 곱다고 말할 수는 없지만 그보다 더 아름다운 것이 세상에 또 있을까. 보아도 보고 싶고 아무리 세월이 지나도 잊히지 않는 고향! 그러나 모처럼 고향을 찾는 사람들은 그 낯선 동네를 보고 실망하고 만다. 고향의 옛 모습이 남아 있지 않기 때문이다. 태어나서 자라며 뛰놀던 뒷동산과 앞 개울은 간곳이 없다. 옹기종기 버섯처럼 귀엽고 사랑스런 초가마을은 현대식 건물로 변하고 동산이 있던 자리에는 머쓱하게 아파트가 들어섰다. 맨발로 술래잡기하며 놀던 꼬부랑 골목길은 모두 시멘트로 곧게 포장되었다.
　현대인들은 누구나 고향을 잃어버린 사람들이다. 이마에 주름이 쌓이고 머리에 서리가 내리도록 그 땅에 사는 사람들도 실향민에 지나지 않는다. 어디에서도 정들었던 고향의 모습은 찾아볼 수 없기 때문이다. 알베르 카뮈는 "잃어버린 순간에 비로소 알아볼 수 있는 것이 고향"이라고 말했다. 그런고로 누구나 자기의 고향을 이야기하는 사람들은 이미 고향을 잃어버린 사람들이다. 잃어버린 고향을 오래도록 그리워하다 사람들은 고향 노래를 부르고, 향수를 달래며 시를 쓰고, 머릿속 고향의 모습을 화폭에다 옮겨 놓는다. 아무리 나이가 들어도 고향은 우리를 놓아주지 않기 때문이다.

아직도 사진처럼 선명한 내 고향마을은 어느 해 그 사랑스럽던 집들이 헐리고 그 자리엔 동양 최대의 제철공장이 들어섰다. 오랜 세월이 지난 어느 명절에 아버지와 이야기를 나누다 나는 고향마을의 기억을 털어놓았다. 아버지도 나와 꼭 같은 마음이었다. 골목길 하나하나가 그대로 살아있고 매미를 잡으러 올라가던 미루나무도 아버지의 기억 속에 그대로 서 있는 것을 나는 보았다. 이듬해 아버지는 친분이 있는 시청직원 한 분을 통해 마지막 고향의 모습을 그대로 담은 파노라마 흑백사진 한 장을 구해주셨다. "내 고향 동촌, 1968년 포항제철이 설립되기 전의 영일군 대송면 동촌동 전경" 그 사진에 이렇게 설명을 달아 액자로 만든 '내 고향'을 가보처럼 소중히 벽에 걸어놓고 때때로 고향 생각에 잠긴다.

나는 오늘도 눈을 뜨자마자 쪽진머리에 검정 치마 흰 저고리를 입은 옛 여인의 모습 같은 고향마을을 쳐다본다. 때로는 하얀 마음의 전지(全紙)를 펼쳐놓고 어릴 적 마을을 그린다. 20층 아파트보다 더 크게 보이던 팽나무 그늘에 둘러앉아 이야기꽃을 피우며 더위를 식히던 아낙네들이 보이고, 논매기하다 점심을 먹고 잠시 눈을 붙인 남정네들의 코 고는 소리가 들리는 듯하다. 우리 집을 중심으로 이웃집을 그리다가 마주 오는 두 사람이 비키기 어려운 '키스 골목'을 지나 혼자서 바다를 찾아가던 갈대밭 길로 접어든다. 어릴 적 친구였던 분, 순, 자야는 나보다 빨리 자라 먼저 마을을 떠났고 남아있는 이야기들만 나와 함께 거닌다.

  초등학교를 졸업할 무렵이었다. 어느 날 저녁 여자아이들이 몰려 놀고 있는 방으로 친구 손에 이끌려 들어갔다. 나는 고개도 들지 못하고 홍당무가 된 얼굴을 숨기려 방바닥에 코를 박고 있었다. 여자아이들은 남달리 부끄럼을 타는 나를 보고 깔깔대며 웃었다. 한동안 혼자서 좋아하던 여자아이 집 앞을 하릴없이 어슬렁거리던 일을 생각하면 지금도 얼굴이 붉어진다. 청년이 되어 닭서리 했던 집의 지붕이 보이고, 비 내리는 어느 날 밤에는 익은 수박만 골라 훔쳐 왔던 원두막도 나를 쳐다보고 있는 것 같다. 하나님은 부끄러움을 자랑으로 알고 살아가던 우리들에게 회개할 기회를 주셨다. 고향마을 한가운데 교회당이 들어서고 나와 함께 놀던 친구들은 어느 날부터 마을에서 '가장 착한 아이들'로 인정(?)을 받게 되었다. 토요일 오후가 되면 맨먼저 달려가 먼지 자욱한 교회당을 청소하고, 함께 오르간을 타던 세 살 아래인 친구 여동생의 얼굴이 수국처럼 붉어지는 것을 볼 때도 있었다. 철거민으로 뿔뿔이 흩어져 연락이 끊긴 친구들은 어디에서 무엇을 하며 고향을 그리워하고 있을까? 그때의 처음 믿음이 나를 목회자의 길로 이끌었다.

  고향을 떠나 온 지 반세기! 공무원인 아버지가 수년 동안 객지에 계실 때 초등학생인 나는 오래도록 고향에서 할머니와 함께 살았다. 지금도 "할머니―," 부르면 "오냐, 내 새끼."하고 맛있는 음식을 내오실 것 같은 고향 집은 앞산에서 내려다보면 손에 잡힐 듯 가까이 있었다. 새벽 미명 같은 흑백사진 속의 사람들은 아직도 자고 있는지 연기하나 피어오르지 않고 옛 모습 그대로를 간직하고 있다. "바람이 불면 산 위에 올라 노래를 띄우리라 그대 창까지……" 한낮에는 동사

무소의 스피커에서 유행하던 안다성의 노래〈사랑이 메아리칠 때〉, 〈바닷가에서〉가 자주 흘러나왔던 것을 기억한다. 요즘처럼 해맞이는 할 줄 몰랐지만 정월 대보름이 되면 쥐불놀이를 하며 달맞이에는 부지런했던 것 같다. 한번은 앞산에 올라 동해바다에서 떠오르는 달을 제일 먼저 보았다, 고 소리치며 내 닫다 비탈길에 굴러 팔을 다친 적도 있었다.

액자 속의 내 고향! 사백여 호의 남향한 초가마을 뒤로 길게 늘어선 오래된 소나무들은 바닷바람을 막아주고 마을 앞에는 자갈길 신작로가 지나간다. 멀리 호미곶이 보이는 영일만 바다는 쉬지 않고 하얀 파도에 옛날을 실어 나른다. 그 무엇으로 아름다운 옛날을 대신할 수 있을까? 한 가지 남아있는 것이 있다면 그것은 '그리움'이다. 어쩌면 그리움은 '옛날'보다 더 아름다운 것인지도 모른다. 이문재 시인은 '소금 창고'가 있던 고향을 생각하며 "옛날은 가는 것이 아니고/ 이렇게 자꾸 오는 것"이라 노래했다. 누구에게나 고향을 떠나올 때 따라나선 그리움은 오늘도 함께 걸어가고 있다. 현대인들은 고향 대신으로 그리움을 선물로 받았다. J.파울은 "우리들이 쫓겨나지 않아도 되는 유일한 낙원은 그리움"이라고 말했다.

고향을 잃어버린 우리는 이제 그리움의 낙원에서 살아간다.

(제2수필집. 2014년)

킬리만자로여 안녕

살아간다는 것은 계획대로 되는 것이 아니다. 길이 없는 광야를 방황하는 것이고 어떨 때는 정글을 헤매는 것과 흡사한 경우도 있다. 내가 높은 산을 오르기 위해 세운 계획이 그랬다. 오래전 우연히 제주도 여행길에 아내와 함께 한라산 정상을 올랐다. 우리가 처음 출발했던 성판악으로 다시 돌아오기까지는 땅거미가 짙어진 장장 열두시간의 거리였다. '진달래 밭에서 포기하고 내려가자는 아내를 부추겨 기어이 정상에 발을 올려놓았던 것이다. 오를 때는 힘들고 고통스럽기도 하지만 정상을 밟기만 하면 그 모든 고생을 보상받게 된다. 아마 그런 마음이 알피니스트들의 마음이 아닐까 하는 생각을 해본다.

한 번은 중국 관광길에서 뜻밖에 백두산 정상을 밟아보았다. 얼핏 생각하면 굉장한 고투를 떠올리겠지만 그것은 산책하는 것보다 더 쉬운 것이었다. 백두산 아래 중국 쪽 버스 주차장에서 8인용 택시를 함께 타고 정상 부근 150m 지점에 하차, 뒷동산에 오르는 것보다 더 싱겁게 정상에 올라 백두산 천지를 굽어볼 수 있었다. 이런 알량한 이력(?)이 쌓이면서 나는 차츰 생각만 하고 오르지 못한 높은 산들의 정상을 구경하고 싶었다.

　내가 지리산 종주를 생각한 것은 20년 전쯤인 것 같다. 그것은 내가 목회자가 되기 전 직장산악회에 소속되면서 공휴 때 한 차례씩 단체 산행을 할 때 그 씨앗이 뿌려졌는지도 모른다. 그러나 생각과는 달리 나는 한동안 그 험난하다는 지리산 종주는 할 수 없을 것이라는 막연한 자기암시에 걸려있었다. 그런데 참으로 우연히 아마추어 등산 애호가를 만나면서 꿈꾸던 지리산 종주를 성공리에 끝마칠 수 있었다.(지리산 종주기는 졸저〈발틱해의 일출〉4부에 실려 있다.) 이 일은 산에 대한 두려움을 몰아내고 자신감을 심어주었다. 이런 일들이 발전하면서 덕유산과 설악산 종주로 이어졌고 멀리 북한산을 찾아가기도 했다.

　나는 국내의 높은 산 몇몇 곳을 답파하면서 해외의 높은 산으로 눈을 돌렸다. 그 첫 번째가 아프리카의 최고봉인 킬리만자로였다. 그것은 헤밍웨이의 소설〈킬리만자로의 눈〉때문이었다. 정상에 올라 헤밍웨이가 보았던 그 눈을 나도 보고 싶었다. 작품을 읽은 것은 그런 생각이 난 뒤였다. 별로 어렵지 않다는 자료들을 들이대며 아내를 권유해보았지만 끝내 동의를 받아내지 못했다. 혼자서라도 꼭 정상에 오르고 나서 예상치 못했던 보상을 받아보고 싶었다. 그러나 그것은 끝내 생각으로 그치고 말았다.

　목회 일선에서 은퇴하고 한 살씩 나이를 짊어지면서 킬리만자로는 아득히 멀어져갔다. 그리고 등산을 하는 것보다는 체력에 알맞게 걷기를 하는 것이 건강에 좋다는 말을 들었다. 그즈음 열린 제주도 올레길을 아내와 함께 걷기 시작했다. 3년째 계속하면서 올레길의 절반인 12코스까지 마쳤다. 우도(牛島)등 특별코스까지 합하면 17개 코스쯤은 될 것이다. 걷기에 재미를 붙이면서 우리는 스페인 '산티아고 순레길'을 걸을 계획을 하기 시작했다. 눈을 즐겁게 하는 구경보다는 의미를 찾는 여행을 해야 한다는 생각 때문이었다. 그리고 그 훈련으로 장도에 오를 때까지 부지런히 올레길 걷기를 계속하도록 했다.

　네 번째 겨울, 무슨 일 때문에 일정을 조정해보았지만 올레길 걷기를 하지 못했다. 올레길 걷기는 해마다 12월 중순 결혼기념일을 전후해 이루어졌다. 이듬해 봄이 되면서 번거로운 제주도 보다는 지리산 둘레길을 걸어보자는 쪽으로 생각을 바꾸었다. 산티아고 순례길을 걷기 위한 훈련으로는 지리산 둘레길이 오히려 더 좋을 것 같았다. 지리산 둘레길 교통편은 제주도 나들이에 비하면 한결 수월한 편이었다. 사상 서부 터미널에서 버스를 타고 남원까지, 그리고 출발점인 주촌까지 택시로 5분 정도 걸렸다.

　우리는 1코스에서 출발, 3박 4일 동안 제5코스 '동상-수철'까지 걸었다. 미리 말하지만 지리산 둘레길은 '걷는 길'이 아니다. 그것은 등산이나 마찬가지였다. 몇 달 후 두 번째 둘레길 6코스 '성심원-운리'에서는 웅석봉(1009.3m) 정상 부근을 넘어야 했다. 그것은 전투하는 것과 같았다. 이런 고투를 마다하지 않은 것은 오로지 산티아고 순례길을 (12일 단축 여정, 하루 평균 26km) 성공적으로 걸어보기 위한 일념 때문이었다.

　이때쯤 일간신문에서 '신중년 회춘 여행'에 대한 기사를 읽게 되었다. 눈길이 머문 곳은 "전투하듯 하는 여행은 절대 NO!"라는 제목이었다. 서양 사람들은 여행에서 푹 쉬다 돌아오는 반면 우리나라 사람들의 여행은 거의 전투하는 모습이라는 것이다. 그래서 집에 돌아오면 한동안 몸살을 앓는 경우가 많다는 것. 돌아보면 산티아고길 순례를 위해 지리산 둘레길을 걸으며 훈련을 하는 것은 우리에겐 전투 수

준이었다. "전투하듯 여행을 하지 말라"는 그 한마디가 산티아고 순례길 여행을 준비하는 내 마음에 제동을 걸었다. 기력이 떨어져 가는 나이에 무엇 때문에 돈 들여 '전투'를 하고 몸살까지 불러올 것인가? 아내와 의논 끝에 우리는 오래도록 꿈꾸어 왔던 산티아고 순례길을 접기로 했다. 그리고 스위스 일주 여행으로 방향을 바꾸어 '자연사랑'을 학습하며 품격 있는 여행을 할 수 있었다.

그러나 걷기에 대한 발걸음은 결코 멈추고 싶지 않았다. 아내와 나는 부산의 갈맷길을 거의 다 걸었고 이기대 코스는 금강공원 산책로를 걷는 대신으로 바닷바람을 쐬며 때때로 걷고 있다. "걷기는 사물의 본래 의미와 가치를 새로이 일깨워줄 뿐만 아니라 세상만사의 제맛을 되찾아 즐기게 하는 보람 있는 수단이다." 다비드 롱 브르통이 그의 『걷기 예찬』에서 한 말이다. 마음의 창에 어두운 그림자가 드리우고 입맛이 없거나 까닭 없이 몸이 찌뿌드드하면 '걷는 길'에 들어서 보라! 마음의 창은 파랗게 열릴 것이며 몸은 정상을 회복하고 잃어버린 밥맛은 꿀맛처럼 다시 돌아오게 될 것이다.

이것들은 걷는 자들이 받는 보상이다. 언제나 바쁘다는 사람들에게 브르통은 다음과 같이 권하고 있다. "사실 걷는 사람은 공간이 아니라 시간 속에다가 거처를 정한다. 저녁에 멈추는 발걸음, 밤의 휴식, 그리고 식사는 매일 같이 새롭게 달라지는 거처를 체험적 시간 속에 새겨놓는다. 걷는 사람은 시간을 제 것으로 장악하므로 시간에 사로잡히지 않는다."

삶이란 세가 왕성한 나무가 허공을 향하여 멋대로 우듬지를 내밀고 힘차게 가지를 뻗어가는 것이란 생각을 해본다. 나무도 그 방향이나 공간을 한정할 수 없을 것이다. 높은 산을 향한 나의 발걸음도 아직은 한정할 수 없는 것이다. 그러나 전투만은 멈추고 싶다. 이제는 오를 수 없는 킬리만자로여 안녕! 산티아고 순례길은 꿈속에서 걸어볼 뿐이다. 살아간다는 것은 계획대로 되거나 정해진 코스를 따라가는 것이 아니다. 그것은 우리의 생각이 날마다 새로운 길을 걸어가기 때문이다. 그러므로 집 가까이 있는 산책로를 걸어도 우리는 '친숙한 것에서 낯설음'을 발견하는 새로운 기쁨을 맛보게 되는 것이다.

(수필문학 21. 2024년)

임택진 목사님을 생각하며

- 2010년 스승의 날에

사랑받는 것보다 더 행복한 것이 또 있을까? 나를 사랑하는 그분이 내가 마음으로부터 존경하는 분이라면 그 기쁨은 배가된다. 그리고 세월이 지나도 잊히지 않는다. 내가 임택진 목사님을 처음 뵙게 된 것은 그분이 65세로 청량리중앙교회를 조기 은퇴하시던 해로 기억된다. 신학교 동기였던 P 목사의 추천으로 내가 청량리중앙교회 교육전도사로 일하기 시작한 것은 신대원 2학년 때부터였다. 불혹에 가까운 나를 신학생으로 불러주신 일과 교회가 나를 교육전도사로 받아준 일은 생각 하면 할수록 감사하고 소중한 은혜이다. 1년 반 동안 교육전도사의 일을 마치고 나는 목회 현장으로 떠나왔지만 그 후에도 목사님과의 관계는 계속되었다. 그러나 나는 목사님이 하늘나라로 떠나가신 소식을 1년 이 훨씬 지나 듣게 되었다.

자기 집을 방문한 사람을 배웅하지 못해도 결례이거늘 하물며 존경하는 분이 이 세상을 떠나가실 때 전송하지 못한 것은 비록 부음을 접하지 못했다 할지라도 내게는 늘 무거운 마음으로 남아 있다. 임 목사님은 은퇴 후에 어쩌다 한 번씩 본 교회 강단에 설 때면 교회 입구에서 교인들에게 인사하는 것을 보지 못했다. 혹시라도 교인들의 마음이 흐트러질까, 강단 뒷문으로 조용히 내려와 사무실로 들어가셨으며 결혼 주례도 조심스럽게 사양하신 것을 보았다. 임 목사님이 집회 인도 차 부산에 내려오실 때는 그가 중매한 K 목사와 P 목사, 그리고 나 세 사람 에게 오랜만에 점심이라도 같이하자면서 연락을 주셨다. 물론 점심값은 임 목사님이 내셨다.

내가 서울에 볼일이 있을 때 명일동에 있는 임 목사님 댁을 방문한 적이 몇 차례 있었다. 어떤 때는 눈치도 없이 점심 식사 시간에 들러 목사님 내외와 함께 식사하기도 했다. 한번은 내가 목사님을 모시고 나와 점심 대접을 하려고 연락을 드렸다. 전화를 받으신 목사님은 "멀리까지 들어올 것 없다." 말씀하시고 장신대 전철역 '만남의 장소'에서 만나, 광상동 사골낭 집에서 식사하며 얘기를 나누었다. 장신내역 만남의 장소는 그 후에도 몇 차례나 목사님과 나와의 약속 장소가 되었다. 함께 얘기를 나눌 때면 목사님의 화두는 언제나 한국교회가 본연의 모습을 잃어가고 있다는 것이었다. 내가 뜻하지 않은 어려움을 당한 후 몇 해가 지나고 임 목사님을 만났을 때였다. 장신대 앞 조용한 경양식 집에서 식사하고 나서 목사님은 요즘도 많은 액수에 해당하는 봉투를 쥐여주고 달아나듯 음식점을 나가셨다. 나는 식탁에 두고 나가신 안경을 전해드리려 한참이나 목사님을 뒤쫓아 가야 했다.

내가 세 번째 목회지에서 시를 쓰기 시작하고 제8회 광나루 문학상을 받게 되었을 때 일이다. 나는 목사님께 알려드리는 것이 도리라 생각하고 며칠 전에 연락을 드렸었다. 한국교회 100주년 기념관에서 개최된 이 날 저녁 시상식에 임 목사님은 불편한 몸으로 따님이 운전하는 차를 타고 참석, 나를 축하해 주셔서 참으로 송구스러웠다. 임 목사님은 내가 첫 설교집을 비롯해 시집, 수필집을 출간했을 때는 꼭 친필편지로 축하와 격려의 마음을 보내주셨다. 기독공보나 교계 신문에 실린 내 글을 보셨을 때도 잘 읽었다면서 편지나 전화를 주시곤 했다. 언젠가는 총회 총대들에게 주어진 가방에다 목사님이 갖고 계시던 소중한 목회 자료와 신간 서적을 가득 담아 주신 일도 있었다.

장신대 신대원에서 목회학 강의를 하실 때는 첫 시간에 "목회자는 공과 사를 분명히 해야 한다." 말씀하신 것을 나는 아직도 잊지 못한다. 언제나 깨끗하고 소탈한 삶, 인생에는 부모님 같고, 목회에는 대스승이신 목사님을 나는 존경하지 않을 수 없었다. 그러나 나는 생전에 한 번도 목사님에게 '존경'이란 말씀을 드리지 못했다. 왠지 그런 표현이 부적절한 것 같았다. 진정으로 존경하는 사람 앞에서는 할 수 없는 말 이 '존경한다'는 말이 아닐까?

병석에 계실 때 오랜만에 병문안 차 목사님 댁을 방문한 적이 있다. 그러나 그때 임 목사님은 나를 알아보지 못하셨다. 그때부터 나는 목사님을 위해서 기도할 뿐 소식을 들을 수는 없었다. 참으로 오랜만에 사모님께 전화로 목사님 안부를 물었더니 목사님은 지난해 소천하시고 올해 1주기 추모문집을 교회에서 출판했다면서 책 두 권을 보내주셨다. 그러고도 두 해가 흘렀다. 나의 무관심 때문일까? 내가 사랑하고 존경하는 분의 부음을 왜 그렇게 오랜 시간이 지나서 듣게 되었을까? 훗날 하늘나라에서 만나면 뭐라고 변명을 늘어놓을까? 살아온 길을 돌아보면 꼭 해야 할 일이 생각나도 차일피일 미루다 기회를 놓쳐 버린 경우가 없지 않다. 어떨 때는 바쁘다는 핑계로, 또 어떨 때는 다른 이유로 자기의 도리를 다하지 못하기도 했다. 희생과 헌신을 부지런히 가르치기는 했으나 실전에는 너무도 약했던 부끄러운 나의 모습이다.

임 목사님은 글쓰기를 좋아하셨고 글 쓰는 나를 사랑하셨다. 아니, 그것보다도 글을 쓰는 내 마음을 어여삐 보신 것이 아닐까? 나의 글 속에 숨어있는 겨자씨가 같은 어떤 마음이 먼 훗날 조그만 열매를 맺을 것이라는 기대감으로 나를 바라보셨을 것이다. 살아오면서 속 터놓고 인생과 목회를 얘기할 진정한 친구 하나 사귀지 못하고, 25년의 목회 가운데 '내 사람'(?) 하나 두지 못한 일도 빈 들처럼 허전하게 다가온다. 반환지점이 없는 하오의 길을 걸어가면서 목사님 생각이 간절하다. 임 목사님을 생각하면 부질없는 일에 열을 올렸던 기억이나 욕심을 버리지 못했던 시간들이 나의 삶에 얼룩으로 드러나 보인다. 그럼에도 불구하고 목회하는 동안 여러분들로부터 입은 사랑의 빚은 내 어깨를 무겁게 하고 있다. 누가 사랑하는 이유를 말하고 사랑받는 이유를 설명할 수 있을까? 다만 사랑받아 행복하고 사랑할 수 있어 즐거울 뿐이다. 스승의 날을 맞으면서 이제는 마음 놓고 불러보는 그 이름, '존경하는 임택진 목사님!'

(한국기독공보. 2010년 5월 26일)

"신학은 좋지만……"

    신문사에 입사한 후 5년여의 세월이 흘렀을 때였다. 그동안 결혼도 했고 취재하는 일도 익숙해지면서 나는 한창 하는 일에 재미를 붙일 수 있었다. 그럼에도 불구하고 기자 생활에 만족은 느끼지는 못하고 있었다. 그것은 일찍이 목회자가 되려는 꿈을 이루지 못한 데서 오는 갈등 때문이었다. 내가 목회자가 되려는 생각을 한 것은 당시 젊은이들 사이에 인기가 있었던 연세대 김형석 교수의 에세이집 『영원과 사랑의 대화』를 읽은 뒤부터였다. 그때 '그 한마디 말'은 아직도 내 가슴에 생생히 살아있다. "인생이 100이라면 자기 자신과 가족을 위해 사는 사람은 50의 인생밖에 살지 못하지만 이웃과 사회를 위해 일하면 100이라는 인생을 사는 것이다." 오직 한번 주어지는 귀한 인생의 절반만을 살기보다는 온전한 인생을 살아야 한다는 말이 나를 사로잡았다.
    나는 처음에는 계몽소설의 영향을 받아 낙후된 농촌을 일깨우는 운동에 앞장서려는 생각을 하고 있었다. 그러나 60년대 초 혁명정부 경제정책의 일환인 중공업 정책에 밀려 극심한 이농현상이 나타나면서 농촌은 더욱 피폐 되어 갔다. 그럼에도 불구하고 나는 젊은이들이 떠나는 농촌에 들어가 버려진 땅을 개간하고 가난한 그들과 함께 살아갈 길을 모색해보았으나 끝내 좌절되고 말았다. 나는 목회자가 되려는 쪽으로 방향을 바꾸었다. 그것이 이웃과 사회를 위해 사는 길이라 생각되었기 때문이다. 그러나 목회자가 되려는 꿈도 여건은 쉽게 허락되지 않았다. 나는 대학 3학년 때 학업을 중단하고 신학교로 방향을 바꾸려는 시도를 했으나 아버님의 엄한 반대에 부딪쳤다. 그리고 학업을 중도에 포기하기보다는 일단 하던 공부를 마치는 것이 순서라는 한 목사님의 조언을 받아들였다. 꿈과 현실이 다르다는 것을 톡톡히 체험하고 있었다.

졸업을 앞두고 직장을 구하다 일간 신문 수습기자로 입사했다. 기자 생활은 젊은이들에게 선망의 대상이었으나 나의 신앙을 지키기에는 어려움이 따랐다. 이틀에 한 번씩은 술자리를 같이해야 하는 것은 물론 동료들과 함께 식사할 때는 식사 기도를 하는 것도 어렵게 느껴지는 분위기였다. 식기도를 드리지 못한 나는 스스로 생각하기에도 바리새인과 같은 외식자(外飾者)로 보였다. 고민을 거듭하다 나는 김형석 교수에게 상담을 받기 위해 편지를 썼다. 나의 편지는 신앙을 지켜가기 어려운 직장의 상황을 토로하고 목회자가 되고 싶다는 내용이었다. 얼마 후 전용원고지 3매에 세로로 써 내려간 다음과 같은 김 교수의 답장을 받았다.

"편지 고맙습니다. 주님의 사랑을 빕니다. 주께서는 우리를 빛이라고 했습니다. 빛은 밝은 곳에서는 필요가 없습니다. 참 빛은 가장 어두운 곳을 찾아 빛을 발해야 합니다. 제가 아는 훌륭한 언론인들, 저

널리스트로서의 문필가들도 안 선생과 같은 시련과 역경을 뚫고 온 분들이었습니다. 식기도는 형식 중의 형식이고, 붓을 든다는 것은 직업을 통한 사회적 책임이고 …… 식기도를 마음으로 드린다고 해서 무슨 잘못이 있겠어요? 선생은 신앙을 걱정하는 것이 아니라 교회의 형식을 전부로 아시는 모양이군요. 신자가 아니었다고 생각하고 성경을 다시 읽어보세요. 어떻게 기자 생활을 더 잘할 수 있는가를 깨닫게 될 것입니다. …… 信者이길래 記者다운 記者가 될 수 있어야 할 것 같은데요. 信者이기에 軍人다운 군인, 정치가다운 정치가가 되듯이-. 저와는 생각의 차이가 커진 것 같습니다만……."

나는 신앙생활에 대한 갈등을 해소하고 목회자가 되려는 나의 결심에 대해 김 교수가 찬성의 견해를 보여줄 것으로 기대했다. 긍정적인 답을 기대했던 나에게는 너무도 뜻밖이었다. 그의 대답은 나에게 반론의 여지가 없는 옳은 말씀으로 들렸다. 나는 일단 신학에의 뜻을 접고 기자의 일에만 충실하기로 마음먹었다. 그로부터 다시 5~6년이 흘렀다. 이번에는 내가 출석하던 교회의 분열과 그 혼란스런 상황을 보면서 다시금 '내가 목회자가 되어야 한다' 는 생각이 끓어올랐다. 두 번째 편지는 목회자가 되기 위해 직장을 그만두고 신학교 문을 두드리려는 결단을 한 상태에서 보낸 것이다. 이번에는 대학노트 한 장에 가로로 써진 답장을 받았다. 기대감을 갖고 편지봉투를 뜯었지만 내 생각과는 딴판이었다.

"…… 직접만나 얘기를 나눌 기회가 없어 유감입니다. 사회나 국가에 대한 봉사는 첫째로 내가 주어진 일과 직장에서 모범적인 일꾼과 생활인이 되며 가족들을 귀하고 값있게 이끌어가는 일로부터 시작되지 않을까요? ……신학은 좋지만 목사가 된다는 일은 크게 찬동이 가지 않습니다. 예수께서 교직자나 목사가 되셨던가요? 성실한 한 인간으로 노력해 간 것뿐이지요.……"

김 교수의 말은 나를 설득하지 못했다. 나에게 다른 길은 없었다. 기어이 나는 입사 후 12년을 맞는 3월에 기자의 펜을 내려놓고 목회자의 길로 들어섰다. 신학생이 된 나는 그토록 존경하던 김 교수를 도저히 만나 뵐 수 없었다. 광나루 선지 동산에서 공부하면서도 나는 김 교수의 조언과는 다른 선택을 했다는 것 때문에 늘 죄송한 마음을 갖고 있었다. 그때 그는 정기적인 신앙강좌를 열고 있었지만 나는 3년 동안 서울에서 공부하면서도 김 교수를 뵙지 않았다. 졸업 후 부산에서 개최된 김 교수의 집회에 참석한 적도 있었지만 멀리서 바라볼 뿐 찾아가 인사드리지는 못했다. 그러나 김 교수가 정년퇴임을 하고 오랜 시간이 지난 90년대 말 내가 연세대 목회자 세미나에 참석했을 때 그분을 만나 함께 식사하며 이야기를 나눈 것으로 마음의 무거운 짐을 덜었다. 가정과 사회에 대한 책임을 강조한 그는 성실한 한 인간의 표상처럼 느껴졌다.

목회자로의 부름은 인간으로부터가 아니라 더 높은 데서 들려오는 음성이라는 생각이 들었다. 모든 것을 버리고 선지 동산으로 달려온 사람들과 함께한 신학교 생활은 힘들었지만 꿈처럼 행복한 시절이었다. 돌아보면 그토록 목회자가 되기를 원했다면 왜 5년이라도 앞당겨 행동하지 못했느냐, 는 아쉬움만 남아있다. 황금 같은 젊은 시절에 좀 더 앞당겨 목회자가 되었더라면 더욱 보람된 꿈을 펼쳤을 것이라는 변명 같은 생각도 해본다. 나는 김 교수의 말로 인해 목회자가 되려는 뜻을 굳혔고, 그의 말로 인해 한동안 목회자의 꿈을 접어야 했었다. 이제는 목회자의 생활도 끝나고 농촌에의 꿈은 추억 속에 묻혀 있을 뿐이다. 누구를 위해 일한다거나 무엇이 되려는 것보다는 주어진 자리에서 성실한 생활인으로 살아가는 것이 중요하다는 교훈을 다시 한번 되새겨본다.

(제2수필집. 2014년)

아호 이야기(2)

    제3시집 원고를 탈고하면서 자서(自序) 끝에 白波(백파)라 써넣었다. 백파는 나의 신학교 시절에 이미 반백이 된 내 머리카락 때문에 얻어붙인 아호이다. '흰물결'이란 의미가 마음에 들어 신문에 칼럼을 쓸 때는 아예 '白波 칼럼'이란 고정 제호로 쓰기도 했었다. 그러다 십여 년이 지난 어느 날 우연히 이희승 국어사전을 펼쳐보고 '백파'가 '도적의 다른 이름'이란 뜻을 발견하고 소스라치게 놀랐다. 나는 사도바울이 다메섹 도상에서 주님을 만나 회개하고 사도가 된 뒤에도 자기를 가리켜 '죄인 괴수'라고 표현했던 것을 떠올리며 '백파'를 내게 지워진 겸손의 멍에로 받아들였다.

    그러나 현역에서 물러나 고희의 언덕을 걸어가면서 아호를 그대로 쓰자니 마음이 찜찜했다. 이제는 '도적이란 이름의 멍에'를 내려놓을 때도 되었다는 생각이 들었다. 나의 첫 시집을 거듭 상찬했던 시인이며 대 선배인 K 목사님께 나의 새로운 아호를 부탁할까, 생각도 했으나 여의치 않았다. 왜냐하면 나의 세 번째 시집의 표사를 부탁한 것도 건강이 나빠져서 쓸 수 없게 되었다는 통보를 해왔기 때문이다.

새로운 아호를 생각하며 며칠이 지났다. 올해 사순절이 시작되는 지난 2월 22일(성회 수요일) 새벽기도회 때 돌연히 '여백'이란 말이 떠올랐다. 여백은 세 번째 시집의 말미에 붙일 '시인의 말'을 매듭지을 때 사용한 단어이다. 그 끝부분을 옮겨본다.

－'시란 한 방울의 눈물로 진주를 만드는 것'이라고 말한 프랑스의 시인 알프레드 드 뮈세는 그의 시「슬픔」－모든 것이 그의 곁을 떠나갔다는 비통한 심정을 고백한－의 마지막 구절을 이렇게 끝맺고 있다. '이 세상에서 내게 남은 유일한 진실은/ 내가 이따금 울었다는 것이다'. 울며 험한 길을 걷고 또 걷다 보니 어느새 고희의 마루에 다다랐다. 오늘까지 나는 텅 빈 가슴에 스스로 무엇을 채워보려고 애를 썼다. 그러나 이제부터는 주님 곁에 깨끗한 '여백'으로 존재하고 싶다. 하나님이 그 여백에 어떤 그림을 그리고 무슨 글을 쓰실까, 생각만 해도 가슴이 뛰는 흥미로운 일이다. －

생각 같아서는 다시 한번 백지를 주님 앞에 드리고 싶지만 이미 주어진 삶을 살아온 자리에는 내 멋대로 남긴 부끄러운 흔적들로 가득차 있다. 그러나 그 '흔적' 주변의 여백은 페이지 마다 남아있다. 한편의 글을 쓰고 나면 우리는 그 여백에 수정·삭제·삽입 등으로 퇴고를 하곤 한다. 주님께서 나의 남루한 흔적을 삭제하거나 퇴고해주시고, 아예 퇴고할 건덕지도 되지 않는다면 새로운 글이나 작은 그림이라도 그려주신다면 좋겠다는 심정이었다.

아호란 예술가들이 시문이나 서화 등에 본명 외에 '우아한 별호'로 붙여 쓰는 또 하나의 이름이다. 우리가 잘 알고 있는 추사 김정희 선생은 200여 개의 호를 갖고 있었다고 한다. 동양화가이자 수필가인 김용준(1904~1967) 선생도 여러 개의 아호를 갖고 있었다. 그 가운데 주로 쓰이는 근원(近園)이란 아호가 있다. 처음에는 '평생 남의 흉내나 겨우 내다가 죽어버릴 원숭이 같은 인간'이라는 생각에 근원(近猿)이라고 했다가 아무래도 '원숭이'(猿)라는 동물이 마음에 들지 않아 동산 원(園) 자로 고치고 말았다는 것이다. 이름과 함께 아호는 더욱 그 사람이 지향하는 인생관이나 인품까지도 함께 드러내어 보여주는 것이 아닐까?

이삭의 아들 야곱은 우리가 익히 아는 대로 그 이름은 '발뒤축을 잡음·거짓말쟁이'란 뜻이다. 그는 20여 년을 외삼촌 라반의 집에 피신해 살다가 가나안 땅으로 돌아올 때 얍복 강변에서 밤새워 기도하고 '이스라엘(하나님과 겨루어 이긴 자)'이란 새 이름을 얻었다. 하나님은 거짓말쟁이이며 사기꾼 같은 흔적을 지워버리기라도 하듯 영광스런 이름을 지어주신 것이다. "그가 이르되 네 이름을 다시는 야곱이라 부를 것이 아니요 이스라엘이라 부를 것이니 이는 네가 하나님과 및 사람과 겨루어 이겼음이라."(창세기 32:28) 야곱은 이름 그대로 새사람이 된 것이다.

나도 좋은 의미의 아호를 새로 만들고 싶었다. 이때 생각난 것이 '여백(餘白)'이란 말이었다. 여백이란 옛사람들에게나 바쁘게 오늘을 살아가는 현대인들에게 무한한 아름다움과 꿈을 불러일으키는 빈자리이기도 하다. 나는 같은 뜻으로 순수한 우리말이 있는가 두루 살펴보았지만 찾아내지 못했다. 『우리말은 재미있다』는 표제가 붙은 책 450페이지를 한 장 한 장 끝까지 다 넘겨보았으나 여백의 뜻을 가진 옛말은 보이지 않았다. 빈터, 공터 등의 낱말이 생각났지만 여백의 의미와는 다른 것이다. 게다가 '여백'이란 보통명사는 너무 흔히 쓰이는 말이기에 아호로 쓰기에는 운치가 없어 보였다.

나는 같은 글자지만 순서를 바꾸어 白餘로 하면 어떨까 생각해보았다. '채소'가 '소채'로 통하는 것을 보면 못할 것도 없다. 한편으로 오랫동안 좋은 아호라 생각했던 백파가 '악명'으로 돌변(?)하는 일이 반복되지 않도록 국어사전을 확인하고 인터넷을 살펴보기도 했다. 인터넷 쇼핑몰 이름으로 '白余'가 있었다. 드라마 「초한지」의 '백여치' 역에서 '치'자를 빼고 '백여'로 만든 것이라 한다. 또 하나 성우 배한성 씨의 자(字)가 백여(伯汝)로 나와 있었다. 인터넷 검색 결과는 나쁜 의미도 없었고 한글로는 같은 소리지만 한자가 다르니 나와는 무관했다. 굳이 '白'자를 앞세우는 것도 처음 아호가 白波이니 白은 살리고 뒤의 한 글자만 바꾸면 친근감도 더하여 좋을 것이라는 생각이 들었다.

그동안도 白 자는 언제나 내게 좋게 느껴졌다. 얼마 전 『부생육기(浮生六記)』를 다시 읽을 때도 白 자가 눈길을 끌었다. 부생육기는 청(淸)나라 문인 심복(沈復)의 자서전으로 그의 아내 운(芸)에 대한 사랑의 추억을 기록한 것이며 '흐르는 인생의 찬가'라는 부제가 붙어있는 문고판 책이다. 어느 날 심복은 운에게 물었다. "당나라에서는 과거에 시로써 선비를 뽑았소. 그런데 그중에서 으뜸가는 시인으로 이백(李白)과 두보(杜甫)를 꼽을 수 있는데 그대는 어느 사람을 따르려 하오?" 운이 대답했다. "두보의 시는 공들여 다듬어지고 예술성이 순수한 것이고요, 이백의 시는 깨끗하고 산뜻하며 표현이 자연스러워요. 두보의 삼엄함보다는 이백의 활발함을 배우고 싶어요."

그리고 운은 다음과 같이 덧붙였다. "시의 체제가 근엄하고, 사상이 성숙된 것은 실로 두보의 독보적인 점이라고 할 수 있겠지요. 그러나 이백의 시는 마치 고야산(신선세계)에 있는 선인(仙人)같이 낙화유

수의 멋이 있어 참으로 사랑스러운 것이어요. 그러니까 두보를 높이는 마음이 엷고 이백을 사랑하는 마음이 두터울 뿐이지요." 그리고 그녀는 그에게 처음 글을 가르쳐준 계몽사(啓蒙師)도 백낙천(白樂天)이라고 밝혔다. 이 말을 듣고 심복은 대답했다. "참 희한한 일이요. 이태백은 지기요, 백낙천은 계몽사요, 마침 나의 자(字)가 삼백(三白)인데, 또 그대의 낭군이 됐으니! 그대와 '백'자와는 어찌 그리 인연이 많소?"

이를 보면 白 자를 좋아하는 것은 나 혼자만의 생각은 아닌 것 같다. 세모에 한 해 동안의 어지러운 흔적들을 하얗게 덮어주는 서설을 기다리며 새로운 한 해를 시작하고 싶은 마음처럼 만년(晩年)의 언덕에서 눈 덮인 깨끗한 산야를 그려본다. 여백이란 어쩌면 버려진 공백일 수도 있다. 쓸 수 있는 자리는 다 쓰고 이제 자투리처럼 남은 자리로 무엇을 더 쓸 수 있을 것인가? 그러나 고희부터는 아직 아무것도 쓰지 않은 여백이다. 이 펼쳐질 여백을 주님께 드리고 싶은 것이다. 아니, 주님 곁에 그저 하얗게 비워진 자리가 되고 싶다. 그 빈자리에 주님의 '사인'이라도 받을 수 있다면 얼마나 좋으랴? 사순절을 살면서 '여백'이 낳은 '백여'−새로운 아호를 생각하는 것이다.

(제2수필집. 2014년)

농(農)의 심포니

 농(農)! 노래(曲)와 별(辰)이 합하여 이룬 글자이다. 아름다운 선율을 타고 별들이 흐른다고 할까, 별들이 부르는 노래라고 할까, 아니면 콧노래를 부르며 별을 보고 들에 나갔다가 별을 보고 돌아오는 농부들의 노래라고 할까. 한문을 배운 기억은 어린 시절 죽마고우 K와 함께 서당에 갔다가 남포 불장난 때문에 사흘을 넘기지 못하고 쫓겨난 이력이 있을 뿐인데 나는 이렇게 맘대로 훈고해보는 것이다.

 그 뜻이야 어떻든 '農' 하면 우리 앞에는 4, 5층의 빌딩 대신에 처녀 젖가슴 모양으로부터 개선장군과 같은 크고 작은 산들이 들어서고, 콧구멍 같은 좁은 골목이 아닌 엄마 품속같이 넓은 초록 들판이 전개된다. 고개를 들면 검은 연기로 얼룩지고 찌푸린 도시의 하늘과는 달리 언제까지 바라보아도 싫증나지 않는 활짝 핀 모습의 하늘이 우리를 감싸 준다. 여름이면 그 하늘은 뭉게구름의 너털웃음으로 우리들의 더위를 씻어 주며, 가을에는 옥같이 티 없는 파아란 사색의 바다 위로 우리를 초대한다.

 귀를 기울이면 달리는 전차의 부서지는 것 같은 소음 대신에 부득

부득 살찌는 것 같은 달구지의 소리가 들려 오고, '꿰ー ㄱ!' 기차의 기적소리 대신에 '이랴 쯧쯧' 하는 낭만의 가락이 흐른다. 이뿐이랴. 이른 아침 참새의 서곡이 있는가 하면 하루의 꿈을 색칠하는 찬란한 낙조가 있다. 봄에는 뻐꾸기의 장단이 흥을 돋우고 여름철 매미가 부르는 시원한 노랫소리와 가을밤 애절한 기러기의 호소에 귀를 기울이면 어느새 겨울 나뭇가지들을 스치는 묘한 바람 소리가 또 한 해가 지나간다는 것을 알려 준다.

農의 교향곡! 이는 베토벤의 '전원'에 비길 수 없는 신(神)의 전원교향곡이다. 이 아름다운 교향곡과 함께 어우러져 사람이 살아가고 있다. 나는 '인간'의 뜻과 '사람'의 뜻이 어떻게 다른지 모른다. 다만 이 농의 백성(農民)들을 인간(人間)이라기보다는 사람이라고 부르고 싶다. 이 자연 속에서 그야말로 한 평생을……. 하지만 生과 死가 한데 어우러져 있는 것이 인간인 것처럼 이 아름다운 교향곡 다음에는 언제쯤 끝날지 알 수 없는 슬픈 노래가 있다. 그것은 해마다 보릿고개 마루턱으로부터 대지의 가슴에 스며드는 누구의 비창에도 비길 수 없는 農만의 비창(悲愴)이다.

비극을 좋아하는 사람은 아마 세상에 없을 것이다. 혹시 누군가 눈물을 좋아하며 희극보다 비극을 사랑한다고 말할지 모르지만 그가 비극을 좋아하는 것은 거기서 기쁨을 맛볼 수 있기 때문이 아닐까? 그것이 오로지 슬픔만을 가져다준다면 그는 이 비극에는 인사조차도 하지 않을 것이다. 그러나 農의 백성은 이 비극을 두려워하거나 원망하지도 않는다. 그들은 해마다 이 비창을 마시면서도 주눅 들지 않았으며 마침내 는 이것을 그들의 이마에다 줄지어 조각했다. 어려우면 언제나 하늘을 쳐다볼 뿐, 저들은 이 주름살을 펴기 위해 한 번이라도 기만(欺瞞)이라는 연장을 쓰지 않았다.

　봄이 지나면 그 가파른 보릿고개. 내년에도 다시 넘을지 알 수 없는 고개를 그래도 그 무엔가 아쉬움에 젖은 채 뒤돌아보며 이제 농부는, 베고 자면서도 한 알 까먹지 않던 금싸라기 같은 씨앗을 아낌없이 흙에 뿌린다. 다시 쓸어 모을 수도 없는 이 씨앗들은 썩는다. 30배, 60배, 100배의 결실을 위해……. 어쩌면 이 農의 백성들은 흙 속에 뿌려진 씨앗들이다. 그들은 후손들에게 물려줄 30배, 60배, 100배의 결실을 위해 썩어 가고 있는지도 모른다.

　다시 한동안 얼어붙었던 農의 가락이 다시 흐르고 짙어 가는 녹음 사이로 여름이 찾아온다. 도심에는 아직도 음행의 잠, 기만의 꿈에서 깨어나지 않고 두 겹 세 겹 걸어 잠근 간수 없는 감방에서 수잠을 자고 있는데 農의 백성은 하늘 지붕 밑에 짚방석을 깐다. 해가 지면 달이 뜨고 달이 없어도 별이 있다. 불청객이 와도 모깃불이 있고 바람이 불지 않아도 작년에 쓰던 부채가 있다.

　반짝이는 별들이 저렇듯 아름답기에 아름다운 아가씨의 눈을 별에다 비기는 것일까? 서쪽 하늘로 별똥별이 꼬리를 달고 흘러내리면 엄마는 이제사 생각이 난 듯이 이야기를 시작한다. 어린 것들의 눈은 별이 되고 엄마는 가끔 침을 삼킨다. 저토록 수많은 별이 모두 임자가 있고 그 별이 꼬리를 달고 떨어질 적마다 그 별의 임자도 세상을 떠나고 있다는 말에 어린것들은 사람만이 간직할 수 있는 정서를 키워 간다.

　강가에 소를 놓고 그늘에 누우면 강을 호수로 잘못 알고 목욕하러 내려오는 천사의 꿈을 꾼다. 석양의 언덕에 소를 모는 모습은 한 폭의 그림처럼 그대로 응접실에다 걸었으면 싶다. 그리고 찾아오는 사람 누구에게나 보여 주고 싶다.

하늘이 자꾸 높아 가고 있다. 알알이 익어 가는 곡식 따라 시골 소녀의 맑은 꿈이 영글고 집집이 감나무에는 홍방울이 달린다. 방울방울 흘린 땀이 헛되지 않아 온 들판에는 황금 보료를 깔았는데 벼 이삭들은 모두 겸손한 주인을 닮아 고개를 숙였고, 그 위로 農의 심포니가 감미롭게 울려 퍼진다. 이제 농부는 백만장자도 부럽지 않은 듯한 미소를 머금은 채 農을 기념하는 산 동상처럼 풍요로운 들판을 바라보며 걷고, 걷다가는 또 바라본다. 자기가 몸소 땀 흘려 가꾼 열매보다 더 보람을 주는 것이 또 있을까? 이제 남은 것은 수확의 기쁨뿐이다.

휘영청 밝은 달밤 섬돌 밑 귀뚜라미 소리를 들으며 農은 잠들고 이슬 머금은 코스모스가 보고파 일찍 일어난다. 한낮에는 잠시 일손을 멈추고 풀밭에 누워 저 옥 같은 사색의 호수에 키 없는 돛단배를 띄우기도 하고, 온통 붉게 물든 산속으로 초록 사냥을 떠나기도 한다. 꿈속의 세월은 찬란하고 신비롭다. 내가 엄마 품에 안겨 젖을 빨고 있는데 어느새 천사 같은 소녀와 속삭이는 탐스러운 청년이 되는가 하면 꿈이 사라진 황혼길의 노인이 다시 소학교 가교사에서 안경을 낀 그 여선생에게 종아리를 맞는 아홉 살의 망나니가 된다.

수확은 정녕 하나의 꿈이다. 보릿고개의 꿈은 가련했어도 수확의 꿈은 탐스럽기만 하다. 흙냄새 땀 냄새의 여름 꿈은 나른해도 벼 이삭의 구수한 내음새는 차라리 황홀하다.

이런 꿈이 착종(錯綜)하는 가운데 벌써 피날레가 흐르고 있다. 그러나 이 農의 교향곡은 아무도 듣지 않는지도 모른다. 진정 피리를 불어도 춤추지 않으며 애곡을 해도 슬퍼하지 않는 세대인가? 이렇게 오늘의 農은 마냥 외롭기만 하다. 눈 밝은 사람은 도회로 갔고 힘 있는 일꾼들도 다 떠났다. 젊은이는 보이지 않고 늙은이들만 남았다. 수십 년, 아니 조상 적부터 땅을 파도 옛날보다 나아지지 않아 이젠 논밭을 팔아서 자식들을 공부시키고 그들에게 신신당부한다. "너희들은 제발 여기 살지 말아라."

그러나 이 당부는 참으로 그들에게 영원히 이곳을 떠나라는 말이 아니다. 그것은 어떻게 하면 하루빨리 이 農의 비참함을 벗어 버릴 수 있을까 하는 안타까운 의논이고, 그 속에는 농촌을 다시 살리도록 분발을 촉구하는 가슴 아픈 호소가 들어 있음을 누가 알랴? 이 부모님들의 마음의 소리를 듣지 못한 자녀들은 너도나도 앞을 다투어 도회의 보헤미안이 되었고, 農은 기다림에 지쳐 망부석(望夫石)이 되려고 한다. 말라붙은 잎새들이 한잎 두잎 떨어지고 흰 눈이 내려 덮이면 올해도 오지 않나, 하고 내쉬는 農의 한숨이 있기에 겨울바람은 저렇게 세찬가 보다.

친구여, 우리 돌아가지 않으려는가? 이 아름다운 교향곡 속에서도 마냥 외로움에 잠겨 있는 우리의 사랑, 農이 망부석이 되기 전에. 가서 이 외로운 피날레를 장식하고 함께 살 초가 별장을 짓고서 우리 다 같이 農을 합창하지 않으려는가?

(1965년 5월, 동아대 교지 『東亞』 제5집)

제3부

시를 쓰는 마음

산청군 황매교회에 있는 필자의 '남은 자' 시비

홍콩의 밤
  - 소명 30년, 장신 신대원 77기 선교대회*

아직도 내 가슴에 갇혀있는 별처럼
커튼을 걷어 젖히듯 몇 겹의 구름장을 벗겨내어도 별이 보이지 않는 홍콩의 밤,
우기 때문이겠지,
모든 것을 버리고 선지 동산에 올랐을 때도 다른 사람 탓으로 돌렸지
기도하며 감았던 눈 떴을 때 살아오며 차곡차곡 쌓아 놓은,
너무도 많은 허물이 하나씩 보이기 시작했다
버리고 나면 또 하나가 드러나고, 소명의 첫걸음은 버리기 훈련이었다
소유도 명예도 교만한 마음까지도 다 버리지 않으면 안 되었지

오래도록 버리지 못하고 야간의 외투처럼 깊이 감추어 놓은 것,
그건 아집이었다
그것이 얼마나 주님의 뜻을 헷갈리게 했는지
처음 내가 선 자리는 스스로 띠 띠고 가고픈 곳이었다
30년 후에 우리가 선 자리는 주님이 세우신 곳, 검은 대륙, 밀림 속, 해발 1500~3000미터 고지로, 미국, 영국, 독일, 스웨덴으로, 서울과 부산의 땅끝으로, 오대양 육대주로 띠 띠우고 이끌어가셨다
더러는 황무한 땅에 떨어진 씨앗처럼 묻혀있어도

구름 속 달처럼 은은하게 빛이 묻어나는 모습들,
목마르게 찾던 영롱한 별이 되고저 예각을 세웠으나 조약돌처럼 굴러다니며
날카로운 모서리가 다 닳은 둥근 별, 자기 빛을 잃어버린 서른 살 동갑내기들,
희미하게나마 주님의 빛을 반사하는 동경(銅鏡)으로 남았다

추억처럼 아득한 처음 생각은 예수위해 죽는 것
방법도 길도 알지 못했으나 불나비처럼 그 동산으로 몰려들어,
십자가를 지고 비아돌로로사로 걸어가신 그분의 뒤를 따라 제자 후보생으로,
입때껏 나는 후보생일 뿐이고,
감히 순교의 날을 기다리는 제자들이 홍콩섬 동신교회로 모였다가
절뚝이며 돌아가는 쓸쓸한 뒷모습
언제 다시 만나랴, 유언처럼 무거운 한마디 남기고
소명 30년!
별이란 빛나는 날카로운 모서리가 아니라 굴리는 데로 어디든지 굴러가는 둥근 쟁반,

그 쟁반에 떡과 잔 받쳐 들고 대접하는 웨이터인 것을

모두가 사진 같은 하나의 예수를 찾아 헤맨 세월,
주님은 천의 얼굴에 또 다른 만의 모습으로 택한 백성들의 가슴 속에 살아계신다
내가 생각하는 것과 똑같아야 한다고 고집했으나
나와 다른 또 하나의 나를 만나며 생각의 모서리는 닳아지고,
나의 별은 이 밤도 구름에 가려있으나 '스타의 거리'에서 찬란한 등불이 꺼지는 여명에로 이끌려 간다
다 이끌어내는 사람이면 이끌리는 사람은 누구이랴
다 끌려가는 사람이면 끌어내는 사람은 누구이랴
끌어내며 이끌리며, 밀어주며 밀려가며 걸어온 30년,
기도하는 백성들을 생각하며 거룩한 수요예배도 드리고
최초의 인카네이션을 가슴 깊이 새겼다

돌아온 열한 명의 제자들,
구름같이 둘러싼 허다한 증인들 앞에서
새로운 한세대를 향해 내딛는 조심스런 발걸음,

고개 들 면목 없어도 모이고 흩어지며 주님의 물으심에
'내가 주를 사랑하는 줄을 주께서 아시나이다' 대답하며
먹여야 할 어린양들이 있는 풀밭으로, 이리들이 넘보는 골짜기로
떠나가는 머리 흰 작은 목자들

* 30년 전인 1981년에 광나루 선지 동산으로 부름받은 장신대 신대원 77기 동기회는 2011년 7월 11~14일까지 홍콩 동신교회(김성준 목사)에 모여 〈소명 30년 선교대회〉를 개최했다. 이 대회에는 10개국에서 초청된 부부 선교사를 비롯해 동역자 부부 등 83명이 참석하여 선교 보고를 하고 선교사들을 격려하며 함께 사명을 다졌다.

못다 새길 묘비명

하루도 편할 날 없었네
걱정 근심 시냇물처럼 흐르고
때로는 쾌락에 과로했었지
피해야 할 것들이 과녁으로 내걸려
걷던 길은 성벽 뒤로 숨어버리고
빨리 달렸으나 선착하지 못했노라

나 평생 거짓말만 하며 살았네
사랑을 얘기하며 주머니를 더 크게 만들고
용서한다 웃었지만 가슴에 새겨놓고
희생하는 척 했으나 타산의 일기를 쓰고
작은 품꾼으로 부름 받고도
목마른 사슴처럼 별을 쫓아갔노라
얼굴엔 숯불이 타오르고
낙엽 같은 명함들이 웃고 있네

나 이제 참말을 할 수 있네
무엇을 먹을까 마실까 입을까 하는 생각은
그의 나라와 그의 의를 구할 수 없었네

더 필요한 것 없고 받아도 쓸데없으니
보이느니 실수 더미뿐이네

산을 보면 오르고 가던 길은 긋지 말게나
흐르는 개울을 따라 가보게
후회하지 않는 길을 찾게 되리니
떡을 물 위에 던져보게** 친구를 얻으리니
시비 가리려고 목청을 돋우지 말게
옳고 그른 것이 한가지이거늘
둘 다 옳지 못했다는 것을
이제야 말할 수 있네

평강의 사자는 날마다 문 두드렸으나
욕심의 빗장이 가로막았지
나 오늘 구름 의자에 홀로 앉아있네
탐욕의 창고를 헐어버리게
사랑의 터전 일굴 수 있으리니
인생의 보람이란 그것뿐이야

* 마태복음 6장 33절
** 전도서 11장 1절

보길도 파도 소리
― 孤山 유적지에서

부용(芙蓉)꽃* 속에 펼쳐진
아늑한 들판 지나
하늘로 통하는 석실(石室)에 오르면
건너다보이는 낙서재(樂書齋)엔
후학들 즐겁게 글 읽는 소리
매미들이 여운 읊조린다

격자산 흘러내리는 물소리
하룻밤 머물다 가도록
곡수당(曲水堂) 지어놓고
세연지(洗然池)**에 배 띄워
어부사시사(漁父四時詞) 부르며
기녀들 춤사위로
몸부림 대신해보지만

두어라
친구는 다섯밖에 없었네
여든넷 한평생에 반생이 유배 은둔

임 그려 가슴 저미는 신음처럼
갯돌 쓸어내리는 보길도 파도 소리
고산이 울고 있다

* 尹善道는 그가 이름 붙인 '부용동' 일대에 원림(園林)을 조성했다.
** '세연'이란 "주변경관이 매우 깨끗하고 단정하여 기분이 상쾌해지는 곳"이라는 뜻으로 바닥까지 암반으로 된 연못이다.

물의 고향

한 방울 물이 그리던 고향
무리지어 바다로 가는 귀성행렬
설산도 위엄 벗어던지고
억겁의 세월 길을 묻는다

모래집 물 유영하던 기억
몸으로 더듬으며
가라앉은 에덴 찾는가
물마루 헤치는 벌거숭이들

해변에 물모래 흘리면
몽생미셸성*이 꿈처럼 돋아나고
파도가 심술부려도
더 아름다운 성은
아이들 가슴에 자란다

* 프랑스 노르망디 해안에 있는 아름다운 성.

두 번째 부활의 아침
- 2003년 부활절에

기도의 통로를 짓밟는 병정들의 발자국 소리
하늘의 영광은 가시관으로 희롱당하고
죄를 알지도 못한 분이 죄 짐을 지고 끌려간
그 자리에 맨 처음의 부활이 있었지

이마에 붕대를 감은 갈색 어린이의 눈망울에선
무수한 문표(問標)들이 거꾸로 뛰어내리고
누가 박수하며 찬전(贊戰)이라도 하는가
반전(反戰)의 팔을 휘두르는 열정과 함께
간과(干戈)의 이유를 더불어 회개해야 하리니
전쟁은 야훼에게 속한 것

사람아, 가고 싶은 데까지 달려가 보라
명예의 끝자리에
욕심의 끝자리에
형옥(刑獄)의 끝자리에
무덤 문이 닫힌 그 자리에
부활의 꽃은 피리니

믿음이 황무한 땅을 갈아엎고
사랑이 수고하며 씨를 뿌리고
소망이 열매를 맺어가는
그 끝자리에 두 번째 부활이 있으리니

겨우내 간직한 봄의 꽃잎들이 다 떨어져 누운
그 어지러운 자리를 쓸고 부활의 아침은 오리니
사람아, 가고 싶은 데까지 달려가 보라
가슴 깊이 신표(信標)를 간직하고

돌에서 캐낸 정답
― 구스타프 비겔란* 조각공원

사랑하며 사랑을 물어보고
진리를 앞에 두고
더듬어 찾는 사람들 앞에
돌기둥 하나 서있다

그는 열다섯 살 때 집을 떠나
화강암 속에 묻힌 답을 찾아 나섰다
세상 떠나기 일 년 전에 얻은 답은
남녀노소 121명의 몸으로 엮어 세운 모노리트
몸무게 180톤, 키 17.3미터, 가슴둘레는 보는 이들이
주워 담는 생각만큼 부풀어 오르고
순간순간 사라져가지는 사람들의 몸짓이
돌 속에서 캐낸 답이다

차가운 가슴속에 뛰는 힘찬 고동소리
흙을 파먹으며 자녀를 낳고
얼어붙은 강이 다시 흐를 줄 믿고 기다린
화강암 가족의 표정을 보며 사람들은

웃다가 울다가
한숨을 쉬기도 하며
걸어온 길 감싸 안는다

문제는 모두 답을 안고 있기에
늘어놓은 변명 거둬들이고
마음잡고 자기 길을 간다

* 노르웨이의 조각가(1869-1943)

얘기하는 모자상

금정산성 동문 뒤편 언덕배기
맨드라미 화단 바라보는 돌 벤치에
파뿌리 질끈 동인 어머니와
아들인 듯 모범기사 완장 두르고
길 끝자락엔 개인택시 한 대

이따금 낙엽 휘몰아가는 바람
겨울을 재촉하지만
아들이 펼쳐놓는 도시락엔
아지랑이 피어오르고

아들 입에 김밥 하나 넣어주며
검게 탄 얼굴 쳐다보고
아들은 따뜻한 물을 권하며
어머니 주름살 헤아린다

지척에 살아도 언제 또 만나랴
거칠어진 손 만지며

애기하는 모자상

스산한 가을바람 불면
내 가슴에
돌 벤치 하나 돋아난다

그래그래 3년을 살았다

못다 푼 이삿짐 둘로 나눠
하나는 이웃집 빈방에 맡겨놓고
남은 것 풀어 3년을 살았다

책걸상 들여놓고 보니
방석 하나 놓을 데 없는 서재
마음을 넓히며 3년을 살았다

대나무밭에 둘러싸인 셋집 사택
왕대 꽃피는 까닭도 알지 못한 채
죽순 헤아리며 3년을 살았다

깊이 파고 거름 주어도 잎만 무성한 나무
풀벌레 울어 안산에 가을이 찾아와도
빈 가지 쓰다듬으며 3년을 살았다

* 왕대나무는 100년이 되면 한차례 꽃을 피우고 생을 마감한다고 한다.

사랑하는 딸에게

나란히 걷고 싶은 마음
아직은 모르리라

어릴 적 네 어깨 감싸 안고
머리 쓰다듬어주던 그때 마음으로
귀밑머리 걷어 올려주며
손등으로 슬쩍 볼 한번 스치고

핸드백에서 나온 네 이야기 낯설지만
입 모양만 바라보아도 재미있구나

맛있는 것 먹을 때 생각나고
아직도 고운 새 옷 입혀보고 싶어
얇아진 호주머니 만지작거린다

내가 아버지 마음 헤아리지 못하고
어머니 권유 귓전에 흘려보내며
철없던 시절 이제야 보이듯

언젠가 너도
어른이 된 아이들 생각하겠지

세상 풍파

왕바람이 갈아엎은 누리 물 밭에
남풍이 열리는 과원을 만들고 싶다

삼월 바다에 능금 꽃 곱게 피어
청무우밭에 나비 떼 내려앉고*
황톳빛 가슴엔 푸른 둥지 내걸려

돌아온 새들 노래 부르면
이 세상 모든 풍파 잔잔해지리

* 김기림의 시〈바다와 나비〉에서 임의 인용.

소설가의 옆집

대구 문학관에서(2025년 5월 29일)

둥근별

 땅거미 진 들판처럼 어둑한 기내에 다급한 남성의 목소리가 비명처럼 울려 퍼졌다. 처음에는 무슨 말인지 잘 알아들을 수 없었다. 소리 지른 사람은 이코노미석 34열 E석의 남자였다. 그 왼쪽 D석에 앉아있던 여인이 갑자기 실신한 것이다. 허성오는 두 줄 앞인 32열 D석에서 수잠을 자고 있었다. 정신을 차려보니 한 남자가 소형 플래시를 좌우로 흔들면서 "Do we have a doctor-?!"(의사 있습니까)라고 외쳤다. 그 소리는 서너 차례나 쩌렁쩌렁 울리며 반복되었다. 그 남자 옆자리의 여인은 그의 아내였다. 그 찢어지는 듯한 고함이 곤히 잠들어 있던 승객들의 잠을 깨웠다. 안수영은 잠결에 혹시 비행기가 추락하고 있는 것이 아닌가, 하고 깜짝 놀라 눈을 떴다. 그런 와중에도 어떤 이는 그대로 잠을 자고, 몇몇 사람은 일어선 채로 소리 나는 쪽을 기웃거리고 있었다.
 허성오는 벌떡 일어나 소리친 그 남자에게로 다가갔다. 자리에서 엉거주춤 구푸린 그 남자 앞에는 금발의 여인이 좌석 팔걸이 위로 쓰러져 있었다. 먼저 달려온 스튜어디스가 오른손으로 실신한 여인의 어깨를 받치고 손목의 맥박을 확인하고 있다. 허성오는 스튜어디스에게 급히 물었다.

"맥박이 잡혀요?"

"예, 아주 약하게-."

스튜어디스는 대답을 하면서도 어찌할 바를 모르고 있었다.

허성오는 실신한 여인의 손을 만져보았다. 두 손은 식은땀으로 온통 젖어있었다. 허성오는 정신을 가다듬고 냉정을 되찾았다. 푸른 티셔츠 차림에 안경을 낀 50대 중반으로 보이는 그녀의 남편은 허성오의 거동을 주시하며 당황해하고 있었다. 실신한 여인의 몸매는 가늘고 얼굴엔 핏기가 없었다. 항공기 여행 중에는 허약체질이나 질환이 있는 사람은 지속적인 스트레스로 인해 의식을 잃을 수 있다. 허성오는 오른쪽 엄지손가락으로 우선 지압의 기본인 합곡혈과 곡지혈을 강하게 눌렀다. 엄지 부근의 합곡혈은 다양한 통증을 완화할 수 있고, 팔꿈치 부위의 곡지혈은 온몸의 기가 모이는 중요한 혈 자리이다. 몇 차례 힘껏 눌렀지만 아무런 반응이 없었다. 허성오는 휴대하고 있던 사혈침을 꺼냈다. 이것은 응급처치를 위해 피를 뽑는 일종의 의료기구이다. 남자 승무원을 통해 그녀의 남편에게 양해를 구했다. 남편은 어찌할 바를 몰라 마지못해 허락하는 눈치였다. 허성오가 사혈침으로 손가락 끝 부위의 삼선혈을 차례로 따자 손가락마다 검은 피가 방울져 솟아올랐다. 잇달아 맑은 피가 나올 때까지 손가락 부위를 하나하나 짜주었다. 그녀의 남편은 얼굴을 찡그리며 몹시 불안해하는 표정이었다. 의식이 없던 여인이 몸을 비틀며 반응을 보였다. 합곡혈과 곡지혈을 번갈아 강하게 몇 번을 더 눌렀다. 여인은 의식이 돌아온 듯 축 처졌던 고개를 바로잡고 있었다.

정신과 의사라 신분을 밝힌 외국인 의사가 환자에게 접근했으나 아무런 손을 쓰지 못했다. 어쩌면 그의 전문분야가 아니라는 직업의식 때문인지도 모른다. 석줄 뒤쪽 좌석에 일어서서 그 광경을 살피던 안수영은 앞으로 다가가 쓰러진 여인의 모습을 들여다보았다. 반 팔의 베이지색 드레스를 입은 여인의 긴 목에는 목걸이, 팔목에는 다이아가 여러 개 박힌 팔찌가 반짝이고 있었다. 손가락에도 큼지막한 반지가 끼워져 있다. 승무원은 둘러선 사람들에게 정중히 제자리로 돌아가라고 말했다. 기내에서 큰 사건이라도 일어난 것으로 생각했던 승객들은 놀란 가슴을 쓸어내리며 제자리를 찾아갔다.

환자의 안정을 위해서는 몸을 눕힐 자리가 필요했다. 허성오는 우선 옆자리 두 사람의 외국인에게 손짓으로 양해를 구했다. 그들은 "Please—, Please—"(플리즈)라는 말을 듣고 자리에서 일어났다. 허성오는 두 좌석의 팔걸이를 올려세우고 여인을 그 자리에 눕혔다. 남편에게는 그녀의 혈액순환을 돕도록 샌들을 벗기게 했다. 샌들은 잘 벗겨지지 않았다. 남편은 샌들 끈을 잡고 몇 번이나 만지작거렸다. 허성오는 여인의 귀밑 혈을 만져보았다. 이 부분의 근육이 뭉쳐지면 이명이 심해지거나 어지럼증이 발생하기 때문이다. 이 여인의 오른쪽 귀밑 혈은 부드러웠으나 왼쪽은 단단하게 굳어 있었다. 허성오는 왼쪽 귀밑 혈을 집중적으로 눌렀다. 여인은 신음소리를 내며 흐릿한 시선으로 멍하니 쳐다보다 다시 눈을 감았다. 허성오가 지압을 배운지는 30년도 더 되었다. 그는 신학교 시절에도 동기들이 체하거나 몸이 불편하면 지압으로 회복시켜준 적이 여러 차례 있었다. 그리고 처음 개척교회를 할 때는 동네의 환자들도 찾아가 돌보아 주었다. 여인은 고르게 숨을 쉬며 차츰 정상을 회복해가고 있었다.

일행은 3박 5일 발리 여행을 마치고 귀국길에 올랐다. 현지 시각으로 0:20에 덴파사르 공항을 이륙한 대한항공 KE620 여객기는 어딘가 약간 불안한 느낌을 주면서 서울로 향하고 있었다. 이번 여행은 '신학교 졸업 30주년 기념 선교대회'로 동기 부부 등 70여 명이 참여했다. 이 가운데는 남미, 아프리카, 러시아, 미얀마 등 '땅끝'으로 파송된 해외선교사 열두 가정도 함께 초청되었다. 목사 안수를 받고 목회를 시작한 지가 올해로 30주년을 맞은 것이다. 비행기는 이륙 후에도 비포장도로를 달리는 트럭처럼 한동안 심하게 덜컹거렸다. 기상 조건은 몹시 좋지 않았다. '안전벨트 착용'을 알리는 기내 방송이 간헐적으로 계속되었다. 언젠가는 비행 중 간이식탁의 물컵이 30cm쯤 높이 떠올랐다 떨어지며 엎질러진 것을 생각하면 그렇게 염려스런 상황은 아니라고 안수영은 마음을 진정시켰다. 자정을 넘긴 지 한 시간이나 지났기에 승객들은 담요를 그러덮고 대부분 잠들었다. 기내는 수면에 알맞은 조도를 유지하고 있었다. 안수영은 아내의 머리를 오른쪽 어깨에 받으며 나란히 등받이에 기대어 잠을 청하고 있었다. 비행기는 마치 양철지붕에 억수같이 쏟아지는 소낙비 소리를 내어 잠을 설치게 했다.

"비행기도 소나기를 만나면 마치 양철지붕에 비가 떨어지는 것 같은 소리가 나는가 봐?"

안수영은 이상한 생각이 들어 아내에게 말했다.

"나도 여태껏 그것과 흡사한 소리를 듣고 있습니다."

아내도 같은 느낌을 받았다.

안수영은 지난 3월 승객 239명을 태우고 중국 베이징으로 향하던 중 연락이 두절된 항공기 사고를 떠올렸다. 그 말레이시아 항공 여객기의 추락지점은 아직도 찾아내지 못했고 행방불명 상태로 남아있다. 이대로 비행기가 추락할 수도 있다는 생각이 들자 잠은 저만치 달아났다. 안수영은 늘 드리던 기도 제목 가운데 하나를 생각하고 있었다.

'언제 주님이 부르실지라도 복된 죽음을 맞게 하소서.'

'복된 죽음'이란 언제나 주님 앞에 설 준비를 하는 것과 함께 교통사고나 엉뚱한 곳에서 횡사하지 않기를 바라는 마음도 들어 있었다. 그러나 질병이나 위험 등 어떤 상황에서라도 죽음을 두려워하지 않도록 믿음의 준비를 해야 한다는 다짐이 더 강했다. 안수영은 스마트폰에서 '성경' 앱을 열었다. "나의 간절한 기대와 희망은, 내가 아무 일에도 부끄러움을 당하지 않고 온전히 담대해져서, 살든지 죽든지, 전과 같이 지금도, 내 몸에서 그리스도께서 존귀함을 받으시리라는 것입니다. 나에게는 사는 것이 그리스도니 죽는 것도 유익합니다."(빌 1:20-21) 안수영은 빌립보서 말씀을 묵상했다.

언제나 필요한 것은 믿음과 용기이다. 안수영은 읽던 앱을 닫고 다시 기도하는 마음으로 눈을 감았다. 양철지붕 위에 쏟아지는 소나기 같은 소리는 여전했다. 잠은 쉬 오지 않았다. 이번 여행은 지난 6월 초로 일정을 잡았으나 4월 중순에 일어난 세월호 침몰사고로 두 달 뒤인 8월 하순으로 연기되었다. 처음엔 계획대로 여행을 추진하려고 했으나 국민 정서가 그것을 용납하지 않는 것 같았다. 일정이 늦춰지면서 예약한 비행기 단체좌석은 여기저기로 흩어져 자리를 맞추느라 불편을 겪었다. 허성오를 비롯한 젊은 층 세 사람은 고3 수험생 자녀를 두고 있어 아내들이 참여하지 못했다. 안수영에게도 어려운 문제가 있었다. 유달리 더위를 못 견디는 아내가 8월 하순에는 우리나라보다 더 더운 발리에 갈 수 없다고 말했기 때문이다. 안수영은 모처럼의 기념 여행에 아내를 두고 혼자 떠날 수 없었다. 처음 동기회에서 보내준 여행 준비 안내서에는 더위는 염려할 필요가 없는 것으로 되어 있었다. 발리는 연평균 기온이 섭씨 25~26도이고, 최저 22도-최고 29도로 견딜만했기 때문이다. 인터넷을 통해 확인한 연중기온도 21도~32도로 우리나라 여름과 별로 차이가 없었다.

'발리는 열대 우림과 사바나 기후에 속하며 계절은 건기와 우기로 나뉜다. 우기는 10월~3월, 건기는 4월~9월까지이며 우기에는 게릴라성 소나기가 하루에 서너 번 정도 오는 것이 고작이다. 우기와 건기의 기온변화는 거의 없지만, 건기 때가 우기 때보다 일교차가 크기 때문에 따뜻한 옷을 준비하는 것이 좋다.'

건기에는 따뜻한 옷을 준비해야 한다는 것을 읽어본 아내는 다시 세계적인 휴양지에 대한 기대감으로 가슴이 부풀어 올랐다. 그러나 아내가 날마다 들여다보는 스마트폰의 발리 날씨는 달랐다. 대부분 27도~34도의 더위에 구름이 끼거나 아니면 비가 내리는 날씨로 나타났다. 공교롭게도 맑은 날씨는 하루도 보이지 않았다. 수년 전 8월 중순 필리핀 여행 때 고온다습한 일기로 몹시 고생한 아내는 그때의 기억을 되새기며 이번에는 도저히 함께 갈 수 없다고 말했다. 가벼운 당뇨로 인해 무더운 날씨엔 숨이 차고 견디기 어려워하는 것을 알면서 아내에게 동행을 강요할 수는 없었다. 안수영도 함께 여행을 포기한 상태로 출국을 며칠 앞두고 현지 선교사 김진명에게 날씨를 확인해보았다. 결과는 '지금은 겨울인 이웃 나라 호주의 영향을 받아 아침저녁으로는 15~16도 정도이며 선선한 바람이 불어 발리 여행에는 적기'라는 것이었다.

8월 26일, 일행은 인천공항을 이륙한 후 7시간의 비행 끝에 덴파사르 응우라라이 공항에 착륙했다. 시간은 자정이 넘었다. 생각보다는 덜 후텁지근했으나 그래도 미심쩍은 마음으로 안수영은 아내와 함께 발리 입국 수속을 마쳤다. 여행사에서는 얼핏 보기에 수선화처럼 생긴 '캄보자 꽃목걸이'로 환영을 해주었다. 오래전 하와이를 방문했을 때 '알로하 꽃목걸이'로 환영하던 기억을 떠올렸다. 이 노란 꽃목걸이는 오래도록 진한 향기를 발하며 숙소의 룸을 꽃 향으로 가득 채워주었다. 발리는 호주 대륙에서 밀려오는 찬 공기로 인해 아침저녁으로 상쾌한 가을 날씨를 보였다. 낮에는 맑고 햇볕이 따끈할 때도 있었지만 더위 때문에 불편함은 전혀 없었다. 8월 말과 9월은 발리 여행의 적기인 것을 피부로 느낄 수 있었다.

  일행이 묵은 망드라(MANCTRA) 호텔은 발리 최대의 관광지인 누사두아에 있었다. ㅁ자 형태로 건축된 이 호텔 중심부에는 직사각형의 긴 풀장 시설을 갖추고 있어 레스토랑에서 식사하며 수영하는 사람들을 바라볼 수도 있었다. 물놀이를 좋아하는 안수영의 아내는 이른 아침이나 저녁에는 풀장에서 살다시피 했다. 그녀는 고등학교 2학년 때까지 수영 선수로 뛰었으나 대학진학을 위해 수영을 그만두었다. 주로 주말이나 주일에 치러지는 대회가 신앙생활의 걸림돌로 작용했기 때문이다. 그녀는 나이에 비하면 그런대로 잘 유지해온 몸매 때문인지 수영복 차림으로 풀장 주변을 거니는 것도 전혀 거부감을 느끼지 않았다.

  "여보, 이번에 발리에 오지 않았으면 평생을 두고 후회했을 것 같아요!"

  안수영의 아내가 내뱉은 말이다.

"그렇고말고, 남편 말을 들으면 자다가도 떡이 생긴다는 말이 있잖아!"

안수영은 어깨를 으쓱하며 한마디 했다.

"남편 말이 아니라 어른들 말 들으면 떡이 생긴다, 는 것이 아닌가요?"

안수영의 아내는 눈을 흘기며 남편의 말을 바로잡았.

끝없이 넓게 펼쳐진 하얀 모래사장에 에메랄드빛 물결이 넘실대는 빠당빠당 비치에서도 그의 아내는 눈 내린 날 강아지처럼 즐거워했다. 현대문명의 때가 묻지 않은 호젓한 해변은 휴식과 재충전에 안성맞춤이었다. 외국인 부부 한 쌍이 사장에서 그의 아내의 몸에 모래를 덮어주고 있을 뿐 다른 여행객들은 철썩이는 파도에 발을 담그며 즐기고 있었다. 살기에 바쁜 탓인지 길거리에는 오토바이 행렬이 물결을 이루고 있지만 한가하게 해수욕장을 찾은 현지인들은 없었다. 안수영과 아내는 수영복 차림으로 헤엄치다 조개를 잡기 시작했다. 옆으로 팔을 들고 엉덩이를 흔들며 발뒤축으로 조개를 찾는 모습이 트위스트를 추는 것 같았다. 자맥질하여 건져 올린 조개는 발리 사람들처럼 약간 검은 색을 띠는 것이 특이했다. 안수영도 아내를 따라 조개를 잡기 시작하자 두 사람은 마주 서서 트위스트를 추는 모양새가 되었다.

아내는 한 달쯤 발리에서 살고 싶다고 말했다. 라이언 머피 감독의 영화「먹고, 기도하고, 사랑하라」에서 원작자인 엘리자베스 길버트 역을 맡았던 미모의 여우 줄리아 로버츠가 반해버렸다는 그 해변! 아내는 발리의 에메랄드 물빛으로 온몸을 물들이려는 것 같았다. 안수영은 그의 시골교회 목회 현장을 떠올리자 아내의 모습이 왠지 측은

하게 보였다. 교회에서는 언제나 수더분한 시골 아낙처럼 보이던 아내가 아직도 지난날의 젊음을 어느 정도 유지하고 있는 것 같아 한편으로는 위로가 되었다. 가슴의 볼륨도 여전한 것 같아 그는 속으로 미소를 지었다. 안수영은 아내와 함께 놀아주느라 시간 가는 줄 몰랐다. 다른 이들은 일찌감치 비치파라솔 아래서 코코넛 생주스를 빨대로 마시며 안수영 부부의 물장구치는 모습을 재미있게 바라보고 있었다. 그는 아내와 수영을 즐기다 너무 시간이 늦어진 탓에 벌금으로 일행의 코코넛 주스 대금을 모두 물어야 했다. 해거름에 일행은 발리 7대 명소 중 하나인 울루와뚜 절벽사원을 찾았다.

"여보, 당신도 안경 조심해야죠."

원숭이가 관광객의 선글라스나 모자를 벗겨간다는 현지 가이드의 얘기를 듣고 아내가 한 말이다.

"설마―? 꼭 잡고 있으면 괜찮겠지."

안수영은 아내의 말도, 가이드의 말도 대수롭잖게 생각했다. 공원에는 여기저기 원숭이들이 뛰어다니고 있었다. 호텔 로비에 걸린 대형사진에서 보았던 울루와뚜 모습은 마치 타이타닉호의 뱃머리처럼 뾰족하게 수평선을 향하고 있었다. 여기가 영화「빠삐용」의 마지막 절벽탈출 장면을 촬영한 곳이다. 사원으로 오르는 성벽 계단 오른쪽 절벽 아래로 펼쳐진 만의 바다는 넓은 설원을 연상케 했다. 파도가 밀려 들어오는 것이 아니라 프라이팬에서 기름이 끓듯 제자리에서 하얀 '극세 파도'를 만들어내고 있었다. 그 뒤로 건너다보이는 우뚝 선 절벽은 흡사 변산반도 채석강의 한 자락을 보는 듯했다. 구름 한 점 없는 코발트 빛 하늘 아래 갈맷빛 바다는 잔잔한데 절벽 아래서만 쉬지 않고 설원 같은 파도를 끓이고 있다. 절경에 넋이 빠진 사람들의 발걸음은 늦어질 수밖에 없었다.

　75미터 높이의 언덕바지에 세워진 힌두교 사원은 버섯모양처럼 생긴 여러 개의 탑으로 운치를 더했다. 한낮의 더위는 수그러들고 신선한 바닷바람이 여행객들의 땀을 식혀주고 있다. 적황, 선홍, 보라, 복숭아색 등 화려한 색상의 열대 꽃들이 오솔길을 따라 지천으로 피어 있다. 다시 공원으로 돌아 나왔을 때였다. 뒤에서 "여보-ㅅ!"하는 아내의 날카로운 소리를 들었으나 이미 때는 늦었다. 눈 깜짝할 사이에, 아니 눈도 깜짝할 틈도 없이 어느새 안수영의 안경을 원숭이가 낚아채 간 것이다. 원숭이는 저만치 달아났다. 관리인이 먹이를 던져주자 원숭이는 안경을 그 자리에 놓고 먹이를 받아먹었다. 안수영은 원숭이 주인에게 1달러를 주고 안경을 돌려받았다. 잠시 후에 비명과 함께 또 한 여인이 선글라스를 빼앗겼다.

　"거봐요. 아내의 말을 들으면 떡 생긴단 말이 맞잖아요."

　아내의 비아냥대는 말에 안수영은 대답할 말이 없었다. 울루와뚜에서 바라보는 적도의 황혼은 환상적이었다. 일행은 3박 5일의 발리여행을 아쉬워하며 비행기는 서울로 향하고 있었다. 좌석 앞 모니터에는 '비행 속도 847km/hr, 잔여 시간 3:20 hr'로 나타나 있다. 인천공항까지는 3시간 정도 더 가야 한다. 자갈길을 달리는 트럭처럼 덜컹거리던 느낌은 좀 덜 하지만 양철지붕을 때리는 빗소리 같은 소음은 여전히 잠을 방해하고 있었다. 승객들은 그 소음에 익숙해지면서 잠에 빠져있었다. 이때 뜻밖의 비명이 기내에 울려 퍼졌다. 잠결에 얼떨떨해진 안수영은 마침내 비행기가 추락하고 있다는 엉뚱한 생각이 들었다.

허성오는 실신한 여인의 남편에게 무언가 손짓을 해가며 대화를 계속하고 있었다. 그녀의 남편은 오른손 검지로 머리 위쪽으로 원을 그리며 아내가 현기증으로 쓰러졌다는 제스처를 하고 있었다. 허성오는 그에게서 아내의 병력을 알아보고 싶었으나 말이 잘 통하지 않았다. 게다가 그 부부는 프랑스인이었다. 마침 중간 갤리 옆 화장실에서 나오는 동기 신정용을 손짓하여 불렀다. 그는 15년째 러시아 선교사로 일하지만 대학에서는 불문학을 전공했다.

쎄 모 나미.(C'est mon ami. - 내 친구입니다.)

허성오는 평소 익혀둔 인사말로 그 남자에게 신정용을 소개했다.

쎄 땅 쁠레지흐.(C'est un plaisir. - 만나 뵙게 되어서 반갑습니다.)

앙샹떼.(Enchant'e. - 반갑습니다.)

두 사람은 서로 인사를 주고받았다.

그의 아내는 고지혈증을 앓아왔고 이따금 발작을 일으킬 때도 있었다. 그들 부부는 인천공항에서 비행기를 갈아타고 프랑스까지 여행을 계속해야 한다는 것. 그리고 결혼 30주년 기념 여행으로 지난 주간 발리에 왔다는 것. 신정용은 이런 말을 통역했다. 허성오는 그녀가 화장실에 가려고 일어서다가 현기증을 호소하며 쓰러졌다는 것을 확인했다. 다양한 원인이 있겠지만 현기증은 세반고리관 기능이 약화 되면 나타나는 현상이다. 허성오는 귀 아래 돌기뼈 부근의 근육을 다시 지그시 눌러 혈액순환을 자극했다. 여인의 흐릿한 눈동자가 중심을 잡아가고 있었다. 비행기의 좁은 좌석에 오래 앉아있으면 하체로 피가 몰리면서 혈액순환이 장애를 일으킨다. 특히 고지혈증인 사람은 협심증, 심근경색 등 심혈관질환을 불러올 수 있다. 허성오는 샌들이 벗겨진 환자의 발을 만져보았다. 차가운 발이 식은땀에 젖어

있는 것은 전신의 혈액순환에 이상이 있음을 말해주는 것이다. 허성오는 양쪽 발등의 태충혈을 지압하고 종아리를 강하게 마사지했다. 여인은 약한 신음소리를 내며 얼굴을 찡그렸다. 발가락을 하나씩 비틀어 감각을 깨우고 무릎관절과 고관절 부위의 근육을 이완시켰다. 허성오는 자신의 지압술을 총동원하고 있었다. 여인은 마침내 의식을 회복하고 누운 채로 남편에게 무슨 말을 건넸다. 남편은 허리를 구푸려 여인의 뺨에 가볍게 키스했다. 여인에게는 좀 더 편한 자리에서 지속적인 안정이 필요했다. 그러나 400여 개의 좌석을 보유하고도 기내에는 간이 양호실 하나 없었다.

"환자가 안정을 취할만한 장소가 있겠습니까?"

허성오는 승무원에게 물었다.

"마침 일등석이 하나 비어있습니다."

승무원은 환자를 일등석 쪽으로 안내했다.

여인은 남편의 부축을 받으며 뒤따라가서 슬리퍼 시트에 누웠다. 허성오는 자기 자리로 돌아가 긴장을 풀며 눈을 감았다. 잠은 오지 않았다. 그는 발리 여행 이틀째 날 저녁 식사 후, 호텔 연회장에서 드린 기념 예배를 생각하고 있었다. 이번에는 특별히 막내인 자신이 설교를 맡았었다. 나이는 가장 어려도 목회에 대한 열정과 영성을 감안하여 동기들은 그를 기념 예배 설교자로 세운 것이었다. 대부분 연장 순으로 순서를 맡기던 관례에 비하면 파격적이었다.

"사람은 많지만 사람이 없다는 말을 들을 때가 있습니다. 일꾼은 많은데 일꾼이 없다는 말을 할 때도 있습니다. 그만큼 한 사람을 뽑아서 쓰는 것이 쉽지 않고, 모든 것을 믿고 맡길만한 일꾼도 찾기 어렵기 때문입니다. 그럼에도 불구하고 일을 하려면 사람을 뽑아서 쓸 수밖에 없습니다. 회사에서 유능한 일꾼을 뽑을 때는 성적순으로 선발하지요. 면접에서 인품을 본다고 하지만 결국은 필기시험 점수를 잘 받은 사람을 택하기 마련입니다.……. '내가 누구를 보내며 누가 우리를 위하여 갈꼬—.' 하나님께서도 일꾼을 뽑아서 사용하십니다. 세상에서는 모든 것을 스펙이나 지식을 점수로 계산하지만 교회의 일꾼은 믿음의 분량대로 인정받습니다. 초대교회의 일꾼을 세울 때 사도들은 '성령과 지혜가 충만하여 칭찬받는 사람 일곱을 택하라'고 말했습니다. 성령과 지혜가 충만하고 칭찬받는 사람은 한마디로 믿음이 좋은 사람입니다.

오늘 본문에서 예수님은 중풍병으로 괴로워하는 하인을 부탁하는 백부장을 보시고 '내가 이스라엘 중 아무에게서도 이만한 믿음을 만나보지 못하였노라.'(마8:10) 말씀하시며 그의 믿음을 극찬하고 있습니다. 일반적으로 교회에서는 주일을 성수하고, 집회에 빠지지 않고 온전한 십일조를 드리면 믿음이 좋다고 말합니다. 이 모든 것은 믿음이 있어야 할 수 있기 때문입니다. 그러나 주님이 좋은 믿음으로 칭찬하는 사람은 그것과는 다르게 나타납니다. 왜냐하면 출석이나 헌금은 특별히 믿음이 좋은 사람만 하는 것이 아니라 성도라면 누구나 해야 할 기본의무이기 때문입니다. 이런 기본적인 것을 잘하는 사람을 두고 최고의 믿음으로 칭찬할 수는 없습니다. 그렇다면 주님이 칭찬하신 좋은 믿음은 어떤 것입니까? 그것은 지극히 작은 자를 사랑하는 것입니다.……"

허성오는 평소의 믿음대로 선포한 말씀을 되새겨보았다.

"사랑하는 동기 여러분, 보내심을 받고 목회자로 살아온 지 30년입니다. 전쟁과 공해와 메마른 이웃사랑이 지구촌을 위협하며 우리를 멸망의 자리로 이끌어가고 있습니다. 오늘 우리는 큰 것을 이루지 못했어도 천대받고 소외당하는 지극히 작은 자를 사랑하는 목자의 자리를 끝까지 지켜가야 합니다. 그리하여 이 시대의 '의인 열사람'으로 남을 수 있어야 할 것입니다."

허성오는 설교에서 목소리를 높여 외치던 장면을 떠올리며 자기 다짐을 새롭게 하고 있었다. 예배 후에는 울먹이는 해외선교 보고회가 두 시간이 넘게 진행되었다. 선교사들 가정에는 동기들이 생활비에서 푼푼이 모금한 금일봉씩도 전달되었다. 허성오는 환자가 어서 안정을 회복하기를 기도하며 잠을 청했다.

처음부터 가까이서 상황을 주시해온 안수영은 눈을 감아도 잠이 오지 않았다. 그의 아내는 모니터에서 영화를 보고 있었다. 안수영은 며칠간의 국내 소식이 궁금해 뉴스를 검색했다. 그러나 2~3일이 지난 뉴스가 패키지로 편집되어 있어 그날의 소식은 알 수 없었다. 안수영은 모니터에서 '교양' 아이콘을 눌렀다. 「내 인생을 바꿔준 괴테의 말 한마디」가 눈길을 끌었다. 그것은 언젠가 읽어보려고 했던 괴테의 명언 모음집이었다.

"늙는다는 것은 기술이 아니다. 그러나 노년을 사는 것은 기술이다."

'괴테의 말 한마디'에서 맨 먼저 나오는 말이다.

"무언가를 이루려면 자기를 포기하지 않으면 안 된다."

"모든 사람을 다 만족시킬 수는 없다. 그것은 바보들이 하는 짓이다."

이 말은 언제나 목회자들에게는 갈등을 불러일으킨다. 안수영은 읽어 내려가던 곳에서 눈길을 멈추고 지난 목회를 돌아보았다. 목회자의 일이란 모든 사람을 다 만족시킬 수는 없지만 한 사람이라도 포기해서는 안 된다. 지극히 작은 자 하나라도 외면하지 말아야 하는 목회자의 일이야말로 사람들이 보기에는 바보들이 하는 짓이다. 안수영은 잘 나가는 일간신문 기자였다. 수 십 대 일의 경쟁을 뚫고 입사하려는 사람들이 줄을 잇고 있는 자리임에도 불구하고 그는 어느 날 사표를 쓰고 목회자의 길을 택했다. 불혹을 눈앞에 둔 안수영에게 그것은 완전한 자기 포기였다. 그러나 아무것도 이루지 못했다. 오로지 '바보들이 하는 짓'을 반복하며 죽어라, 달려온 것이다. 목회란 몇 사람만을 만족시키는 것이 아니라 모든 사람을 만족시키려는 자세를 버리지 말아야 한다. 아마 이러한 사실과 고충을 미리 알았다면 신학교 지망자는 현재의 절반 수준으로 줄어들지도 모른다는 생각이 들었다.

어제저녁 아내가 몇몇 사모들과 함께 풀장에서 수영하는 동안 안수영은 동년배인 고지송과 함께 2층 테라스 벤치에 나란히 앉아있었다. 고개를 내밀면 풀장에서 수영하는 사람들이 내려다보였다.

"난 아직도 헬라어 첫 시간에 들어오신 P 교수님이 '목사가 되기 전에 먼저 인간이 되라'고 하신 말씀을 잊을 수 없어."

안수영은 30여 년 전의 선지 동산으로 이야기를 끌고 올라갔다.

"교회사 강의 시간에는 K 교수님이 '공과 사를 분명히 하라. 공적인 것은 우표 한 장이라도 사적인 용도에 써서는 안 된다'고 하시던 말씀도 있었지."

고지송도 함께 공부하던 때를 돌아보았다.

고지송과 안수영은 신학교 3년 동안의 절반을 기숙사 한방에서 함께 지냈다. 고지송은 졸업을 하자마자 영국으로 유학을 떠났고, 안수영은 지리산 자락의 조그만 교회로 들어갔다. 어떤 이들은 신학교 1학년 때부터 교회 개척을 시도하는 것을 보았고, 모두가 큰 목회의 비전을 갖고 있었다. 그러나 안수영이 모든 것을 버리고 선지 동산에 오른 것은 목회자가 없는 교회나 아무도 가지 않는 벽지나 낙도의 교회를 찾아가기 위한 일념이었다. 당시 대도시 지역에는 우후죽순처럼 개척교회가 생겨났으나 시골 지역에는 목회자가 없는 교회가 더러 있었다. 안수영의 꿈은 외면당하는 작은 교회에 있었다. 그 교회는 40여 년의 역사 가운데 2년을 넘긴 교역자는 단 한 사람, 50대 목회자가 3년 가까이 시무했을 뿐이며 대부분이 1년도 채우지 못하고 떠나갔다. 안수영이 이 교회에 부임할 때는 3년 동안 교역자가 없었다. 안수영은 이 교회를 섬기면서 거쳐 간 수많은 교역자의 마음을 이해하게 되었다. 자녀교육 문제, 경제적 어려움, 문화적인 갈등 등 어려운 문제는 한두 가지 아니었으나 그는 맨 처음 하나님 앞에서 결단했던 마음을 굳게 잡고 있었다.

5년 전 교회당을 신축하고 이제는 자립의 기틀도 마련했지만 돌아보면 꿈같은 일이었다. 때로 막내 동역자인 허성오가 안수영의 시골 교회를 찾아와 자비량 심령부흥회를 개최하기도 하고 그의 지압과 침술로 전도의 문을 넓혀 가는 데 많은 도움을 주었다. 안수영의 목회는 앞으로 2년밖에 남지 않았다. 오늘까지 안수영이 교회를 지켜올 수 있었던 것은 아내의 격려와 희생적 헌신을 빼놓을 수 없다.

"어떻게 그렇게 막무가내로 선지 동산으로 달려갔는지, 나도 나를 모르겠어."

안수영은 캔콜라를 마시며 말을 이었다.

"살아온 날들을 몇 겹이나 벗겨보아도 한동안 내 모습은 보이지 않았어."

고지송이 말을 받았다.

"나도 마찬가지야. 나를 찾기까지 얼마나 많은 기도를 했던지. 오랜 시간이 지나자 비로소 살아오며 차곡차곡 쌓아놓은 것들이 하나씩 보이기 시작하드라고-."

"얼마나 버릴 것이 많던지. 버리고 나면 또 하나가 드러나고, 버리면 또 나타나고. 버려야 할 것들이 마치 옹달샘에서 솟아오르는 샘물 같았어."

"선지 동산으로 올라올 때는 모든 것을 다 버렸다고 생각했는데 그래도 버려야 할 것들이 그렇게 많이 남아있었으니-."

"정말이지! 소유도 명예도 교만했던 마음까지도 다 비웠는데-."

"모든 욕심을 다 버렸다고 생각했지. 버리지 않고는 신학교 생활을 계속할 수 없었지."

안수영은 회사에 사표를 쓸 때 세상에 속한 모든 것을 다 버린다고 생각했었다.

"내겐 오래도록 버리지 못한 것이 하나 있었어. 마치 야간의 외투처럼."

고지송은 묵은 고민을 털어놓았다.

"무엇을 숨겨 놓았길래?"

안수영은 고개를 돌려 그를 쳐다보았다.

"장막 안에 묻어둔 것이 아니라 내 속에 꽁꽁 숨겨놓은 것이지. 아집!"

고지송은 길게 숨을 들이쉬고 말을 계속했다.

"다 버린다고 생각했는데 왜 그것은 누가 볼세라 내 가슴에 깊어 숨겨 놓았을까? 그 아집이란 것이 얼마나 주님의 뜻을 헷갈리게 했는지 몰라. 우리가 원하던 것은 스스로 띠 띠고 가고픈 곳이었지. 그런데 30년의 세월이 지나고 보니 자기가 원치 않던 자리에 서 있었어. 나는 공부도 더 할 겸 영국행을 택했지만 얼마 후 아프리카로 가지 않으면 안 되었어. 마치 '건너와서 우리를 도우라'는 마케도니아 사람의 환상을 보았던 바울처럼 말이야!"

고지송의 고왔던 얼굴은 검게 탔고 오지 현장으로 들어가던 차가 굴러 지금은 한쪽 다리를 절고 있었다. 식구들의 고생은 더욱 말이 아니었다.

"지금 보면 어디에 서 있는 동기들이라 할지라도 모두가 하나씩 그리스도의 흔적을 지닌 것 같아! 어떤 이는 시골에 묻혀있어도 구름 속의 달처럼 은은하게 빛이 묻어나는 것이 보여."

안수영은 오랜만에 만나는 동기들이 대견스러웠다.

"우리 동기들은 유달리 별처럼 모서리가 날카로운 사람들이 많았지. 비판의식도 강하고-. 전직이 기자이고 방송 프로듀서도 끼어 있었으니 조용하기는 어려웠잖아. 입학하기 전에는 'YH무역 여공 농성 사건'을 배후에서 도왔고, 졸업 후에는 경실련을 처음으로 발족시켰던 서인석도 함께 공부했으니 바람 잘 날이 없었지."

말하는 고지송은 NBC 방송 프로듀서였고, 듣고 있는 안수영은 C일보 사회부 기자였다.

"참으로 놀라운 일이지. 이제는 그 날카롭던 모서리가 다 닳아 쟁반처럼 둥근 별이 되었어! 날마다 자기를 닦아내다 보니 이제는 그 거칠던 마음 바닥이 마치 희미하게나마 주님의 빛을 반사하는 동경

(銅鏡)으로 변한 것 같아."

안수영은 고지송의 말을 들으며 '처음 생각'을 떠올려 보았다. 그것은 예수위해 죽는 것이었다. 방법도 길도 알지 못했으나 불나비처럼 선지 동산으로 몰려들었던 친구들이 어느새 목회 30주년을 맞았다. 몇몇은 은퇴했으나 대부분은 아직 목회 현장을 지키고 있다. 그때 신학교 문을 두드린 사람들은 유난히 나이 차가 많았다. 어떤 이는 고등학교 때 가르친 제자를 신학교에서 만나게 되었다. 갓 대학을 졸업한 허성오는 그때 제일 나이가 어린 막내였고 안수영은 고령층에 속하여 15년이나 더 나이가 많았다. 허성오는 때로 저녁이면 기숙사 안수영의 방을 찾아와 지압하고 어깨도 주물러주며 하루의 피로를 풀어주던 사랑스런 막내였다. 그는 신학교 시절 1년에 신구약 성경 20독을 하는 열심 파였다. 그리고 그는 닥치는 모든 어려움을 기도로 해결했다. 그가 이제는 D시에서 동기 중에 가장 큰 목회를 하고 있다. 그의 목회의 능력은 기도와 말씀에서 나온 것으로 보였다.

안수영의 아내는 영화를 보다 이어폰을 귀에 꽂은 채 머리를 뒤로 젖히고 잠들어 있었다. 엊저녁 생각에 잠겨있던 안수영은 다시금 모니터로 눈길을 돌려 '괴테의 말 한마디'를 보고 있다. 이번에는 '처음 의도대로 자기 인생을 마무리할 줄 아는 자가 행복한 사람이다.'라는 말을 다시 생각해본다. 안수영이 처음 의도한 것은 목회자가 아니었다. 안수영은 작가가 되고 싶었다. 글 쓰는 사람을 생각하다가 기자가 되었다. 결혼 후에는 3대째 신앙을 이어받은 아내의 꽁무니를 부지런히 따라다니면서 목회자에 대한 열망이 끓어올랐다. 인생을 가장 보람 있게 사는 길은 다른 사람을 위해 헌신하는 일이란 것을 깨달으면서 자의 반 타의 반으로 신학도의 길로 들어선 것이다. 타의 반은 믿음이 돈독한 아내의 간곡한 권유였다. 이제 얼마 남지 않은 목회를 끝마치면 안수영은 처음 의도한 대로 작가의 길을 걸으려 생각하고 있었다. 그동안의 귀한 신앙 체험을 작품으로 형상화하고 싶었다.

얼마나 시간이 지났을까? 다시 허성오의 뒷자리가 갑자기 소란스러워졌다. 기내 벽면 대형 모니터에서 비행기는 붉은 띠를 끌고 한반도에 가까워지고 있었다. '잔여 시간 1:07 hr'. 안수영이 둘러선 사람들 사이를 비집고 들여다보니 일등석에 가 있던 그 여인이 자기 좌석에서 널브러져 있었다.

"이분이 왜 자기 자리로 돌아왔습니까?"

허성오가 남자 승무원에게 항의하다시피 물었다.

"한참 전에 본인이 괜찮다면서 자기 좌석으로 가기를 원했습니다. 아마 일등석이 부담스러웠나 봅니다."

승무원의 말을 한쪽 귀로 들으면서 허성오는 플래시로 여인의 동공을 비춰보았다. 동공은 열린 채 수축 작용을 멈추었다. 맥박은 가늘게 뛰고 있었으나 호흡은 멈춘 것 같았다. 이대로 4~5분이 지나면 한 생명이 끝나거나 살아나도 식물인간이 되고 마는 것이다. 허성오는 좁은 공간에서 오는 지속적인 스트레스가 고지혈증이 심한 여인에게 심혈관질환을 일으킨 것으로 보았다. 왼편 창문 쪽 좌석에 앉아 있던 한국인 여자 승객 한 사람이 갖고 있던 우황청심환을 건네주었다. 그러나 승무원은 그 약품은 사용할 수 없다고 말했다. 뒤에 안 것이지만 승무원들은 응급구조를 위한 심장제세동기를 두고도 조작법을 제대로 익히지 못했다. 허성오는 그 자리에 환자를 더 둘 수 없다고 판단했다. 그는 여인을 들쳐업고 다시 일등석으로 가서 길게 눕혔다.

"헬로-! 헬로-! 헬로-!"

허성오는 다급하게 큰소리로 일깨웠다. 어깨를 흔들며 소리쳤으나 여인은 아무런 반응이 없었다. 아직도 맥박은 뛰고 있으나 호흡은 완전히 정지되었다. 119에 신고는커녕 응급처치를 할 수 있는 의사 한 사람도 없다. 허성오는 '돌팔이'지만 책임감을 느꼈다. 즉시 인공호흡을 시키지 않으면 안 되었다. 누구를 붙잡고 이야기를 하거나 말도 잘 통하지 않는 남편에게 길게 설명할 시간적 여유도 없었다. 머리를 뒤로 젖히고 턱을 들어 올려 기도를 최대한 개방시켰다. 오른손으로 입을 막고 환자의 코로 숨을 불어넣기 시작했다.

"여호와 하나님이 땅의 흙으로 사람을 지으시고 생기를 그 코에 불어 넣으시니 사람이 생령이 되니라."는 창세기의 말씀을 떠올렸다. -'생기를 그 코에 불어 넣으시니' '생기를 그 코에 불어 넣으시니'-. 허성오는 이 말을 마음속으로 반복하며 하나님이 여인의 코에 생기를 불어넣고 있다고 생각하며 기도했다. 환자의 가슴이 부풀어 오르도록 급히 숨을 불어 넣었다. 이윽고 빠르게 일정한 간격으로 가슴을 압박하기 시작했다. 수년 전 전교인 여름수련회장에서 여자 청년 하나가 물에 빠져 의식을 잃은 적이 있었다. 허성오는 그때도 인공호흡법으로 그녀를 살려내었다. 또 기회 있을 때마다 청년들에게 한 차례씩 심폐소생술 시범을 보이기도 했었다. 흉부 압박은 30회, 인공호흡은 2회를 번갈아 가며 반복해야 한다. 그리고 압박 속도는 분당 100회 정도가 적당하다. 허성오의 얼굴에는 비지땀이 흐르고 있었다. 3분쯤 시간이 흘렀을 때 환자의 숨통이 트이고 가벼운 기침을 했다.

가슴압박을 멈추고 허성오는 속으로 '할렐루야, 감사합니다'를 연발했다. 둘러서서 그 광경을 지켜보던 사람들 가운데 누군가 먼저 손뼉을 쳤다. 일제히 환호와 박수 소리가 터져 나왔다. 허성오는 스튜어디스로부터 산소 호흡기를 넘겨받아 환자에게 착용시켰다. 여인은 규칙적으로 숨을 쉬고 있었다. 허성오는 남편에게 아내의 팔다리를 주물러주도록 하고 옆자리에 걸터앉아 여인의 상태를 지켜보았다. 혹, 호흡이 정지되면 다시 인공호흡을 시켜야 하기 때문이었다.

"선생님, 어떻게 감사를 드려야 할지 모르겠습니다. 댁의 주소와 연락처를 좀 알려주시지요."

승무원이 옆에서 허성오에게 말했다. 그는 허성오에게 해외여행 때 혜택을 주거나 응분의 사례를 하려는 뜻을 비쳤다.

"나는 해외여행을 자주 하지 않습니다. 의사도 없는 위급한 상황에서 내가 해야 할 바를 한 것뿐입니다. 승무원들이 오히려 수고가 많았지요."

허성오는 정중하게 사양하며 그들의 노고를 치하했다. 구태여 목사의 신분을 밝히지도 않았다. 여기저기서 웅성웅성하던 기내 분위기는 다시 평정을 회복하고 있었다. 먼발치서 기웃거리던 사람들도 모두 제자리로 돌아갔다. 잠시 후 이륙할 때처럼 비행기가 덜커덕거렸다. 비행기는 곧 인천공항에 무사히 착륙했다. 선반에서 가방과 짐꾸러미를 꺼내고 승객들은 차례로 통로를 걸어 나갔다. 맨 마지막에 안수영은 허성오의 캐리어를 끌고 나왔다. 여인의 남편은 "Thank you very much." 하며 허성오의 두 손을 꼭 잡았다. 두 사람의 시선은 다시 여인에게로 향했다. 누워있는 여인은 겨우 눈을 뜨고 허성오를 올려다보았다.

쥬 뗌므.(Je t'aime. - 당신을 사랑합니다.)

허성오는 두 손을 꼬부려 하트 모양을 만들어 보이며 환한 얼굴로 여인에게 인사했다. 여인의 창백한 얼굴에 엷은 미소가 비치는 것 같았다. 허성오가 승무원들의 전송을 받으며 마지막 트랩을 내려올 때는 앰뷸런스가 경광등을 켜고 사이렌을 울리며 막 도착하고 있었다.

(첫 소설집. 2016년)

프란치스코 여숙旅宿

　내비게이션 안내는 마을 입구 정자나무 아래에서 소멸되었다. 최종 목적지를 확인하는 전화는 그의 아내가 받았다. '교회당과 마을회관 사이로 나 있는 골목길로 끝까지 들어오세요.' 잠시 후 마중 나온 그녀의 손짓을 따라 그의 집 앞에 승용차를 세웠다. 아담한 전원주택을 그려보던 것과는 달리 집 외관은 흡사 창고처럼 보였다. 회벽으로 마감된 바깥 벽면에는 영화필름 이미지에 풍경화와 인물화가 조잡하게 그려져 있었다. 그림들은 마치 초등학생들이 학교에 제출하는 숙제물 같았다. 벽면 아래쪽에 나지막하게 나뭇등걸 바침을 한 통나무 판자 간판엔 '프란치스코 旅宿'이라 음각되어 있다. 글씨는 아마추어 솜씨였다. 간판 아랫부분에는 조그맣게 '은혜농장'이라 쓰여있었다. 나는 그가 숙박업을 하며 생계를 이어가는가, 하는 생각이 들었다. 현관은 뒤쪽에 있었다. 그녀를 따라 집 모퉁이를 돌아가니 처마 끝에 '학교 종'이 달려있다.
　'땡 땡 땡 땡—.'
　그녀가 임의로 줄을 잡아당겼다. 그 소리는 마치 초등학교 시절 수업 시간을 알리던 것 같았다. 선생님이 '땡땡-, 땡땡-.' 두 번씩 잇달아 치면 수업이 시작되고, 세 번씩을 치면 '마친다'는 신호였다.

"이 소리는 손님이 오셨다는 전갈입니다."

멀리 농장에 흩어져있는 사람들을 부르기엔 종소리가 안성맞춤이었다. 나무들이 무성한 농장을 바라보며 잠시 서서 기다리자 가운데 길로 그가 모습을 드러냈다. 흰 머리에 약간 그을린 얼굴, 작업복 차림으로 환하게 웃으며 다가왔다. 처음 그에게 연락이 닿게 된 것은 TV를 통해서였다. 아내가 어느 날 KBS「인간극장」재방송에서 그의 모습을 보고 '여보-!, 여보-!'큰소리로 나를 불렀다. 농원을 가꾸는 그 모습이 나와 너무도 닮았다면서. "아, 문무희 씨!" 나는 손뼉을 치며 소리쳤다. 그는 50년 전에 나와 함께 전방 6사단 부관부에서 근무한 사람이다.

"문형, 정말 오랜만이요."

"반갑습니다. 부산에서 여기까지 시간이 오래 걸리지요?"

"3시간 반, 생각보다 멀었어요."

우리는 악수를 하고 얼싸안았다. 아내들은 우리가 인사를 나누는 모습을 영화 장면을 보듯 바라보았다.

"안으로 들어갑시다."

방충문을 밀치고 들어간 집안은 40~50평은 되는 것 같았다. 3분의 2 정도의 공간은 거실 겸 다락방으로 꾸며져 있고 내실은 주방 안쪽으로 붙어있었다. '다락방' 침소를 이용하려면 왼쪽으로 나무계단 몇 개를 밟고 올라가야 한다. 앞이 트인 다락방 아래쪽 구석에는 벌꿀 포장박스들이 아무렇게나 쌓여 있고, 그 옆에는 학생들의 체험용인 꿀 뜨는 수동기계가 놓여있다. 오른쪽 벽으로 붙여놓은 피아노, 그

앞에 전화기가 놓인 책상에는 전화번호부와 서류가 올려있었다. 거실은 집기들뿐만 아니라 잡다한 물건들이 멋대로 흩어져있어 이사를 준비하는 것 같기도 하고, 분위기는 가내공업을 하는 작업장처럼 보였다.

"집안이 어수선하지요. 내일부터 농장 쪽으로 넓은 창을 내는 리모델링을 준비하다 보니 이렇게 복잡합니다."

그가 정돈되지 않은 집안을 변명이라도 하듯 말했다.

"사람들이 우리 집을 네덜란드식 같다고 말합니다. 하하하."

그의 아내도 남편의 말을 거들었다. 우리는 넓은 거실 한가운데 놓여있는 소파에 마주 앉았다. 집안을 두리번거리다 시선이 머문 곳은 피아노 위쪽 벽면에 붙여진 십자가와 그 아래 있는 예수 석고상이었다. 십자가는 가톨릭의 T형이었다. 그것은 예수님이 달렸던 십자가 형태로 아시시의 성 프란치스코가 즐겨 사용했다고 한다. T형 십자가는 오늘도 그의 정신으로 살아가려는 프란치스칸(Franciscan)을 상징하고 있다.

"우리가 헤어진 지 50년쯤 되지요?"

그가 흰 머리칼을 왼손으로 쓸어 올리며 말했다.

"그래요. 세월이 참 빠르지요!"

내가 동의를 하며 헤아려보니 48년이나 되었다. 1968년 들면서 제대 일자를 손꼽아 기다리던 군인들은 하루아침에 전역이 6개월이나 연기되었다. 그해 1월 무장 공비 김신조 일당의 서울 침투로 인해 전군엔 비상이 걸렸고 느슨하던 군대 생활은 다시 조여졌다. 현역들은 빠짐없이 유격훈련을 받아야 했다.

"문형이 입대는 나보다 먼저 했던가요?"

내가 자대배치를 받을 때 그가 먼저 와 있었던 기억을 떠올리며 물었다.

"그럴 거요. 내 군번이 1152로 나가니까."

"나는 1155××××이니 한참 뒤네. 동기 두 사람과 함께 전입했을 때 부관부의 신고식은 충격이었어요."

"말 말아요. 알 철모 쓰고 내무반 침상에서……."

"그랬지. 발가벗고 알 철모 쓰고 토끼뜀을 할 때 귀에는 그 소리가 천둥처럼 울렸어!"

듣고 있던 아내가 쿡쿡 웃었다. 그의 아내는 주방으로 들어가 숭늉처럼 뿌연 색깔의 음료를 내왔다. 꿀벌이 수액에서 만들어낸 프로폴리스를 탄 것이라 한다.

"고참들이 밤늦게 술을 마시고 들어오면 통로 쪽으로 머리를 가지런히 하고 자는 졸병들을 구둣발로 차며 다 일으켜 세웠지."

"매일 빳다를 맞지 않으면 불안해서 잠을 자지 못했잖아. 새벽 2시, 3시에도 까닭 모르고 기합받을 때도 있었으니까."

"참으로 끔찍한 전통이었어! 거의 매일 밤 막사 뒤편에 엎드려뻗쳐를 시키고 야전삽으로 엉덩이를 내려쳤지. 고참들은 때려야 잠이 오고, 졸병들은 맞아야 편히 잠들 수 있었고-."

전입 동기 세 사람이 어느 토요일 산 너머 냇가에 목욕하러 갔을 때였다. 내가 먼저 옷을 벗자 뒤에서 보고 있던 친구가 "야, 그게 뭐야!" 하고 소리쳤다. 엉덩이에서부터 흘러내린 시퍼런 멍 자국이 발목 뒤에까지 이어져 있었다. 세 사람의 엉덩이와 다리는 빳다를 맞은 것으로 인해 온통 잉크를 칠해놓은 것 같았다.

"부관부 말고도 군기가 센 병과가 몇 있었지. 헌병대, 군악대, 수송

부―."

"그렇게 얻어맞아도 탈영하지 않고 용하게 잘도 견뎠어."

"그때도 간혹 탈영병은 있었지. 요즘도 총기 난사 사건이 일어나는 것을 보면 옛날 같은 기합이 아직 남아있는가 봐."

"개뼉다구, 기억나는가?"

"그럼, 키 나지막하고 깡마른 몸매에 덧니가 유달리 크게 튀어나온 놈 말이지?"

나도 모르게 욕이 나왔다.

"내가 부산 중앙동에서 직장생활을 할 때 법무부 산하 출입국관리사무소 소속이라면서 그를 만난 적이 있었어. 점심 식사하러 갔다가 음식점에서 조우한 거지. 얻어맞던 기억이 떠올랐지만 그래도 반갑더라고."

"가평군 현리에 있던 우리 부대가 전방으로 이동했던 것 기억나지? 철원에 주둔하던 백마부대가 월남으로 파병되고 그 자리에 우리 6사단이 들어갔잖아."

"함께 근무하던 두 사람이 파월 병으로 지원했었지. 어려운 가정 형편을 단숨에 극복해보려는 생각이 그런 결단을 내리게 했던 것 같았어."

국내의 현역보다 몇 배나 되는 월급을 받을 수 있었기에 파월지원자가 속출했었다.

"그때 우리는 군부대 교회에 열심히 나갔잖아."

"훈련소에서부터 교회는 피난처였어. 주일 날도 사역하다가 예배 시간이 되면 크리스천들은 함께 교회로 갔지. 예수 믿지 않는 사람들도 고된 작업을 피하려고 교회 차를 타는 사람들도 있었어."

"우리가 소속된 본부중대 신자는 K 병장, L 상병, P 일병, 그리고 문형과 나였지."

"그때 군종병으로 근무했던 J 상병을 김해에서 우연히 만났어. 연합행사에 교회학교 교사와 학생들을 인솔해 왔다면서. '전우'에서 '장로'로 다시 만나니 무척 반가웠어."

"성탄절 때 기억나는가?"

"크리스마스이브에는 민간인 교회에 가서 떡국을 얻어먹고 함박눈을 맞으며 함께 새벽송도 돌았잖아."

"우리가 갔던 그 마을이 '8호 마을'이야. 성도들이 우리를 참으로 정답게 대해주었어."

"문형은 기억력도 좋아, 50년 전 그 마을 이름을 알고 있다니!"

"한탄강 언덕으로 나들이도 가고, 그때는 군대 생활의 낭만 같은 것도 있었지."

"K 병장과 함께 우리가 문집을 내기도 했는데, 내가 쓴 산문의 제목이 '겨울나무'였어. 십자가와 성탄 트리를 생각하며 썼던 것 같아. 이듬해 새잎이 나기까지 눈 속에서 묵묵히 봄을 기다리는 나목, 그런 믿음을 생각했던 것 같아!"

"나는 특별한 어려움을 겪었어. 사단장에게 경례하지 않았다고 연대로 전출되었다가 나중엔 소총 소대에까지 내려갔었어."

"그런 일이 있었던 것 같아."

"상관이 앞에서 다가올 경우, 두 손에 물건을 들고 있다면 경례 대신 부동자세를 취하면 된다고 배웠는데, 사무실 집기를 나르던 세 사람이 본부중대 뒤쪽에서 갑자기 나타난 사단장에게 경례를 하지 않았다고 처벌을 받은 거야."

"시범케이스 라고 할까, 그때는 그렇게 군기를 잡았지."

"그래도 6개월 후에 사단장 지시로 우리를 다시 부관부로 복귀시켜 주었어. 고생은 했지만 병사 한 사람에게까지 사단장이 관심을 보여 준 것이 참으로 고맙더라고. 내가 원대복귀를 했을 때 박형은 원주로 전출 갔다고 하데. 그때는 사병들의 이동이 허용되지 않을 때였는데, 재주도 좋아!"

"1 군사에 우리 친척 한 분이 대위로 근무하고 있었어. 부모님이 내가 전방에서 고생한다고 애면글면하니까 나를 3 병참단 예하 160 보급소로 끌어주었어. 원주에 와서도 교회에는 열심히 나갔어."

"나는 20년 전쯤 가톨릭으로 개종했어. 나도 전출을 한 셈이지."

그는 음료를 한 모금 마시고 화제를 바꾸었다.

"개종한다는 것, 그것 쉽지 않은 일인데―."

나는 가톨릭으로 개종했다가 다시 개신교로 돌아온 사람도 있다는 말을 전했다.

"나보다는 아내가 먼저 개종했어. 교회에서도 참 열심이었는데. 우리가 출석하던 교회에서 목회자를 배척하는 것을 보았어. 양이 목자를 배척하다니, 어디 말이나 되는 소리인가? 오래도록 교회가 시끄러웠어. 담임 목사가 이사 가는 날 다른 교인들은 한 사람도 얼굴을 내밀지 않았어. 집사람이 가서 짐 싸는 것을 거들어 전송했고, 그 후로 우리는 마음이 아파 한동안 교회를 쉬었지. 그러다 아내가 성당에 나가기 시작했어. 얼마 후 '마리아'란 세례명까지 받고."

"여자분들은 결단도 쉽게 하고 현실적응도 빠른 것 같아!"

"그러다 뜻밖에 시련이 닥쳤어. 아내가 위암 진단을 받고 절망적인 상황에 빠졌어. 병상에서 '내가 죽기 전에 한 가지 소원을 들어줄 수 있겠느냐고 내게 물었어. 결혼한 지 20여 년 동안 오로지 내 주관대로만 살아왔는데, 아내가 곧 세상을 떠날지도 모른다고 생각하니 못 들어줄 일이 아무것도 없었어."

"제가 그랬어요. 내가 일어나면 나와 함께 꼭 성당에 나가자고―."

끝없는 군대 이야기가 일상으로 돌아오자 옆에서 조용히 듣고 있던 그의 아내가 참견했다.

"내가 말했지. 당신이 건강을 회복하기만 하면 무엇이든지 당신이 하자는 대로 다 할 거라고. 그때까지 나는 7년 정도 교회를 쉬고 있었어. 다행히 아내가 수술을 무사히 마치고 회복이 되면서 내가 가톨릭 교회로 나가기 시작하고, 얼마 후 '요셉'이란 세례명도 받았어. 동정녀 마리아가 예수님을 잉태했을 때 요셉이 얼마나 고민하고 어려웠겠어. 그 후 이집트로 피난길에 오르기도 하고. 개종하고부터 나는 늘 요셉처럼 뒤치다꺼리하는 사람으로 살았지. 요즘도 저 사람은 일을 벌이고 나는 마무리를 하면서 따라가는 거지. 하하하."

그는 '요셉'이라는 세례명에 대해 은근히 불만을 토로했다.

"요셉은 그리스도의 역사를 이어가는데 말없이 기여한 귀한 인물이지. 동정녀 잉태라는 뜻밖의 상황을 맞았을 때 '그는 의로운 사람이라 이를 가만히 끊고자 했다'고 성경은 기록하고 있잖아. 문형도 의로운 사람이야!"

나는 요셉의 인품을 얘기하면서 그를 추어올렸다.

"어느 것이나 인간사에 완벽한 것은 없는 것 같아요. 개신교에서는 대체로 어느 교회에 부임하면 마칠 때까지 목회하잖아요. 그러나 천주교에서는 3년이나 5년마다 신부님의 임지가 이동되니까 때로 서운함은 있어도 불만은 없어요. 혹 마음에 들지 않아도 꾹 참고 몇 년만 기다리면 되니까요. 그러나 신부님들도 이동할 때는 정든 교우들 때문에 눈물을 흘리는 분도 계셔요. 지난달에도 한 분이 서울로 전출을 했습니다."

그의 아내가 성당에서 겪은 일들을 털어놓았다.

"문형은 언제부터 농촌에 대한 뜻을 가졌지?"

나는 「인간극장」에서 보았던 장면들을 떠올리며 물었다.

"고등학교 시절 『상록수』, 『흙』 등 계몽소설의 영향을 받았어. 한창 일할 수 있는 젊은이들이 농촌을 외면하는 것을 보고 다른 사람들이 가지 않는 곳에 내가 가야 한다는 생각이 들었어. 그래서 농학도가 되었던 거야. 나도 계몽운동을 펼치고 싶었지. 그러나 60년대에 접어들어 산업화로 인해 이농현상이 극심하게 나타났지. 그래도 나는 고향을 버릴 수 없었어. 대학을 졸업하고 문경 N 중고등학교에서 교편을 잡았어. 내가 생각하는 농촌을 이루기 위해 교사직에 오래 머물러 있을 수는 없었어. 5년을 앞당겨 명퇴하고 일을 시작했지."

"교사를 홀대하는 정부의 지나친 간섭 탓으로 그때는 명퇴가 줄을 이었어."

문경시 가은읍 성저리는 그가 태어난 고향이었다. 부모님이 경작하던 땅을 이어받고 주변의 땅을 조금 더 사들여 3천여 평의 농장을 조성했다. 처음에는 젖소를 먹여보았고, 돼지와 닭도 쳐보았고, 뽕나무를 심어 양잠도 해보았으나 정부의 정책사업은 모두 실패로 돌아가고 말았다. 지금 개조해서 살고 있는 이 집은 누에를 칠 때 잠실로 지은 집이었다. 주변의 농민들을 그의 농장으로 불러 모아 한동안 정기적으로 교육도 해보았지만 좋은 결과를 얻지는 못했다고 지난날을 회고했다.

"하던 일을 다 말아먹고 마지막으로 잡은 것이 양봉이었어."

"그건 좀 수월하지? 꽃을 따라 벌통만 옮겨다 놓고는 한가하게 지내는 것 같더라고."

모르는 사람들에게 양봉은 재미있어 보일 것이다. 그에게 양봉은 쉽지 않은 작업이었다. 꽃이 필 때부터 시작해서 꽃이 질 때까지 집을 떠나 벌과 동행하며 꽃을 따라다녀야 한다. 멀리는 강화도, 강원도에까지 벌통을 싣고 가서 꿀을 딸 때를 기다리면서 주일엔 그 지역 성당에 출석했다. 교인들은 벌을 치는 그들 내외를 극진한 사랑으로 대했다.

"한해에 한차례 씩 만나보는 사람들이었지만 고향 사람들처럼 정답더라고. 그렇게 자연에 묻혀서 살아가는 거지."

그는 자기가 뜨는 꿀에 대한 자랑도 잊지 않았다. 다른 사람들은 짧은 시일에 꿀을 많이 뽑으려고 서두르지만 그는 벌집에 꿀이 가득 차고 밀봉되기까지 기다렸다가 숙성한 꿀을 뜬다는 것이었다. 그의 아내는 금방 걸려온 꿀 주문 전화를 받고 책상에서 주소를 메모하고 있었다.

농장을 둘러보기 위해 우리는 밖으로 나왔다. 대체로 농장이라면 작물 재배 지역이 구획되어 있고, 비닐하우스도 몇 동은 있기 마련이다. 그러나 그의 농장은 각종 나무숲으로 우거져 있었다.

"이것은 회양목 아닌가?"

나는 우선 눈에 익은 것부터 물어보았다.

"맞아요. 좀 이상하지?"

"회양목이 어떻게 교목처럼 크게 자랐을까?"

"원래는 관목으로 자라지요. 심을 때 밀식 하지 않고 드문드문 숨통을 틔워주다 보니 작은 나무가 2~3미터 높이까지 자랐어."

그의 농장에서 자라는 나무는 대부분 묘목이나 씨앗을 뿌려 가꾼 것들이다. 그는 주목 씨앗을 얻기 위해 오토바이를 타고 산 너머 H중학교까지 갔다. 그때는 요즘처럼 길이 잘 나 있지 않아 산 중턱에선 걸어가야 했다. 모과나무, 자귀나무, 구상나무, 백송나무, 은행나무, 산수유 등등 나무마다 이름표를 달고 서 있는 그의 농장은 수목 전시장 같았다. 나무 아래는 잡초들이 우거져 자라고 환삼덩굴은 구상나무를 기어오르고 있었다. 잡초는 뽑지 않아도 때가 되면 자연스럽게 다른 잡초가 돋아나 자리바꿈을 했다. 고등 채소와 특용작물이 잇달아 실패를 불러오면서 그는 나무를 심어나갔다. 이리저리 농장의 나무를 구경하며 걸어가다 보니 제법 큰 서구식 목조건물이 하나서 있고 그 앞은 널찍하게 잔디밭이 조성되어 있었다. 이 별채는 은혜농장을 찾아오는 손님들을 재워주는 여숙으로 이용되는 것으로 보였다. 우리는 잔디밭 한쪽에 설치된 의자 그네에 앉았다.

"튤립이 곱게 피어있던 자리는 어디인가요?"

틈틈이 인간극장 5부작을 다 본 아내가 물어보았다.

"잔디밭 저쪽 끝에 있어요."

그가 손짓하는 곳에는 잡초가 우거져 있었다.

"지금은 구근으로 묻혀있어요. 4~5월, 봄이 되면 화려한 자태를 드러냅니다."

"어떻게 농장에다 튤립을 그렇게 많이 심을 생각을 했어요?"

나는 그의 농장 운영에 이해가 안 되는 점이 많았다.

"인간은 참 연약한 존재지요. 30여 년 동안 교사로 재직하면서 틈틈이 농원을 조성하고 있었지요. 그러다 5년을 앞당겨 퇴직하고 몸도 마음도 자유로워지니까 하고 싶은 농장 일을 마음껏 하기 시작했습니다. 어떨 때는 하루 11시간, 12시간씩 일을 했으니까요. 어떤 일에나 자신감이 넘쳐나고, 무엇보다 농장이 차츰 제 모습을 드러내면서 피곤한 줄 몰랐지요. 그렇게 좋을 수가 없었어요. 그러다 몸살처럼 자리에 누워 한동안 일어나지를 못했습니다. 그때 비로소 아, 이러면 병이 나는구나, 라는 생각이 들더라고. 처음에는 민간요법으로 대처를 해보았으나 효과가 없었습니다. 진단 결과는 늑막염이었어요. 그해 12월 을지로 국립중앙의료원에 입원하고 꼬박 넉 달 동안 병상에 있었습니다. 차츰 회복되고 있을 때 휠체어를 타고 뜰에 나오던 날 빨갛고 노란 튤립이 가득 피어있는 것을 보았어요. 아직도 체 가시지 않은 추위 속에서 아름답고 건강한 자태로―. 땅속에서 겨울을 지내고 봄을 피워내는 튤립이 내게는 얼마나 큰 힘이 되었는지 몰라요. 그 뒤로 내 몸도 피어나는 튤립처럼 그렇게 회복이 빨랐어요. 나무를 심고 농장을 조성해 왔으나 꽃이 그렇게 사람들에게 힘을 주는 것은 처음 느꼈어. 병문안 갈 때 꽃을 한 아름씩 사 들고 가는 것은 참으로 의미 있는 일이라는 생각도 들었어. 그때, 퇴원하면 나도 튤립을 심어 이웃 사람들이나 농장을 찾아오는 이들에게 그 아름다운 힘을 나누고 싶었어요. 이 지역은 마늘이 잘 되는 토양인데 사람들은 나를 보고 '왜, 돈 한 푼 되지 않는 꽃을 심느냐고 비아냥거렸지요. 이듬해는 온 농원이 튤립으로 가득 찼어요. 내가 나가는 성당의 수사(修士)가 신자들에게 우리 농원 이야기를 했고, 차츰 소문이 퍼져나가면서 '튤립꽃 피는 농원'으로 신문에까지 소개되었던 것입니다."

"나도 언젠가 신문에서 그런 타이틀은 보았지만 문 형의 이름은 눈

여겨보지 못했어. 그러다 이번에 '아버지의 뜰'을 보면서 농장도 구경할 겸 만나보고 싶었습니다."

나는 아내가 어느 날 오후 거실에서 TV 채널을 이리저리 돌려보다 '여보, 당신 모습과 비슷한 사람이 있어요!'라고 소리치던 얘기를 했다. 생각이 같으면 외모도 비슷하게 닮아가는 것일까? 그는 김용기 장로가 이끄는 가나안 농군학교도 수료했다고 말했다. 그의 길은 내가 걸어왔던 길과 비슷했다. 그때는 농촌으로 들어오기보다는 떠나는 사람이 많았다. 나는 한창 꿈꾸던 농촌계몽의 뜻은 접었지만 조용히 살고 싶어 얼마 후 조그만 농원을 마련했다. 그러나 그는 초지일관 농촌계몽의 뜻을 펼치려 고향으로 내려와 한 터전을 이루었다.

"시행착오도 많았지요. 마지막엔 양봉하면서 농장을 지탱해 나갈 수 있었어요. 어려운 시기에 아이들 교육도 하고, 딸은 결혼해서 캐나다에 살고 있습니다. 그러나 하나뿐인 아들만은 꼭 나의 후계자로, 고향 농촌을 지키는 사람으로 살게 하고 싶었습니다."

"문형은 참 좋겠습니다. 본인이 농촌의 꿈을 이루고 또 뒤를 이을 든든한 아들까지 두었으니ㅡ."

"그런 일이 내 뜻대로 된다면 얼마나 좋겠어요. 아들은 신앙심도 대단했어요. 호기심도 강하고 꿈도 많았어요. 초등학교 때는 그림 그리는 화가가 되고 싶다더니, 중학교 때는 열심히 책을 읽으며 소설가가 되는 게 꿈이라고 말했어요. 고등학생이 되면서부터 영화에 관심을 보이더라고. 그러더니 대학은 연극영화과에 들어갔어요. 인간의 희로애락을 풀어내는 영화감독이 되고 싶다면서. 내 교육방침은 억지로 부모가 원하는 쪽으로 아이들을 몰고 가지는 않습니다. 진로를 결정할 때 오냐, 네가 하고 싶은 것을 하더라도 아버지가 평생을 쏟아 가꾼 이 뜰은 잊지 말라 했어요. 그런데 4학년을 마칠 무렵 어느 날 돌연 내 앞에 무릎을 꿇고 말했습니다. '아버지, 신학교에 가고 싶습니다. 허락해주십시오.' 영화감독이 되려고 하던 아들이 모든 것을 접어두고 사제의 길을 가겠다는 것이었어요.……"

"그래서 어떻게 했어요?"

나는 부자간 대화의 결과가 궁금해 말허리를 잘랐다.

"어떻게 할 수가 없었지요. 젊은이들이 서울로 몰려들고 있을 때 농촌을 지키겠다고 내가 고집스레 고향으로 들어왔는데, 아들이 다른 사람들이 기피 하는 신부의 길을 가려고 하는 것을 막을 수 없잖아요. 사제의 길은 하나님의 부르심이라 믿고 있습니다. 아내와 나도 귀한 보물을 잃어버리는 것 같은 서운함을 금할 수 없었습니다. 아내는 하나뿐인 아들이 신부가 된다는 것이 마음에 허락되지 않았고, 나는 내 뜻을 이어갈 영농 후계자가 사라지는 것 때문에 쉽게 단안을 내리지 못했지요. 한 달쯤 기도하며 생각하고 아내와 대화를 이어가다 마침내 허락 했습니다. 지금은 로마에서 석사과정을 공부하고 있습니다."

의욕에 차 있던 그의 모습이 아들 이야기를 하면서 쓸쓸한 표정이 되었다.

"농촌의 사양화는 필연인 것 같아요. 나도 몇 년 전 젖소를 키우며 한편엔 고등 채소를 재배하던 농장을 접었습니다."

나는 그를 위로할 겸 내 얘기를 꺼냈다. 내가 오랫동안 주변 지역을 둘러보며 잡은 농장은 산세가 아름답고 맑은 시내가 흐르는, 사람들이 별장택지로 선호할만한 좋은 지역이었다. 개발의 손길이 점점 가까이 다가오면서 멀지 않은 곳에 아파트 단지가 조성되었다. 제발 우리 농장까지는 영향이 미치지 않기를 바랐으나 아니나 다를까, 어느 날 복덕방 사람을 통해 농장을 매각하지 않겠느냐는 타진을 해왔다. 일손도 부족하고 체력도 달리고, 해마다 타산도 맞지 않고, 한창 어려운 때지만 나는 완강히 거부했다. 그 사람의 발길은 한 번으로 끝나지 않았다. 여러 차례 찾아왔고 나중에는 땅 얘기는 입 밖에도 내지 않고 지나는 길에 들렀다면서 안부만 묻고 돌아가곤 했다. 복덕방 쪽에서 관심을 나타내지 않으니 내 마음이 슬슬 움직이기 시작했다. 힘들어하는 아내가 노년에 지내기 편한 아파트 생활을 원하는 것을 외면할 수 없었다. 몇 달을 끌어오다 결국 주택업자에게 농원을 넘기고 말았다. 힘든 일이 없어지니 편안하기는 했지만 심고 가꾸며 하나님의 창조 사역에 동참하는 것 같은 삶의 의미는 사라지고 말았다.

"나는 아무리 값을 많이 쳐주어도 업자들에게 이 땅을 넘기지는 않을 겁니다. 농사를 지으면서 40여 년 동안 씨 뿌리고, 묘목을 심고, 접붙이고 가꾼 나무들은 나의 분신입니다. 꽃과 나무들이 자라나고 열매를 맺는 것을 보는 것이 낙이지요. 그러나 아들이 돌연 사제의 길로 가는 것을 보고 하우스 농사는 대부분 정리했어요. 이제는 꿀벌이 주업이 되고, 꽃과 각종 정원수를 가꾸는 농장은 부업이 되고 말았습니다."

그는 나무마다 이름표를 달고 '묘목', '삽목', '씨앗'으로 가꾼 방법까지 표기해 놓았다.

"다행히 요즘은 귀농, 귀촌을 꿈꾸는 사람들이 늘어나고 있잖아요."

"아무래도 나이 들어서 농장을 운영한다는 것은 힘 드는 일이지요. 품꾼들 손에 일을 다 맡기며 영농을 한다는 것이 무슨 의미가 있겠어요? 나는 아들이 신부 서품을 받던 날 생각했습니다. 이스라엘의 키부츠처럼 공동경영을 하던지 영농 후계자를 공채하기로. 나는 일찍부터 귀농의 꿈을 갖고 있으면서도 그 뜻을 이루지 못하고 있는 젊은이를 발굴하여 나의 온 정성을 기울인 이 농원을 값없이 그에게 물려주고 싶습니다."

그의 말에는 굳은 의지가 담겨 있었다.

"……."

나는 그의 말에 아무런 반응을 보이지 않았다. 어쩌면 그것은 하나의 꿈에 불과한 것으로 여겨졌기 때문이다. 그는 아내와 나를 목조건물 안으로 안내했다. 겉모양은 수수했으나 내부는 딴판이었다. 30여 평이 넘는 넓은 홀 인테리어는 아늑한 카페처럼 꾸며져 있었다. 그가 스위치를 올리자 주방 쪽에 갓을 덮어 드리워진 백열등이 켜졌다. 천장 등을 켜자 실내의 운치를 더했다. 화장실 입구 옆 별실에는 탁구대도 하나 놓여있었다.

"이곳은 어떻게 사용됩니까?"

아내와 나는 한편으로 어리둥절하며 용도를 물었다.

"이 집은 다문화가정을 위한 시설입니다. 농장 일을 줄이던 7년 전부터 이 일을 시작했습니다."

그는 제3세계 여인들이 한국인의 아내로 시집와서 겪는 여러 가지 문제점들을 일찍부터 직시하고 있었다. 늦게까지 결혼을 하지 못한 한국의 노총각들이 동남아 여성들을 아내로 맞아들이는 가정이 갑자기 늘어났다. 그때는 아직 외국인 신부를 맞아들인 가정이 평화롭게 뿌리내릴 수 있는 여건이 매우 부족했다. 특히 대도시와는 달리 농촌이나 아직도 낙후된 시골 지역으로 들어간 여인들은 더더욱 많은 어려움을 겪었다. 고국을 그리는 그네들은 꽃을 떠난 나비들이었다.

"한때는 그것이 큰 사회적 문제로 대두되었지."

나는 그가 하는 일이 놀라웠다.

"지금도 그래요. 우선은 말이 통하지 않기 때문에 의사소통에 어려움이 많습니다. 한국 남편의 가부장적인 태도에 쉽게 적응하지 못해 매를 맞기도 하고. 어머니가 아직 한국어를 제대로 익히지도 못한 상황에서 출산하다 보니 자녀들의 언어발달을 저해하는 것으로 나타났습니다. 자라나면서 친구들에게 놀림을 받고 학교에 들어가면 따돌림이나 멸시를 당하는 것이 다문화가정 아이들이 겪는 현실입니다. 지금은 정부나 지자체가 언어교육, 전통문화, 예절 등의 프로그램을 운영하고 있지만 다문화가정의 정서적인 문제는 여전히 숙제로 남아 있습니다."

"조선족 여인들은 돈을 벌기 위해 불법이나 위장결혼으로 입국하는 사례가 있어 오히려 한국 신랑들이 피해를 본다는 보도를 보았습니다."

"그런 경우도 있지요. 그러나 올바른 직장을 갖지 못해 경제적으로, 사회적으로 소외된 계층의 노총각들이 나이 어린 외국 신부를 맞아 가정을 이루다 보니 거기에서 생기는 문제가 더 많은 편입니다."

"그런 사람들을 위해 이 집을 어떻게 운영하는지 궁금하네요."

"내가 하는 것은 체계적인 교육이 아닙니다. 일종의 쉼터라고 할까요. 토요일 오후부터 일요일 저녁까지 다문화가족들이 가정의 틀을 벗어나 자유로운 시간을 갖게 하는 것이지요. 우리는 다만 장을 제공하는 것뿐입니다. 처음 얼마동안은 이곳의 생활과 한국의 이해를 돕기 위해 내가 첫 시간에 가이드를 했습니다. 그리고 차츰 자치적으로 운영되도록 이끌었습니다. 한 달에 한 번 정도 종교계 지도자나 문화·교육계 명사들을 초청해 강연하기도 합니다.……"

그는 하던 얘기를 잠시 멈추고 주방으로 가더니 녹차를 내왔다.

"숙식 문제는 어떻게?"

"보시다시피 주방 기구가 다 갖춰져 있고, 쌀통도 늘 채워놓습니다. 김치 같은 밑반찬 한두 가지만 준비해 놓으면 그들은 소풍 갈 때 하는 것처럼 다른 반찬과 간식 등을 준비해옵니다. 그렇게 게임도 하고 노래도 부르며 친교하고, 고향 얘기도 나누며 위로와 즐거움을 얻습니다. 그들 나라의 풍습은 나도 들을 만합디다―. 이 층으로 한번 올라가 볼까요?"

우리는 그를 따라 밖으로 나왔다. 올라가는 계단은 바깥에 따로 설치되어 있었다. 이 층에는 숙소가 4개 있었다. 3개는 개인이나 가족 단위로 이용하고, 나머지 한 개는 10여 명이 동시에 잘 수 있는 넓은 방이었다. 방의 형태는 박공지붕의 내부공간을 이용한 다락방이었다. 시설은 펜션이나 콘도처럼 잘 꾸며져 있었다.

"이곳에 나들이하는 것은 마치 멀리 여행하는 기분이겠습니다."

"아마 그럴 겁니다. 사람들의 눈에 잘 띄지는 않지만 가은읍을 중심으로 문경지역에 30~40명의 외국인 신부들이 흩어져 살아가고 있습니다."

"다른 사람들은 시설을 이용할 수 없습니까?"

"봄철 튤립이 필 때부터 시작해 초가을까지 우리 농장을 찾는 사람들이 많습니다. 단, 일반인들은 주중에 이용할 수 있습니다. 어떤 이들은 우리 여숙 운영의 취지를 알고 후원금을 내고 가는 분들도 있습니다."

"그래도 연중 운영하려면 어려움이 많겠지요?"

"다른 이들이 생각하는 것만큼 힘들지는 않습니다. 즐거움으로 하니까요. 오늘까지 농촌을 지켜오면서 내게는 가장 보람 있는 일입니다. 때로는 문경 쪽으로 관광 온 교인들이 우리 농장의 소식을 듣고 방문하여 묵어가기도 합니다. 박 형도 이제는 시간을 낼 수 있을 테니 두 분이 함께 오셔서 오래 머물러도 좋습니다."

"아예 이곳에 와서 문형과 함께 살고 싶습니다. 하하하! '인간극장'에는 이런 귀한 일이 소개되지 않았던데?"

"작은 일을 크게 선전하는 것 같아서ㅡ. 아내와 나는 프란치스코 재속(在俗) 회원입니다."

재속회는 복음의 삼덕(청빈·정결·순명)을 공식적으로 서약하고 세상 가운데서 평신도로 살면서 자신의 삶과 직업 활동 등 모든 것을 하나님께 바치며 살아가는 수도회라고 한다.

"그리스도의 정신을 삶 속에 실천하며 살아가는 모임이란 말을 들었습니다."

"한국의 재속 프란치스코회는 내년이면 80주년을 맞습니다. 1209년 기혼 남녀 평신도들이 프란치스코와 그 동료들의 모범을 따라 회개 생활을 한 것에서 비롯된 공동체입니다. 우리나라에서는 미국 유학 중에 회원이 된 장면(張勉) 전 국무총리가 첫 프란치스칸 입니다."

그는 자신의 삶에 긍지를 갖고 있었다.

우리는 별채를 나와 그의 농장을 구석구석 돌아보았다. 주변의 농장들은 경계 울타리나 철조망을 둘러놓았지만 그의 농장은 울도 담도 없었다. 농장 뒤쪽을 지나는 농로 옆으로는 벼가 한창 패어있었다. 뒷길로 나가는 오른쪽에는 돌을 쌓아 조그만 돔을 만들고 기도하는 성모 마리아상을 세워놓았다. 왼쪽으로 돌아나가자 꿱-,꿱-, 거위들이 크게 소리를 질렀다. 철망 안에는 닭과 염소와 비둘기와 토끼가 함께 놀고 있었다. 위쪽으로 개방된 철망 문으로는 비둘기가 자유롭게 드나들고 있었다. 다시 농장 안쪽으로 접어들자 지붕만 덮은 막사가 있었다. 벌통이 놓여있는 집. 우리가 다가가자 벌들은 맹렬히 붕붕거리며 날아올랐다. 그는 벌통을 관리할 때 쓰는 그물망을 집어 아내와 내게 씌워주었다.

"한 번씩 꽃을 따라 이동할 때는 넉 달 정도 집을 떠나 있을 때도 있어요. 아카시아꿀을 딸 때 강화도에 가면 아내와 내가 그곳에 머무는 동안 출석하는 성당이 있어요. 일 년에 한 차례씩 상봉하는데 마치 고향 사람을 만난 듯 기뻐하고 우리에게 많은 도움을 주고 있습니다. 믿는 사람들은 어느 곳에 가든지 교회만 있으면 그곳이 고향이 되지요.……."

'땡 땡 땡 땡-.'

저녁 식사가 준비되었다는 종소리였다.

"들어갑시다. 시장하시겠습니다."

어느새 해는 지고 붉은 노을은 서산 모양을 뚜렷이 그려내고 농장에는 어둑발이 깔리고 있었다. 주위에는 지나가는 차 소리 하나 들리지 않는 조용한 마을. 그의 아내가 문밖에 서서 우리를 기다리고 있었다. 식탁 맞은편 벽에 걸린 족자가 눈길을 끌었다. 주님이 달리신 십자가를 쳐다보는 젊은이의 뒷모습, 그 사진과 함께 '주님 닮게 하소서'란 시가 그 아래 인쇄되어 있었다.

따뜻한 봄날의 온유함과/ 불타는 여름날의 열정으로/ 주님과 이웃을 사랑하게 하시어/ 온 누리에 사랑이 움트게 하소서.// 푸르른 가을 하늘처럼/ 맑고 오롯한 마음으로/ 기도하고 일하며/ 주님께 영광을 돌리게 하소서.// 눈 내린 겨울 산처럼/ 고결하고 순수한 모습으로/ 침묵과 고독을 즐기며/ 주님을 만나 뵈옵게 하소서.// 드넓은 땅처럼 굳건하게/ 흐르는 물처럼 유연하게/ 쉼 없는 바람처럼 끊임없이/ 주님을 따르게 하소서.// 이렇듯 자연스럽게/ 주님을 닮아가게 하소서/ 착한 목자 예수님을 닮게 하소서.

— 문영우 토마스 모어 신부

뒷모습의 젊은이는 서품받은 그의 아들이며 시는 신부의 다짐을 나타낸 것이다. 나는 가까이 다가가 찬찬히 읽어보았다. 봄날의 온유함, 여름날의 열정, 푸르른 가을 하늘, 눈 내린 겨울 산, 흐르는 물처럼, 쉼 없는 바람처럼, 자연스럽게 주님을 닮아가기를 열망하고 있다. 무수한 변화 속에서도 하느님의 섭리를 이루어가는 자연! 화가, 작가, 영화감독 등 그의 속에 서려 있는 열정과 다양한 꿈들이 지극히 작은 자를 일으켜 세우는 쪽으로 다가가고 있었다. 족자 아래쪽에는 작은 글씨로 다음과 같은 설명이 붙어있었다. '서품식 - 2009년 6월 28일 (일) 오후3시 목성동주교좌성당/ 첫 미사 - 2009.6.29.(월) 오전 11시 가은성당' 아들이 안동에서 서품을 받고 그다음 날 고향 성당에서 첫 미사를 드린 것을 기념한 것이라 한다.

"늘 위해서 기도하지만 아직도 한쪽은 마음이 놓이지 않아요. 어릴 때부터 너무도 꿈이 많았던 아들이기 때문입니다."

그의 아내는 혹시라도 아들이 중도에 뜻을 바꿀까 우려하고 있었다.

그는 무엇이 생각난 듯 일어나 안방으로 들어갔다. 잠시 후에 낡은 앨범과 두툼한 A4용지 묶음을 갖고 나왔다. 그 묶음 표지에는 부대 상징 마크인 '푸른 별'과 '6사단 부관부'란 글자가 선명히 인쇄되어 있었다. 마크는 6.25 전쟁 당시 승승장구하는 부대를 두고 유엔군이 '푸른 별'(Blue Star)이라 명명한 데서 유래하지만 원래는 다윗 왕의 문양으로 필승을 상징하는 것이었다.

"우리 부대가 '필승부대'였잖아. 경례할 때마다 '필승' 구호를 외쳤지."

그는 단단하게 제본된 '묶음'을 내 앞으로 내밀었다.

"그때 우리 명찰에는 부관부 요원 표시인 빨간 줄도 있었고-."

묶음은 제대를 앞둔 사람에게 후배들이 축하로 써준 글이나 그림들로 이루어져 있었다. 페이지를 넘기자 내가 원주로 전출하기 전에 함께 했던 사람들의 이름도 보였다.

*「현실과 이상의 갈등은 인생의 영원한 주제입니다. …… 산에 나무 한 그루를 심고 내려올 때도 '저 나무가 10년 후에는 이만큼 자라겠지' 하는 상상을 하며 하산합니다. 현실과 이상은 반드시 함께 있습니다. 그래서 '이상'은 현실의 존재 형식이라고 할 수 있습니다. 현실은 우리의 인식 속에서 끊임없이 이상화되고 반대로 이상은 끊임없이 현실화되고 있습니다. 문 병장님의 제대와 미래를 축하드립니다.」

책을 좋아하며 고지식한 행동으로 인해 우리 부서에서는 '고문관'으로 통하던 최진국 상병의 글이다.

이 밖에도 재미있는 그림과 이야기들이 우리를 지난날로 이끌어갔다. 앨범에는 문무희 씨와 우리 전입 동기 세 사람이 함께 찍은 사진도 붙어있었다. 그때 사진의 규격은 요즘 사진의 절반 크기도 안 되었기에 사람의 얼굴을 구분하기 힘들 정도였다. 그와 나는 단숨에 반세기를 거슬러 올라갔다. 서울로 외출을 나올 때는 남대문 앞에서 문방구를 열고 있던 그의 형 집에서 점심을 대접받기도 했다. 군대 시절 얘기는 언제나 시간이 모자란다.

 아내와 나는 낮에 둘러보았던 목조별채로 안내되었다. 그는 전기모기 채 쓰는 법을 가르쳐주고 돌아갔다. 아내와 나는 가방을 풀지도 않고 밖으로 나와 의자 그네에 나란히 앉았다. 하늘엔 별이 총총하고 무성한 나무숲은 고요하다. 그는 농업이 사양길에 접어들 때 나무를 심고 오래 기다렸다. 씨앗에서, 묘목에서, 이렇게 무성한 숲을 이루기까지. 어려움을 딛고 꽃을 가꾸며 나비를 불러들였다. 그는 고국을 떠난 나비들이 지친 마음을 내려놓고 안식할 거처를 만들었다. 무엇을 꼭 크게 이루어야 하는 것은 아니다. 나는 그리스도의 현존을 소리 없이 드러내는 그의 삶이 부러웠다. 아내도 별을 헤아리며 아무 말이 없었다.

(두 번째 소설집. 2017년)

* 「현실과 이상……」 부분은 신영복의 『담론』에서 인용.

하이네의 자서전

두꺼운 커튼을 밀치자 온통 눈 세상이다. 창문을 열고 고개를 내밀어 보니 뜨락도, 아랫마을 지붕도, 앞산도 밤새 내린 눈으로 하얗게 덮였다. 이른 새벽이면 언제나 열려있는 주인집 현관 여닫이문도 꼭 닫힌 채 마당에는 발자국 하나 보이지 않았다. 날마다 1톤 트럭을 몰고 일찍 공사장으로 향하던 김 집사는 아직 기척이 없다. 아마 산골 도로는 차량 통행이 어려울 것 같다. 백 목사는 매주 월요일이면 찾아오는 아내가 잘 올 수 있을지, 한편은 염려되면서도 마음은 어린아이처럼 즐겁다. 눈이 내리면 지우고 싶은 부끄러운 흔적들과 떨쳐버리고 싶은 걱정 근심을 한꺼번에 해결해 주는 것 같아 세례를 받을 때처럼 마음이 평안하다.

옷을 갈아입고 아내가 떠준 털모자를 귀까지 내려쓰고 두툼한 장갑을 끼고 밖으로 나왔다. 냉장된 공기통조림에서 나오는 것 같은 싸한 공기가 폐부를 시원하게 씻어준다. 힘겹게 팔을 펴 스트레칭을 하고 가볍게 맨손체조를 해보지만 아직 왼쪽 팔다리는 자유롭지 못하다. 그래도 의사는 부드럽게 몸을 계속 움직여주어야 한다고 말했다.

백 목사는 창고 옆에 있던 싸리비를 꺼내어 눈을 쓸기 시작했다. 우선 주인집 현관까지 길을 내고 천천히 대문 앞까지 눈을 치우려 생각하고 있다. 이윽고 현관문이 열리고 김 집사가 댓돌을 내려서며 아침인사를 했다.

"목사님, 편히 주무셨습니까? 빗자루는 이리 주세요."
"네, 밤새 눈이 많이 내렸군요. 오늘은 일찍 안 나가셨네요?"
"공사장으로 오르는 길이 미끄러울 것 같아 쉬기로 했습니다. 눈 때문에 사모님이 오실 수 있겠습니까?"
"부산에는 그렇게 눈이 많이 오지 않으니까, 모르겠습니다."
"어릴 때는 눈이 오면 마냥 좋았는데 산촌엔 왕래가 어렵고 불편이 크지요."

백 목사는 김 집사의 말을 듣자 즐겁기만 하던 마음이 잠시 부끄러웠다. 목회를 마치고 나서도 '즐거워하는 자들과 함께 즐거워하고 우는 자들과 함께 울라'는 말씀은 여전히 어려운 과제로 남아있다. 눈을 대하는 마음이 도시인과 시골 사람이 다른 것처럼 인간의 마음은 천차만별이다. 김 집사는 눈 쌓인 집안의 통로를 이리저리 쓸고 있다.

"여보, 우리 노후를 물 좋고 공기 좋은 곳에서 보내면 어떨까?"
백 목사는 은퇴를 준비하면서 아내와 함께 조용한 시골에 가서 살고 싶은 마음을 내비쳤다.
"난 싫어요! 원하시면 당신이나 가서 사세요. 나도 이제는 내가 하고 싶은 일 좀 하며 살고 싶어요!"
눈을 살짝 흘기는 아내의 농담 같은 말이지만 그 속에는 진담이 들어 있었다. 아내의 다소곳한 순종의 모습은 언제부터인가 조금씩 달라지기 시작했다. 목회적인 상황도 차츰 간섭하고, 집안일의 의사 결정은 아내가 최종 판단을 내리는 자리에까지 이르렀다. 결혼했을 때 아내는 백 목사의 요구를 따르지 않은 것이 거의 없었다. 사모의 길은 순종의 길이었다. 교회가 성장하면서 사모의 역할을 다하기 위해 중학교 교사직을 내려놓았다. 성도들은 환영했으나 아내는 우리에 갇힌 가축처럼 자유롭지 못했다. 취미생활은커녕 두 달에 한 번씩 모이는 대학 동기회에도 참석할 수 없었다. 건강을 지키기 위해 수영장에도 다니고 합창 활동도 하고 싶었으나 어려운 교인들을 생각하면 그것은 그림의 떡이었다. 그렇다고 일부 교인들과 함께 여가활동을 하는 것도 모양새가 좋지 않아 보였다. 사모는 언제나 목회자의 그림자에 불과했다. 대심방은 물론이고 평소 유고 가정을 돌아볼 때도 하는 일은 함께 찬송을 부르고 늘 밝은 얼굴로 교인들의 얘기에 공감을 표하는 것밖에 없었다. 기분이 언짢을 때도 있지만 내색할 수는 없었다. 교인들은 그런 사모를 좋아했다.

 백 목사가 지리산 자락 마을로 들어온 것은 지난해 온 산이 단풍으로 곱게 물든 늦가을로 석 달이 조금 지났다. 수년 전 낡은 예배당의 화재로 인해 어려움을 겪는다는 기독신문 보도를 보고 이 마을 교회를 돕기 시작한 것이 계기가 되었다. 여름휴가 동안 아내와 함께 시원한 계곡을 찾아올 때면 민박을 하는 김 집사 댁에서 며칠씩 쉬어가기도 했었다. 그는 이 마을에 들어오자마자 자서전을 집필하기 시작했다. 어릴 때부터 설교하는 목사님이 좋아 보였고, 중학생이 되어서는 열심히 공부해서 꼭 목사가 되겠다고 다짐했다. 하나님은 그가 기도하는 대로 인도하셨다. 그 옛날 시설이 불비한 신학교 기숙사 생활의 어려움도 잘 견뎌냈다. 신대원 3년 과정을 마칠 때까지 공부는 재미있었고 목회의 길도 순조롭게 열렸다.

그러나 은퇴한 뒤에 백 목사의 마음은 한동안 편치 못했다. 오래도록 병상에서 고생한 것이 내 죄 탓이란 생각이 들었기 때문이다. 돌아보면 말 한마디 행동 하나하나가 많은 후회를 불러일으켰다. 하나님의 약속을 믿고 살면서도 인간과의 약속은 본의 아니게 어긴 적이 많았다. '내가 하나님 앞에서 얼마나 큰 잘못을 저질렀는가?' 한국교회가 한창 부흥 성장하고 있을 때였다. 4월 중순 서울 영락교회에서 열린 '400만 성도 운동'에 전국 교회의 목회자들이 모였다. 그때 격려사를 하고 강단을 내려온 분이 맨 앞 좌석에 있던 백 목사 옆자리로 와서 앉았다. 그분은 3년 전에 총회장을 지낸 분으로 대구의 역사 깊은 교회를 담임하고 있었다.

"목사님, 혹, 부흥 집회를 인도하십니까?"

경과보고가 계속되는 동안 백 목사는 그분에게 먼저 자기를 소개하고 내년 초 심령부흥회 개최를 앞두고 강사를 찾고 있다고 말했다.

"교회 일 때문에 자주는 못 하지만 1년에 한두 번은 나갑니다."

오랜 목회 경륜에도 불구하고 그분의 대답은 겸손했다.

"내년 3월 목사님께서 우리 교회 심령부흥회를 인도해 주실 수 있으신지요?"

백 목사는 조심스럽게 부탁했고 그분은 쾌히 승낙했다. 얼마 후 시찰회에 참석했을 때 '부흥회 강사'에 대한 얘기를 꺼냈다.

"우리 교회 교인들이 이번에는 '뜨거운 집회'를 원하는데 그분이 어떨지 모르겠습니다."

백 목사는 평소 부흥회 강사초청의 어려움을 토로했다.

"그분은 차분하게 말씀을 잘 전하지만 소위 뜨거운 집회와는 거리가 멀지!"

시찰 내에서 가장 목회 연륜이 오랜 분이 말했다. 다른 동역자들도 그와 같은 의견을 내놓았다. 백 목사는 참 난처했다. 모처럼 영적으로 뜨거운 집회를 원하고 있는 교인들의 기대를 충족시키지 못할 것 같은 우려 때문이었다. 백 목사는 연말 당회를 마치고 대구로 연락을 했다.

"목사님 죄송합니다. 우리 교회 집회계획이 교회의 사정으로 연기되었습니다. 일정이 확정되면 다시 연락을 올리겠습니다."

백 목사는 이렇게 얼버무렸다. 그리고 다시는 아무 연락도 하지 못했다. 이듬해 1월 부산 B교회로 부임한 C 목사의 취임식에 기도순서를 맡아 참석했을 때 부흥강사로 초청했던 그분이 설교자로 오셨다. 백 목사는 당회실에서 자리를 함께했으나 부흥 집회 강사초청 약속을 지키지 못한 것 때문에 눈을 마주칠 수 없었다. 결국 그해 부흥집회는 취소되고 말았으나 그때 일은 두고두고 죄책감으로 그를 괴롭혔다. 몇 년 후 찾아뵙고 그때 일을 정중히 사과를 드리려고 했으나 그분은 천국으로 떠나고 계시지 않았다. 그의 괴로움은 단지 대선배와의 약속을 취소한 것이 아니라 하나님과의 약속을 어긴 것으로 다가왔기 때문이다. '약속을 믿고 약속을 전하며 사는 사람이 약속을 저버리다니!' 다른 사람들의 얘기만 듣고 약속을 지키지 못한 것은 너무 경솔한 처사였다. 자서전 집필을 위해 책상을 마주하면 마음이 편치 못한 일은 한 두 가지가 아니다.

어느 해 서울에서 이사 온 한 가정이 교인으로 등록을 했다. 남편은 안수집사이며 아내는 권사였다. 무역업에 종사하는 남편은 사업상 부산으로 이사를 왔고 해외 출장이 잦은 편이었다. 대학에 다니는 두 자녀는 모두 서울에 있었다. 그 권사는 교회 생활에 참으로 열심을 보였다. 교인들을 초청하여 이사예배를 드리고, 이따금 교역자들을 대접했다. 제법 인생의 의미를 알만한 50대 중반인 그녀는 백 목사의 설교에 자주 "은혜 많이 받았습니다"라고 말했다. 아무리 열심히 설교 준비를 해도 본교회 성도들이 별로 반응을 보이지 않는 것에 비하면 그녀의 인사는 고마웠다. 그녀는 새벽기도회에도 자주 참석하는 편이었다.

목사에게는 믿음이 좋은 사람이 가장 사랑스럽고, 설교 말씀에 은혜받았다고 말하면 더욱 호감이 갔다. 그녀는 명절이면 잊지 않고 선물을 보내왔다. 때로는 카카오톡에 떠다니는 '좋은 말씀'이나 '진기한 동영상'을 보내오기도 했다. 몇 차례씩 카톡을 받으면 백 목사도 한 번씩 '잘 읽었습니다' '감사합니다' 간단한 답신을 보내는 사이로 가까워졌다. 한번은 두 남녀가 낙엽이 수북이 쌓인 은행나무 아래서 열정적으로 키스하는 동영상을 보내왔다. 끝에는 '경치가 너무 아름다워서요!'라는 문자와 함께. 그들의 키스는 한 번으로 끝나는 것이 아니라 여러 차례 반복하는 자극적인 모습이었다. 아랫도리가 잠시 긴장되었다. 마음이 어지럽게 흔들렸다. 만약 그가 침묵하면 그녀가 무안할 것 같았다. 다시금 마음을 가다듬고 '시험에 들지 않도록' 기도했을 때 다음과 같은 답이 떠올랐다. "그림이 참 아름답고, 재미있군요.^^' 그 후로도 카톡은 자주 날아왔다. 백 목사가 '요셉의 믿음을 본받게 하소서'라는 새로운 기도 제목을 잡은 것은 이때부터였다.

그때 일을 떠올리자 백 목사는 이마에 땀이 솟고 얼굴이 달아올라

창문을 활짝 열었다. 구름을 헤치고 해가 얼굴을 내밀어 쓸어놓은 마당의 눈이 조금씩 녹고 있었다. 김 집사가 집에 있을 때는 그가 본채로 건너가서 바둑을 두거나 집 뒤 언덕으로 산책을 할 때도 있지만 오늘은 그동안 써놓은 원고를 다시 읽어보며 어떻게 자서전을 제대로 쓸 수 있을까, 고심하고 있었다. 자료에는 가슴 뿌듯하고 자랑할 만한 일들도 많았다. 그러나 백 목사는 그 권사와의 관계를 생각하면 마음이 무거웠다. 백 목사는 아내와 함께 있으면서도 서울에서 온 그 권사의 생각에 빠질 때도 있었다. 화려한 화장을 하지는 않지만 멋있는 그녀의 모습은 마음을 끄는 묘한 힘이 있었다. 목회하면서 비슷한 '시험'을 수없이 이겨냈으나 왠지 그녀에게 이끌리는 마음은 흘러가는 그대로 놓아두고 싶었다.

어느 봄, 아내가 소속된 사모 합창단이 싱가포르의 교민교회로 선교 연주회를 떠났을 때였다. 월요일 아침 그 권사의 전화를 받았다.

"목사님, 쉬시는 날인데, 바람이나 쐬면 어떨까요."

백 목사는 오늘은 혼자서라도 나들이를 하고 싶던 차였다.

"어디 좋은 데가 있습니까?"

"가보시면 압니다."

그녀가 운전하는 차는 남해고속도로를 달리고 있었다. 12시쯤 전남 광양의 매화마을에 도착했다. 월요일인데도 주차할 곳을 찾기가 힘들 정도로 사람들이 많았다. 여기저기 교회 이름이 붙은 승합차들이 보였다. 백 목사는 혹, 아는 교인들이나 동역자들을 만날지도 몰라 불안한 마음으로 주변을 돌아보았다. 갑자기 누가 달려와서 "목사니ㅡㅁ!"하고 인사할 것 같았기 때문이다. 홍매화 청매화와 노란 산수유꽃이 흐드러진 언덕에 올라보니 녹두색의 섬진강물이 유유히 봄

노래를 부르고 있었다. 그녀는 매화꽃 향기에 취해있었지만 백 목사는 어서 그 자리를 벗어나고 싶었다. 귀가할 때는 지리산 쪽을 돌아 나오면서 고갯마루에 자리 잡은 휴게소에서 잠시 쉬었다. 산골길 여기저기에 보이던 무인텔 간판이 휴게소 뒤쪽에도 보였다. 얼굴 없는 커플들은 누구에게도 드러낼 수 없는 추억을 거기에 묻어두고 떠났을 것이다. 그날은 차가 밀려 어두워서 부산에 도착했다. 그 후에도 그녀는 이따금 백 목사 시간의 틈을 비집고 들어와 드라이브를 제안했다. 목회자가 남의 호의를 거절하는 것은 참으로 어려운 일이었다. 그러나 때로는 그런 시간이 기다려지는 자신을 어쩌지 못했다.

미국 시카고 대학의 교수로 재직하고 있는 아들이 가족을 데리고 고국을 찾은 것은 4년 전, 그러니까 백 목사가 은퇴한 이듬해 여름이었다. 목회할 동안 백 목사 부부가 한두 차례 아들 집을 방문한 적은 있어도 아들 가족이 귀국한 것은 15년 만에 처음이었다. 아들은 아버지께 은퇴 인사도 드리고 며칠 후 안동의 큰 삼촌 댁에서 산수연(傘壽宴) 겸 가족 신앙 100주년 기념 예배에 함께 참석하기 위한 목적도 있었다. 백 목사는 아들 가족을 맞이하기 위해 이른 아침부터 집안 청소를 시작했다. 거실과 베란다 유리창을 닦고 아들 가족이 자고 갈 방도 말끔히 정돈했다. 아내는 주방에서 음식을 준비하고 나서 두 사람은 명절처럼 한복을 곱게 차려입고 아들 식구를 기다렸다. 아들은 오후 늦게 부전동 집에 도착했다. 백 목사 내외는 아들 며느리 손자의 큰절을 받고 식탁에 둘러앉았다.

"요한이, 입학을 축하한다. 4년 스칼라 십을 받았다면서—."

백 목사는 올해 프린스턴 대학에 입학한 손주의 이름을 오랜만에 불러보았다. 백 목사는 아들을 훌륭한 목회자로 세워보려고 일찍이 유학을 보냈으나 그는 교수의 길을 택했다. 백 목사는 미국에 있는 아들로부터 첫 손자가 태어났다는 연락을 받았을 때 '요한'이란 이름을 지어주었다. 손자를 통해서라도 목회자의 뜻을 이어가고 싶었기 때문이다. 요한은 끝까지 예수님의 십자가 곁에 남았던 사랑하는 제자였다.

"할아버지의 뜻을 생각하며 요한은 꼭 목사가 되려고 기도하고 있습니다."

아들은 자기에게 걸었던 아버지의 기대를 손주가 대신 이어갈 준비를 하고 있다고 말했다.

"할아버지, 원로 목사님이 되신 것을 축하드립니다! 할머니도 정말 수고 많으셨습니다."

요한은 전혀 어색하지 않게 우리말을 잘했다.

"어이구, 내 새끼, 고마워라. 할머니의 수고도 알아주다니!"

할머니는 옆에 앉은 손주의 엉덩이를 툭툭 두드렸다.

"어떻게, 그렇게 우리말을 잘하니!"

백 목사는 손주의 모습이 대견스러웠다. 그 정도 우리말 실력이면 한국에서도 얼마든지 목회를 할 수 있을 것이라는 생각이 들었다.

"아버님, 우리 가족은 집에서 언제나 모국어를 쓰고 있습니다."

아들이 아내를 돌아보며 말할 기회를 만들어주었다.

"80년대까지만 해도 자녀들에게 한국말을 못 쓰게 하는 가정이 적지 않았습니다. 이왕 미국에 살 바엔 철저한 미국인이 되라는 것이었습니다. 하지만 영어를 잘한다고 어디 미국인이 되나요? 이민 가족의 초조함이지요."

며느리는 집에서는 우리말만 쓰도록 자기가 제안했다고 말했다. 교민사회의 분위기는 옛날과는 완전히 달라졌다. 모국어가 자녀의 미래에 얼마나 유용한 자산이 될 것이란 것을 절감하고 있기 때문이다.

"요즘은 미국에서도 우리말을 알면 취업이 잘 된다고 합니다. 한국의 경제력이 커지면서 영어와 한국어를 함께 구사하는, 이른바 바이링구얼(Bilingual) 인력이 그만큼 국제 비즈니스에서 쓸모가 많아졌기 때문이지요. 이제는 역이민도 눈에 띄게 나타나고 있습니다."

아들은 미국 사회가 한국어를 필요로 하는 이유를 설명했다.

"얼마 전에는 노후를 미국에서 보내려고 딸의 초청을 받아 이민했던 분이 3년 만에 돌아와 고향에서 혼자 살고 있다는 보도를 보았어. 그분은 '미국에서 하는 일은 집 지키며 개밥 주는 것뿐'이라면서 우리나라보다 더 좋은 곳은 없더라고 말했어."

백 목사는 한때 은퇴를 하면 외아들을 따라 미국에 가서 여생을 보내려 마음먹었으나 우리나라 조용한 시골에서 살도록 생각을 바꾸었다. 그러나 아내는 미국으로 가지 않으면 도시에서 살기를 원했다.

"제가 5살 때 할머니가 우리 집에 와 계셨던 것을 기억합니다. 아버지 어머니가 출근하고 나면 할머니와 함께 집 가까운 공원 놀이터에서 친구들과 놀았잖아요."

요한이 어릴 때는 백 목사가 안식년을 맞았다. 목회자의 안식은 단지 쉬기 위한 것만이 아니었다. 어떻게 하면 재충전을 잘하여 교회에 새로운 부흥을 가져올 것인가, 하는 일념으로 가득 차 있었다. 맨 먼저는 이탈리아를 방문하여 피렌체를 찾았다. 피렌체는 중세의 암흑기를 헤치고 새로운 문화를 꽃피운 르네상스의 발상지이다. 백 목사는 속죄 생활을 중시하는 신 중심의 전통적 교리가 인문주의 정신을 억압한 것이 중세의 '암흑시대'를 초래했다는 역사에서 큰 충격을 받았다. 그러나 자유로운 '피렌체의 정신'을 오늘날의 목회에 적용하기는 쉽지 않았다. 그는 프랑스의 브로고뉴 지방의 떼제(Taize) 공동체를 비롯해 이스라엘과 사도바울이 선교했던 그리스(고린도) 지역을 순례하고 미국에서 아내와 합류했다.

"나도 그때는 안식년이었지. 설교만 안 한다 뿐이지 사모의 역할도 목회자와 다를 바 없었어. 교회 일 때문에 하고 싶은 것 마음대로 못 하고 친구들 모임에도 제대로 참석할 수가 없었지. 나도 매주 화요일엔 합창단에 참석하고 목요일엔 라인댄스를 배운단다. 요즘엔 한 주일이 어떻게 지나가는지 몰라!"

아내는 의자에서 일어나 아들 식구들 앞에서 '와인 스텝'을 밟아 보였다.

"어머님, 나이 들어서는 수영도 좋다고 하던데요."

며느리와 손주가 손뼉을 치면서 좋아했으나 백 목사는 창밖을 바라보며 멋쩍게 웃었다.

"수영장에 가고 싶어도 너희 시아버지가 동의하지 않아서ㅡ, 이젠 남편 기다리지 말고 혼자서라도 하고 싶은 것 다 해야지!"

아들네 식구가 찾아온 일주일 동안 백 목사는 강행군이었다. 제주도 3박 4일, 첫날은 더위를 식히려 협재 해수욕장에서 쉬었다. 그다음부터는 손주에게 제주도를 두루 구경시키기 위해 백 목사가 직접 렌터카를 운전했다. 서귀포 용두암을 돌아 섭지코지, 성산일출봉, 천지연, 정방폭포, 만장굴을 둘러보고 여미지식물원을 찾았다. 3만4천여 평 부지에 설치된 3천8백여 평 규모의 온실에는 열대식물과 우리나라 전역의 자생식물이 있고 일본, 이탈리아, 프랑스의 특색 있는 정원도 볼 수 있었다. 온실과 정원 사이에는 60인승 관광 유람 열차가 운행되고, 38미터 높이의 전망탑에 오르면 중문 관광단지 전경과 천제연 폭포가 한눈에 들어왔다. 그리고 한라산과 인근 해안선 일대를 조망할 수 있음은 물론 마침 날씨가 맑아 우리나라 최남단 마라도까지 선명하게 바라볼 수 있었다. 백 목사는 식물원을 돌아볼 때 현기증을 느껴 잠시 의자에 앉았으나 가족들은 아무도 마음을 두지 않았다.

제주에서 돌아온 다음 날 안동으로 가는 길에도 백 목사가 운전했다. 공교롭게도 아들 식구 중에는 며느리만 운전을 할 수 있었다. 아들은 운전대를 잡을 수 있는 사람은 한집에 한사람이면 된다면서 운전을 배우지 않았다. 백 목사는 연일 직접 차를 운전하는 것이 약간은 무리였으나 길이 익숙하지 않은 며느리에게나 아직도 운전이 서툰 아내에게 맡길 수는 없었다. 일행은 경주로 가서 불국사와 석굴암, 천마총을 둘러보고 저녁때 안동의 맏형 댁에 도착했다. 흩어져 있던 친척들이 내일 맏형의 산수 축연과 '신앙 100주년 기념'을 위해 모였다.

"형님, 그간 평안하셨습니까? 미국에 있는 아이들도 같이 왔습니다."

셋째인 백 목사의 맏형은 A 교회 원로장로이다. 모인 가족들 50여 명 가운데는 목사가 7명, 장로가 10명, 그리고 안수집사와 권사, 집사가 대부분이었다. 사회적으로는 한사람이 장관을 지냈고 군 장성과 교수, 교장, 교사도 여럿 있었다. 어른들은 대부분 대청마루에 앉았고 젊은 여자들과 아이들은 마당에 놓인 평상에서 얘기꽃을 피웠다. 다른 아이들은 끼리끼리 모여 놀았으나 요한은 할아버지(백 목사) 옆에 앉아 베다니마을의 마리아처럼 어른들의 얘기에 귀를 기울이고 있었다.

"아버님이 살아계시면 올해로 104세가 되시지. 어릴 때 홍역으로 돌아가실뻔한 분이 미국 선교사의 기도로 목숨을 건지게 되자 그렇게 절에 열심하던 할머니가 복음을 받아들인 게야."

맏형은 백 목사가 열 번도 더 들은 얘기를 다시 꺼냈다. 그때는 한 지역에 홍역이 발생하면 어린아이들을 닥치는 대로 쓸어갔다. 할머니는 하나 아들을 살리기 위해 용하다는 의원을 다 찾아다녔고, 불공을 드리며 스님에게 기도를 요청했으나 홍역은 차도를 보이지 않았다. 그때는 1915년부터 안동지역에서 선교하던 오월번(吳越藩) 미국 선교사가 이웃 마을 교회에서 집회하고 있었다. 할머니는 선교사가 환자들을 고친다는 소문을 듣고 목숨이 꺼져가는 4살 난 아들을 업고 예배당을 찾아갔다. 저녁 집회에서 선교사는 아이를 받아 안고 무슨 말인지 알아들을 수 없는 말로 간절히 기도했다. 그리고 집으로 돌아왔다. 아이는 열이 내리고, 심하던 기침도 차츰 멎었고, 가쁜 호흡도 순조롭게 되었다. 2~3일 뒤부터는 온몸을 덮었던 발진도 사라지고 아이는 회복되었다. 사람들이 모두 '야소교'를 비방하고 욕하기도 했으나 할머니 할아버지는 그때부터 기독교를 믿기 시작했다.

같은 마을에서는 아이들 9명이 죽어 나갔다. 그들의 부모들은 이웃 마을의 선교사 소식을 들었으나 찾아가지 않았다. 그러나 백 목사의 조모는 아이를 살리려는 일념으로 교회로 달려갔고 하나님의 은혜를 입었다. 그해가 1916년 9월이니 올해로 꼭 100년이 흘렀다. 이튿날 백 목사는 "너희는 그 은혜에 의하여 믿음으로 말미암아 구원을 받았으니 이것은 너희에게서 난 것이 아니요 하나님의 선물이라."(엡2:8)는 말씀으로 산수연 축하와 함께 가족 믿음 100주년 기념 감사예배를 인도하고 부산으로 돌아왔다. 돌아올 때는 너무 피곤해서 아직 마음이 놓이지 않는 아내에게 운전대를 맡기지 않을 수 없었다. 아들 가족은 저녁 열차로 서울의 처가댁을 방문하기 위해 일주일 만에 부산을 떠났다.

안동을 다녀온 이튿날 백 목사는 점심때가 되기까지 늦잠을 자고 있었다. 여느 때 같으면 일찍 일어나 성경을 읽고 기도하고 집 뒤쪽에 있는 학교 운동장에 나가 걷기도 하는데, 남편은 몹시 피곤한 것 같았다. 아내는 뻐꾸기시계가 12시를 알리자 점심을 준비하고, 방으로 들어가 남편을 흔들어 깨웠다.
"여보, 그만 일어나세요."
"……나이를 이길 장사는 없는가 봐!"
백 목사는 겨우 일어나 밥을 세 숟가락도 뜨지 않고 어지럽다면서 방으로 들어가 도로 침대에 누웠다.

시간이 얼마나 흘렀을까? 백 목사는 입안이 바짝 말라 물을 마시고 싶어 눈을 떴다. 그러나 시야가 흐려 잘 보이지 않았다. 아내를 불렀지만 목소리는 입안에서 맴돌았다. 팔다리를 제대로 움직일 수 없었다. 가만히 귀를 기울여보니 집안은 고요하고 아무 소리도 들리지 않았다. 침대에서 일어나려고 이리저리 애를 쓰다 차가운 방바닥으로 굴러떨어졌다. 무슨 말이라도 하려고 안간힘을 다했으나 소리는 나오지 않고 귀에는 쇠를 깎는 것 같은 심한 소음이 울릴 뿐이었다. 외출했다 돌아온 아내에게 발견되기까지 백 목사는 몇 시간 동안 의식을 잃은 채 방바닥에 쓰러져있었다.

아내는 그때 라인댄스 장에 있었다. 아들 식구들과 여행하는 동안 체중이 2kg이나 늘어나 댄스복이 몸에 꽉 끼는 것 같았다. 한 시간 동안 회원들과 함께 땀을 흘리고 돌아오면서 아파트 슈퍼에서 저녁 반찬거리를 사 들고 들어왔다. 이때쯤이면 거실 TV 앞에 앉아있을 남편이 보이지 않았다. "여보-!" 불러보았으나 아무런 대답이 없다. 안방 문을 열자 침대에서 굴러떨어진 남편이 의식을 잃고 차가운 방바닥에 널브러져 있었다. 흔들어 보아도 눈을 뜨지 않고 얼굴을 찡그리며 무언가 입속으로 웅얼거리기만 했다.

아내는 급히 119를 불렀고 백 목사는 D 의료원에 입원했다. 진단 결과는 출혈성 뇌졸중이었다. 뇌 검진에서는 500원짜리 동전 크기만 한 흔적이 발견되었다. 몇 년 전부터 혈압약을 복용하며 조심을 했으나 이번에 귀국한 아들 가족과의 여행에서 계속된 운전으로 과로한 것이 원인이었다. 제주도 여미지식물원에서 보였던 현기증이 뇌졸중 증후였으나 백 목사와 가족 들은 아무도 눈치채지 못했다.

자서전 원고를 대하고 앉으면 백 목사의 머릿속에는 지난날의 일들이 파도처럼 일렁거렸다. 유년의 풀밭에서 철없이 뛰노는가 하면 마음의 방황을 거듭하며 고민하던 사춘기도 있었다. 마침내는 부르심을 따라 신학도가 되었고 목회자로 한평생을 살아왔다. 백 목사는 언제나 최선을 다했지만 돌아보면 아쉬움이 많았다. 몸은 아직도 완전하지 못하다. '내가 만약 불구가 되었다면?' '일일이 다른 사람의 도움을 받으며 살아야 한다면?' 이런 자문을 하면 이만큼 회복된 것만도 큰 은혜요 감사한 일이었다. 가장 무거운 질문은 '내가 이대로 주님 앞에 설 수 있을까?'라는 것이었다. 자서전은 자기가 살아온 인생에 대해 진솔하게 서술하는 것이 가장 기본적인 형식일 것이다. 그러나 허물투성이의 인간이 자기 자랑과 업적만을 드러내어 자서전을 집필하고 있다는 것이 가증스러웠다. "이제도 너희가 허탄한 자랑을 자랑하니 그러한 자랑은 다 악한 것이라"(약4:16) 무엇인가 세상에 남기려고 한 칸씩 원고지를 메워가는 모습이 허망하게 보였다. 백 목사는 자서전에 대한 갈등으로 자주 불면의 밤을 보냈다. 때로는 집필한 내용에 대해 잘잘못을 따지는 악몽에 시달리기도 했다.

백 목사가 처음 입원한 한 달 동안은 아무것도 스스로 할 수 없었다. 화장실을 이용하기 위해서는 남자 간호사를 채용해야 했다. 재활의원으로 옮겨 5개월 동안 매일 치료를 받고 나서 8개월 만에 집으로 돌아왔다. 너무도 긴 여행이었다. 그동안 아내는 하루 한 차례씩 재활의원에 입원 중인 남편을 뵈러 갔을 때 의사가 들려주던 말을 되뇌었다. '재활은 신체기능을 100% 회복하는 것이 아닙니다. 장애를 입은 사람을 주어진 여건에서 신체적, 정신적, 사회적 능력뿐 아니라 취미, 직업, 교육 등 잠재력을 최대한 발달시켜 정상에 가까운 생활을 영위할 수 있게 해주는 것입니다.' 이런 생각을 할 때마다 정상(正常)이 아니라 '정상에 가까운 생활'이란 말이 늘 마음에 걸렸다.

백 목사는 왼쪽 다리가 약간 부자연스러울 뿐 왼팔은 거의 회복이 되었다. 처음 네발 지팡이를 짚고 걷던 것도 일반지팡이로 가능해졌다. 오랜 시간 멀리 걸을 수는 없어도 출입에는 큰 어려움이 없었다. 어느 날 백 목사가 퇴원했다는 소식을 듣고 H 목사가 문병을 왔다. 그는 백 목사보다 2년 뒤에 은퇴했다.

"목사님, 그동안 고생 많았습니다. 얼굴은 좋으시네요."

"오랜만입니다. 다른 분들은 다 잘 지냅니까?"

"난 은퇴 후에 아내와 함께 1년 넘게 호주 딸 집에 가 있었어요. 지난달 귀국했습니다. 특별한 소식이 없는 것을 보면 모두 잘 지내겠지요. 병원에는 얼마나 계셨습니까?"

"쓰러지고 나서 8개월입니다. D 의료원에서 3개월, U 재활의원에서 5개월 치료를 받았어요. 새삼 건강은 건강할 때 지켜야 한다는 생각이 들었습니다."

"우리 나이엔 과로하거나 심한 운동은 피하는 게 좋지요."

"그래요. 지난해 미국에 있는 아들 내외가 대학에 입학한 손주를 데리고 왔었어요. 마침 가족 신앙 100주년 기념 예배도 드릴 겸 친척들이 안동에서 모였습니다. 3박 4일 제주도 여행을 할 때부터 안동 맏형님 댁에 갈 때까지 계속 내가 운전을 한 것이 무리였던 것 같아요. 집에 돌아와서 이튿날 아내가 외출하고 없는데 뇌졸중이 덮친 것입니다. 그다음 날 오전 병원 침대에서 눈을 뜰 때까지 나는 아무것도 몰랐어요."

"내가 모임에 나갔다가 저녁때 돌아오니 차가운 방바닥에 굴러떨어져 의식을 잃고 있었어요. 집에서 시간이 너무 지체되어 병원 신세를 오래 진 것 같습니다."

아내는 문병 오는 사람들에게 남편이 쓰러졌을 때 집을 지키지 못했던 것에 대한 변명이라도 하듯이 같은 얘기를 되풀이했다.

"사모님이 수고가 많겠습니다. 병이 언제 찾아올지 누가 알겠습니까? 사람들이 2년마다 한 번씩 건강검진을 받고 있어도 예방은 쉽지 않지요."

H 목사는 사모의 수고를 위로했다.

 "뇌졸중으로 입원한 사람들은 흡사 어린아이들 같았어요. 혼자서 옷을 갈아입지도 못하고, 누워서 엉덩이를 스스로 들 수 있도록 훈련을 받는 데 두 달이 걸렸어요. 여러 가지 운동기구가 비치된 헬스장에서 재활 기능치료를 하고, 오후에는 물리치료실에서 한 시간 전신 마사지를 받았습니다."

 백 목사는 재활치료를 받으면서 경험했던 일들을 털어놓았다.

 "우리 교회 교인이 재활의원에서 치료를 받고 있을 때 저도 보았습니다. 젓가락에 엽전 끼워 넣기, 빨래집게 연결하기, 콩주머니 주무르기, 흩어놓은 콩 주워 담기, 퍼즐 맞추기, 각목 쌓기 등등, 마치 어린이집 놀이 같았어요."

 "사람들이 늙고 병 들면 모두 어린아이가 되는가 봅니다. 난 요즘 아파트 계단 오르기를 하고 있습니다. 우리 집에서 5층 정도 걸어 올라갔다가 내려올 때는 엘리베이터를 이용합니다. 처음 입주했을 때 아이들이 계단으로 뛰어 올라갔다가 엘리베이터를 타고 내려오는 장난을 하고 노는 것을 보았는데 내가 그런 흉내를 내고 있습니다. 저녁때는 아파트 뒤 학교 마당에서 천천히 걷기운동을 합니다. 그런데 문제는 이 지역이 도심이라 공기가 몹시 안 좋아요. 주택은 멀리 변두리나 시골에 있으면 좋겠다, 싶습니다."

 백 목사는 자주 귀촌을 생각하고 있었다.

 "그래서 집안에서라도 식물을 기르면 좀 나을까 싶어 이렇게 화분을 들여놓았습니다. 공기청정기 광고가 왜 그렇게 많은지 이해되더군요. 요즘은 날짜를 맞추어 화분에 물 주는 것이 저의 일입니다."

아내는 생각난 김에 고무나무와 관음죽 잎을 물티슈로 닦아주고 있다.

"이제 공기청정기는 필수품이 되었습니다. 그러나 조금만 도시를 벗어나면 환경이 그렇게 나쁘지는 않습니다. 저는 한 번씩 시골 고향을 찾아갑니다. 요즘은 젊은이들이 귀농도 하고 은퇴한 분들은 아예 귀촌해서 여생을 보내는 분들이 늘어나고 있어요."

백 목사는 친구 목사가 다녀가고 난 뒤 늘 생각하고 있던 자서전 집필을 위해 지리산 자락으로 들어왔다. 집필을 끝내기까지는 적어도 2년은 더 걸릴 것으로 예상했다. 그동안 도시를 선호하는 아내가 마음을 바꾸어 시골로 들어오도록 기다리기로 했다. 백 목사의 목회도 돌아보면 오랜 기다림이었다. 기도하며 기다린 결과는 반드시 좋은 것으로 채워주셨다. 설사 잘못된 것이라 할지라도 합력하여 선한 결과로 만들어주셨다. 백 목사는 책상 앞에 걸린 '사랑은 오래 참습니다'(고전13:4) 목각 패를 쳐다보았다.

점심때가 지나서 백 목사는 아내의 전화를 받았다.

"부산에도 눈이 많이 와서 산청으로 가는 것은 다음 주간으로 미룰까 하다가 이제 출발합니다. 아무래도 당신 얼굴을 보고 와야 또 한 주간을 살아갈 수 있을 것 같아서."

아내는 말끝을 맺자마자 큰 소리로 '하하하' 웃었다.

"이곳은 온통 눈 세상이요! 난 오늘 어린아이처럼 즐거워요. 눈이 내 마음속의 걱정 근심 모든 염려까지 다 덮어주는 것 같네. 조심해서 천천히 차를 몰아요."

백 목사는 책상에 쌓인 자료들을 뒤적이다 침대에 누워 생각에 잠겼다. 자서전을 계획할 때는 즐거웠으나 집필을 하는 지금은 갈수록 마음이 무거워지고 있다. 글씨로 채워진 원고가 한 장씩 늘어날 때마다 하나님 앞에서 허탄한 자랑을 차곡차곡 쌓는 것 같았다. 생각하면 책을 쓰려고 모아놓은 자료보다 묻혀있는 허물이 더 많은 것 같았다. 집권 마지막 대통령의 레임덕처럼 목회자도 은퇴가 가까워지면서 목회권위의 누수 현상이 나타나기 시작했다. 백 목사가 3년을 앞당겨 은퇴한 것도 명분은 성장하는 교회의 젊은 층을 위한 것이었지만 사실은 당회원 한 사람과의 갈등 관계를 지속하고 싶지 않았기 때문이었다. 그의 설교에 은혜 타령을 하던 사람들의 얼굴도 하나씩 떠올랐다. 은혜란 자기가 예비한 그릇에 담기는 것이 아닐까?

백 목사의 역점사역은 한 생명을 구원하는 선교였다. 선교란 교회의 존재 이유이고 주님의 지상명령이다. 해마다 봄가을 두 차례씩 실시하는 전도대회는 많은 예산을 들여 총력을 기울이는 큰 잔치였다. 그러나 교회가 애쓴 만큼의 성과를 거두지는 못했다. 그럼에도 불구하고 지역사회에 전도하는 것을 쉴 수는 없었다. 그러다 보니 새 신자들이 앞문으로 들어 오지만 오래된 성도들은 뒷문으로 빠져나간다는 말도 들렸다.

"목사님, 총력 전도대회는 성도들의 힘을 축적하여 격년으로 하는 것이 어떻겠습니까? 기존 성도들을 잘 보살피는 것이 더 좋겠다는 의견들이 많습니다."

어느 날 목양실을 찾아온 Q 장로가 말했다. 총동원 전도, 전도폭발, 제자훈련, 행복나눔 잔치, 연예인 초청 집회, 의료선교, 노방전도, 구제운동 등등 이때까지 해보지 않은 것이 없지만 애쓴 만큼의 열매가 없다는 주장을 펼쳤다. 어느 날 저녁 백 목사가 직장에서 퇴근한 부부의 가정을 심방 하러 갔을 때 그 장로와 마주쳤다. 그는 저녁에 성도들의 가정을 몰래 찾아다니며 담임목사를 비난하며 자기의 주장을 퍼뜨리고 있었다. 백 목사는 아무리 인내하며 그를 위해 기도해도 마음이 편치 않았다. 일곱 번을 일흔 번씩이라도 용서하며 사랑하라는 말씀을 수없이 되새겼으나 미움은 지워지지 않았다. 백 목사는 그런 마음을 묻어둔 채 목회를 마감했다. 자서전을 집필하는 지금은 호명하듯 수많은 허물이 머리에 떠오른다. 미움의 문제 하나 해결하지 못한 목사가 자서전을 집필한다는 것은 너무나도 부끄러운 일이었다.

하나의 걸림돌을 만나자 더 큰 장애물이 나타났다. 그것은 안식년을 맞았을 때 이탈리아 피렌체에서 받았던 충격이었다. 백 목사에게 목회란 성도들이 자기를 부인하고 주님만을 따라가게 하는 하나님 중심의 삶이었다. 그는 신 중심의 중세교회처럼 거룩함만을 강조하므로 자유로운 인간성 회복에 소홀했다는 책임을 벗어버릴 수 없었다. 충성이라는 굴레를 씌워 교인들을 교회 울타리 안에 가두어 놓지는 않았던가? 한국교회의 진정한 부흥은 세상을 향해 담을 헐어버리고 성도들이 진리 안에서 자유를 누릴 때 가능해질 것이란 생각이 들었다.

목회자의 자서전! 진솔함이 빠져버린 책을 어떻게 목사의 자서전이라 할 수 있을 것인가? 독일의 대표적인 낭만주의 시인 하인리히 하이네는 "믿을만한 자서전은 존재하기가 거의 불가능하며 인간은 반드시 자기 자신에 대해 거짓말을 늘어놓게 될 것"이라 단언했다. 그리고 루소의 『고백록』에 대해서도 "그의 허영심으로 인해 의도적으로 거짓말을 늘어놓았다."고 혹평했다. 아무리 생각해보아도 백 목사는 '하이네 자서전'을 하나님 앞에 내어놓을 수는 없었다. 업적을 드러내기 위한 회고록이나 허물을 감춘 위인전 같은 자서전을 쓰기보다는 '내 모습 이대로' 주님을 뵙고 싶었다. 원고지를 대할 때마다 반복되는 갈등에서 자유로워지고 싶었다. 그는 책상 위에 가득 쌓인 자료들을 뒤뜰로 안고 가서 불을 지폈다. 원고지와 자료들이 회개의 불꽃으로 활활 타오르고 있었다. 쌓인 눈은 잿빛으로 물들어가고 저녁노을은 잘 익은 복숭아처럼 아름다웠다. 올 때마다 자서전은 잘 되어 가느냐, 고 묻곤 하던 아내가 막 도착하여 "여보-! 어디 계세요?" 하고 백 목사를 찾는 소리가 앞마당에서 들렸다.

(세 번째 소설집. 2022년)

제5부

초록 우체통

편지(김형석 교수, 공재동 시인, 한경동 시인)

| 김형석 교수 |

안녕하십니까

편지 고맙습니다. 주님의 사랑을 빕니다.

다 주께서는 우리를 빛이라고 했습니다.

빛은 밝은 곳에서는 필요가 없습니다. 빛은

가장 어두운 곳을 찾아 빛을

밤에 비추는 것입니다.

크리스챤 제가 아는 훌륭한 선배인들, 저열

시련과 역경을 돌려 본 분들이었습니다.

석기도는 형성의 형성이고, 빛을 든다는 것은

직업을 통한 사회적 책임이고, 信仰을 갖는다
는 것은 우리들의 人格을 만드는 일이 아닌 것으
? 시기를 마음을 드린다 해서 목숨 걸고 믿지못할
있 것이요? 그것을 문제삼는 신성이 우섭지요.
문제는 그리스도나 같은 人格을 어떤 말
겨진 없이도 입하며 信仰을 가졌기 때문에
훌륭한 보답을 얻을 수 있다는 것이 信仰이
아닌 것이오? 선생은 信仰을 걱정하는 것이 아니라
교회의 행사를 전부를 아시는 불행이로도. 신잡기
아니었다고 생각함 성경을 다시 읽어 보세요

어떻게 信(신)을보낼 것을 더 절할 수 있는가를 깨달었다.

된것이었다. 信仰(신앙)을 强要(강요)하지 않는다. 이기

고 그 분들을 알 수 있는 能力(능력)을 준 힘이었다.

信仰(신앙)이란 내 記憶(기억)보다 記憶(기억)이 될 수 있는

것들을 예로, 信仰(신앙)이기 軍人(군인)다고 크게, 정치가

다도 정치가가 되도비

저런 生(생)이기 키친것 信念(신념)이다 만 좋

더 겸손한 편을 바라보면서 記憶(기억)보다는 레

우시시로 기슬렀다. 人格(인격)이, 그 人格(인격)은 信仰(신앙)가서

다도 맞는 깨달기 되지 않을거 실업니가

10月 24日 강형식

안녕하는 희차

편지 감사합니다. 저성 맞나 얘기를 나눌 기회가 없어 유감입니다.

위는 조심하고 규칙적 생활로 치유 된다고들 하드군요.

사회나 국가에 대한 봉사는 첫째로 내가 주어진 일과 직장에서 모범적인 일꾼과 공인이 되며 가족들을 화락하고 굶주리게 아니하고 가는 일로부터 시작되지 않을까는. 그리고 여유가 있고 힘이 닿는대로 이웃과 사회를 돕는 일이지요. 비약이나 힘이 미치지 못하는 큰 일은 생각할 필요가 없는 것 같습니다. 하는 일을 틈타서 바르고 겸손히 봉사해가는 것이지요. 신학을 졸업하는 목사가 된다는 일은 그게 찬동이 가지 않습니다. 예수께서 교직자나 牧師가 되셨던가요? 성실은 한 인간으로 노력해 간 것 밖이지요.

인간은 외적성인 변화보다도 정신적인 내적 自我를 충성되히 하고 그 결과를 좇고 사는 삶이 더 타당한 듯 합니다.

부디 어쁜 우리기로 자라길 바랍니다.
안녕히 계십시오. 하나님의 사랑을 빕니다.

'96 6月8日

김정성

| 공재동 시인 |

안위한 목사님

보내주신 소설집 「둥근 별」참 고맙습니다. 오늘 아침 '작품해설', '작가의 말'을 끝으로 아쉬움 속에 소설 읽기를 끝냈습니다.
'텃밭'에서 '꿈을 따라서'까지 성경으로 충만한 저자의 고백록 같아서 한시도 눈을 뗄 수 없도록 내게는 소설집 하나가 특별한 경험이었습니다.
소설은 저 자신도 함안의 산골 마을에서 태어나 그곳에서 초등학교와 중학교를 마쳤습니다. 마을에는 초가 지붕의 작은 교회가 있었고, 모태 신앙을 가졌던 어머니가 어린 저를 이끌고 새벽 예배에 참석하며 이슬 내린 시골길을 걷던 기억이 너무도 선연해서 목사님의 소설이 마치 어린 시절의 기억을 되살려 놓은 것 같아 즐겁고 아름다웠습니다.
지금도 어머니는 90이 다 된 연세

에 집사로 계시면서 교회와 멀어진 장
로인 저를 안타깝게 바라보시는 것이
늘 마음에 걸려 있었습니다.
 A는 중학교 때는 공경표 조사님이
저를 아껴주시고 자라서 훌륭한 목회자
가 될 것이라고 늘 말씀하시던 것이
엊그제 같은데 이렇게 나이를 먹었습니
다. 공 조사님이 결핵을 앓다 돌아가시
고 새로 부임하신 옥복은 목사님이 오
실 때까지 빈 판사를 청소하고 화단에
꽃을 심으며 하루 하루 초조히 기다렸
던 일도 생각납니다.
 지리산 자락의 남사교회 부흥사경회
이야기가 더욱 실감 났던 것은 몇 년
전 예초촌에서 하루를 지냈던 경험 때
문이었습니다.
 좋은 책 제게까지 보내주신 데 대해
말할 수 없는 감사를 보내면서 늘 주
님 안에서 평안하시길 빌겠습니다.

2016. 6. 15
창녕 우거에서 孔在東

안유한 목사님

목사님께서 보내주신 소설집 「오늘 언제나 맨손이였다」는 한 해가 저무는 12월 찬바람이 싸늘한 이 저녁에 다시 깨써 읽었습니다.
'공항 가는 길'에서부터 '팔짱속이' 까지 읽다가 덮어두었는데, 오늘은 '칼같이'까지 읽었습니다.
목사님의 소설은 제겐 특별한 의미가 있습니다. 목사님의 직업이 특별한 때문이기도 하지만, 마치 친절한 은사님이 조곤조곤 들려주시는 생활 얘기를 듣는 것 같아 작은 얘기에 귀 기울이게 되는 매력 때문 입니다.
오랜 소꿉친구를 만나러 제주도행을 결심하지만 안 경 하사 때문에 결국 비행기를 놓치고 만다는 '공항 가는 길'이며, 신앙 하나로 험한 세상 빛이 되셨던 故 정조 목사의 안타까운 죽음이 애석

하기만 했던 '그는 언제나 맨발이었다'
등 목사님의 자서전 같은 신앙 얘기에
시간 가는 줄 몰랐습니다.
　안유환 목사님, 책을 읽다 한 번씩
앞표지 뒷면에 실린 하얀 까까중의
목사님 사진을 들여다보는 것은 아, 어쩌면
고교시절 저를 감동시켰던 고향 마을
작은 교회 공명표 전도사님 생각이 나서
입니다.
　주일이면 고향에 내려가 시무하는 작은
예배당에서 듣던 그분의 높고 다정한
목소리가 들리는 것 같아서 입니다.
　이 해가 가기 전 남은 '방황'과 '별
장'을 마저 읽으려 합니다.
　안유환 목사님, 늘 건강하시고 하느님의
은총 아래서 거룩한 노동 이어지길 빕니다.
　　　　　　　2017. 12. 28
　　　　창녕 약수재에서 孔在東

안유한 목사님

보내주신 「주네브행 열차」를 읽느라
며칠 더위를 잊고 지냈습니다.
착하고 선한 한 소년이 하나님의 부
름을 받고 목회자로 우뚝 서기까지의
과정을 보면서 한동안 때늦은 인생의
노동아를 되돌아가는 착각 속에 빠져
있었습니다.
젊은이의 고뇌와 갈등, 사련은 되돌아
보면 아늑하달까 하지만 다시는 겪고싶은
되풀이 하기는 죽는다 싫다는 사람도
얼마든지 있겠지요.
목사님의 자서전을 읽는 것 같은 느낌이
들만큼 실명으로 기록된 그 장들이 마치
눈앞에 펼쳐지는 것 같아 새삼 추억에
젖어들기도 했습니다.
젊은 시절 동료 친인들과 우연히 대구
의 어느 술집도 목사님의 사연 속에 나
오는 향초동 어디였는지도 모른다는 생각

도 했습니다.

 소설 속에는 1973년 4월 그믐 부활절 예배에 대한 구절이 있어 아, 당시에 그런 일도 있었구나 할 정도였읍니다.

 저도 어린 시절 산 작은 교회에서 읽기 있던 일들은 생생하게 기억하는데, 어쩌면 그렇게도 소설 속의 사건이 비슷한 수가 있을까 싶기도 했습니다.

 '마산에서 진해 쪽으로 산모퉁이를 몇 개 돌아 들판에 있는 작은 마을 교회.' 결국 인생의 긴 여정을 돌아돌아 백령기. 소설자 오누가 택한 갈릴리 교회. 예수가 베드로를 처음 만난 곳, 부활 후 제자들에게 처음 모습을 드러낸 곳 갈릴리.

 안위한 목자님, 백령기가 바로 목자님의 모신이라 된듯 한동안 사진 속 목자님의 얼굴을 떠올려 보기도 했습니다.

 박정아의 사연을 알고 왜 소설의 제목이 '구네브랭 열차'인가를 비로소 알기도 했습니다.

방황한다고 다 길을 잃은 것은 아니다'
고 한 서양의 어느 작가의 말이 생각났습니다.
귀한 책, 이곳까지 보내주신 래웅 모세 잊지 않겠습니다.

2021. 6. 29
창녕 若水齋에서 孔在東

| 한경동 시인 |

安 牧師님께

오랜만에 좋은 글 읽었습니다.
유려한 필치, 그리고 牛步선생님에서 우러난 시向 榮,
적절한 비유와 다양한 典據, 자기 숨겨놓은 보이는
引用 등은 꼭 用意周(?)을 해야겠다는 충동까지 불러
일으킵니다.

저는 50년 가까이 敎職에 있었습니다. 初·中·高를
다 거치면서 보람도 느끼지만 후회스러운 일도 많습니다.
왜 좀 더 잘 가르치지 못했을까. 왜 더 사랑을 베풀지
못했을까 사名 及省의 회초리를 들 때도 있습니다.

그런데 제 安牧師님의 글에는 티끌 하나 없습니다.
12 point, 339 page의 글에 제 눈에는 誤字하나 띄질
않습니다. 삶도 그러하리라 생각하며, 저는 牧師님
앞에 벌어진 가슴으로 이 편지를 씁니다.

저도 젊음 때부터 詩를 쓰면서 나의 의마음
캐내고 자신을 다스리는 도구로 삼아 왔습니다.
평소에 시골에 대하여 '너무 쉽게 쓴다' 라고 생각
했는데 牧師님의 글을 읽고 혼이 났다 하겠습니다!

좋은 글 기쁨 감사드리며,
내친 김에 육자 한 분을 소개드릴께 합니다.
독실한 크리스챤이고, 현재 부산의 보통 교육을
책임지고 계신 분입니다.

바쁘게 살다 보면 사람은 初心을 잃기가
쉽습니다. 이불 역시 늘 고 볼 새 없이 오신 한 분이시니
벗바람에서 기도가 필요한 것 같습니다. 敎友이니까
도와드릴 일도 있을 것 같습니다.
제 이야기 (축하)도 하시면서 박바람의
에세이集 〈밤덕해의 일출〉 꼭 한권 보내주시면
고맙겠습니다. 많은 도움이 될 것입니다.

생각나는 대로 붓 가는 대로 두서가 없습니다.
海諒하시고, 언제나 건강하신 가운데
榮光의 구원에도 한걸음 다가서서.
앞으로도 좋은 글 기다리겠습니다.
2010. 8. 10.
휴양산 一隅에서
한 경 돈 드림

산문의 텃밭

베네치아 산마르코 광장(2008년 4월 8일)

고독이라는 양약

꽃과 별을 친구로 삼아

얼마 전 아내와 함께 복국집에 갔을 때의 일이다. "보세요-, 여기 간이 안 된 것 같네요." 옆자리에 앉은 두 여인이 종업원을 불렀다. 그런 일은 아주 드문 일이다. 국물을 맛본 종업원이 복국 두 그릇을 가져가고 한참을 기다려 새로 복국이 나왔다. 겉으로 보기에는 그릇도 내용물도 이전 것과 똑같았다. 눈에 보이지는 않지만 간이 된 것과 안 된 것이 달랐다. 아무리 좋은 식재료라도 소금이 들어가지 않으면 맛있는 음식이 될 수 없다. '약국에 감초'라는 말이 있다. 한방에 쓰이는 감초는 맛이 달고 모든 약제를 조화시키며 약독을 풀어주는 효과가 있다고 한다. 모르긴 해도 한방 약제에 감초가 빠진다면 아마 약효를 제대로 낼 수 없을 것이다.

문학을 하려는 사람들에게 소금이나 감초 같은 역할을 하는 것이 있다. 그것은 외로움과 고독이다. 어떤 이들은 '원하면서도 다른 사람과 단절되어있는 상태'를 외로움(loneliness)으로, '스스로 혼자 있기를 선택한 것'을 고독(solitude)이라 구분하지만 '홀로 있어 적적하고 쓸쓸함'이라는 그 의미는 한가지로 통한다. 이 둘은 문학의 토양에서 빼놓을 수 없는 거름이다. 문학은 고독과 외로움을 먹고 자란다. 본능적으로 외로운 사람은 친구를 찾고 그에게 온갖 넋두리를 하고 싶어진다. 그러나 바라는 친구를 찾을 수 없는 상태가 외로움이며 고독이다. 어떨 때는 주변에 사람들이 자갈돌처럼 많이 있어도 그들과 친구가 되지 못한다. 미국의 사회학자 리스먼은 그것을 두고 '군중 속의 고독'이란 말을 최초로 만들어내었다.

배고픈 사람이 무엇이나 먹고 싶어지는 것처럼 외로운 사람에게는 자연이 친구가 될 수 있다. 바람소리, 새소리, 산사에서 울리는 풍경소리, 풀밭을 수놓은 노랑 민들레, 자주색 제비꽃이 모두 친구가 된다. 날이 어두워져 그것들이 보이지 않게 되면 하늘에 별이 뜬다. 외로운 사람은 별을 쳐다보고 얘기를 나누며 친구로 삼는다. "별 하나 나 하나, 별 둘 나 둘……." 밤하늘을 쳐다보며 오래도록 별을 헤아리던 사람들 가운데는 시인이 된 사람들이 많다.

밤하늘에 가장 친근한 벗은 역시 달이다. 달은 초승달에서 보름달로 모습을 달리하다 그믐이 되면 사라져버린다. 다정한 친구, 사랑하는 사람이 멀리 떠나갔을 때 사람들이 그리움을 느끼듯 외로운 사람은 계절이 다시 돌아와 꽃이 필 때까지, 다시금 밤하늘에 보름달이 차오르기까지 그리움에 잠긴다. 다행히 계절은 다시 돌아오고 달도 새롭게 떠오르지만 사랑하는 사람, 둘도 없는 그 친구는 돌아올 줄 모르고 그리움만 짙어진다. 편지를 쓰고 싶어도 보낼 곳이 없고, 아무리 많은 얘기를 늘어놓아도 들어줄 사람이 없다. 외로운 사람은 이럴 때 종이에 뭔가 끼적거리고, 허공에 날려 보내던 이야기를 일기장에 옮겨 적는다. 본인은 알지 못하지만 그리움에 젖어 무언가를 쓰고 싶어질 때 그는 이미 문학의 오솔길로 접어든 것이다.

외로움이 안겨준 선물

'문학'이 "사상이나 감정을 상상의 힘을 빌려 언어로 표현한 예술"로 정의되는 것을 보면 생각하며 무언가 쓰고 싶어지는 것이 문학의 출발점이라고 해도 틀린 말은 아닐 것이다. 거기에서 새로운 아름다움을 그려내고 표현하는 기술을 더해 가면 그 사람은 문학의 장원에 들어설 수 있을 것이다. 더욱이 생각하며 무언가 끼적거리는 사람은 더더욱 독서의 충동을 느끼기 마련이다. 꼭 문학을 하려는 생각이 없어도 다른 사람은 어떻게 썼는지 그 책을 읽어보고 싶어진다. 그래서 고독한 사람은 책을 친구로 삼아 위로를 받으며 대화를 나누게 된다.

나는 초등학교 5~6학년 때부터 고아 아닌 고아의 외로움을 겪으며 살았다. 공직을 따라 수백 리 타향으로 전근하시는 아버지는 5형제 중 둘째인 나만을 할머니의 말벗으로 남겨놓았다. 할아버지 할머니의 사랑을 받으며 함께 살아도 나는 고아처럼 어머니를 그리워했다. 약관에 가까워질 때까지 나는 늘 외로움 속에 살았다. 지금 생각해보면 나는 그 외로움 속에서 소중한 것들을 얻었다. 할머니의 이야기를 통해 또래의 아이들보다 일찍 철이 들었고, 일기를 쓰고 책을 읽으며 생각의 깊이를 더해 갈 수 있었다.

그때 읽었던 책 가운데 뚜렷이 기억에 남은 것은 김형석 교수의 에세이 『영원과 사랑의 대화』, 『운명도 허무도 아니라는 이야기』 들이다. 내가 『파우스트』를 처음으로 읽은 것도 이즘이었다. 새벽 4시 멀리서 통금 해제 사이렌이 울릴 때까지 밤새워 '괴테'를 읽으며 하염없는 눈물로 베개를 적시던 기억이 아직도 선하다. '파우스트'의 흐름은 선(善)과 악(惡)의 싸움에서 패색이 짙어가던 선이 마침내 승리하는 것으로 끝맺는다. 수년 전 파우스트를 다시 읽어보았지만 예전의 감흥을 맛볼 수는 없었다. 그때의 감동은 외로움이 준 선물인지도 모른다.

인간의 실존 앞에서

외로울 때 인간은 누구에게 보이려고 자기를 꾸미거나 과도한 몸짓을 할 필요가 없다. 아무도 보아주는 사람이 없기 때문이다. 고독할 때 인간은 가장 순수하고 진실한 인간으로 돌아간다. 철학자들은 이것을 두고 인간의 실존(實存)이라고 말한다. 안병욱 교수는 "실존한다는 것은 자유롭다는 것이요, 자유롭다는 것은 선택한다는 것이다."라고 말했다. 홀로일 때 인간은 하나님의 소중한 선물인 '자유'를 행사할 수 있다. 중세의 암흑시대는 인간의 자유가 기독교(가톨릭)의 권위에 심하게 속박당한 데서 비롯되었다. 사학자들은 그 시대를 '신을 중심한 비이성과 무지와 맹목이 과학과 이성과 합리를 압도하고 있었다.'고 평한다.

그러한 오랜 고독의 상황에서 깨어난 것이 피렌체를 중심으로 일어난 르네상스이다. 헤르만 헤세는 『데미안』에서 "신은 우리를 고독하게 하고 따라서 우리를 자기 본연의 위치로 돌아가게 한다."고 말했다. 외로운 싱클레어는 마침내 사랑할 수 있는 베아트리체를 만나면서 잃었던 꿈을 되찾고 생의 여명을 맞이한다. 이탈리아의 르네상스는 인문주의 곧 신 중심에서 인간에게로 생각이 바뀌는 지적 흐름과 궤를 같이한다. 이것은 하나님이 없는 인간 중심이 아니라 하나님뿐이었던 시대에 다시금 인간을 불러낸 것이다. 그들이 하나님의 지극한 사랑을 깨달아 온갖 예술적 표현으로 찬양할 때 문예부흥의 아침은 밝아왔다. 이탈리아 문학의 꽃으로 불리는 〈신곡〉을 비롯해 피렌체와 밀라노의 두오모 성당과 우피치 미술관 등이 그 흔적들이다.

문예부흥의 중심에 서 있던 단테나 레오나르도 다빈치 등은 고독한 사람들이었다. 〈모나리자〉와 〈최후의 만찬〉을 그린 다빈치는 "고독하다는 것은 구원을 받는 것이다."라고 전제하고 "만일 네가 혼자 있다면 너는 완전히 네 것이다. 한 친구와 같이 있다면 너는 절반의 너일 뿐이다."라고 말했다. 레오나르도는 67년의 고독한 생애를 살았다. 그는 친구도 없이 결혼도 하지 않고 완전한 고독의 인간이었다. 〈시스티나 천정화〉와 〈피에타〉가 대표작인 미켈란젤로도 다빈치처럼 고독을 되씹었다. 레오나르도와 쌍벽을 이룬 그는 13세 때 미술의 도제로 들어가 천재성을 발휘하며 메디치가의 후원을 받아 조각과 회화에 몰두했다.

법정이 무소유를 본받은 헨리 데이비드 소로우는 『월든』에서 다음과 같이 그의 고독을 말한다. "나는 대부분의 시간을 혼자 보내는 것이 유익함을 알았다. 설령 최고의 친구들이라 하더라도 함께 있는 것은 곧 지치고 정신을 흐트러뜨린다. 나는 혼자 있는 것을 좋아한다. 고독보다 친해지기 쉬운 친구는 본 적이 없다. 우리는 대부분 혼자 있을 때보다 사람들 사이에서 더 외로움을 느낀다. 생각하거나 일하는 사람은 늘 혼자이다." 소로우는 월든 호숫가에 손수 오두막을 짓고 살면서 흔히 '세계의 역사를 바꾼 책!'으로 불리는 에세이집 『시민의 불복종』을 펴내었으며 많은 사람들에게 문학적 영감을 불러일으켰다.

문학에도 골방이 필요하다

은밀히 기도하는 사람처럼 문학에도 골방이 필요하다. 2006년 노벨문학상을 수상한 터키의 작가 오르한 파묵은 '아버지의 가방'이란 제목의 수상 연설에서 "나는 인류가 자신을 이해하기 위해 창조한 가장 소중한 산물이 바로 문학이라고 믿는다."고 밝혔다. 나는 평소 외로움을 느끼며 살아가는 사람들은 모두가 문학적인 삶을 살아가는 것이라 말하고 싶다. 그러나 고독을 느낀다거나 종이에 무엇을 끼적거린다고 해서 그것이 다 문학이 되는 것은 아니다. 파묵은 "책으로 둘러싸인 방안에 자신을 가두고 책상에 앉아 종이와 펜으로 자신을 표현하는 사람이 창조해 낸 것이 문학"이라고 말했다.

그런고로 문학을 하려는 사람들은 외로움과 고독에서 얻은 소재들을 엮어내기 위해 다시금 혼자만의 방으로 돌아가야 한다. 고독과 외로움은 슬픔과 눈물과 심지어 고통까지 동반한다. 이런 것들이 나만의 골방에서 시가 되고 수필이 되고 소설과 희곡으로 다시 태어난다. 하나의 작품을 내놓을 때 작가는 그의 고독과 외로움에서 잠시 해방된다. 사르트르는 작가에 대해 "그는 문학이 자기의 고독을 선언하기 위한 수단이라고 생각하는 것이 아니라, 도리어 고독에서 벗어나기 위한 기회라고 생각한다." 말했다.

문학 수업을 편하고 쉽게 생각해서는 안 된다. 그것은 즐겁지만 괴롭고 힘든 길이다. "한 줄의 시를 쓰기 위해서는 많은 도시와 사람들

그리고 사물을 보아야 하며 동물들을 알아야 한다. 새들이 어떻게 나는지를 느낄 수 있어야 하고, 자그마한 꽃들이 아침이면 만들어내는 몸짓을 알아야 한다. 낯선 지방의 길들과 예상치 못한 만남 그리고 오래전부터 다가오는 것을 지켜보았던 이별을 떠올릴 수 있어야 한다.……." 우리가 자주 들어온 릴케의 말이다. 하나의 작품을 탄생시키는 데는 해산의 고통이 따른다. 그럼에도 불구하고 내 작품이 싱겁고 울림이 적다면 외로운 오솔길을 걸으며 고독의 양약으로 깊은 맛을 더할 수도 있지 않을까?

(문학도시. 2018년 7월호 권두 에세이)

나도 글을 쓰고 싶다

 사람들이 여행할 때 흔히 하는 말이 있다. "남는 것은 사진밖에 없다." 오래전 필름으로 사진을 찍을 때 36장짜리 5~6통을 준비해도 모자랐다. 요즘은 디지털카메라로는 마음대로 찍고 잘못된 것은 지우고 다시 찍고, 그것을 훗날 기념으로 남긴다. 아무리 세월이 흘러도 그때 찍은 사진을 들여다보면 그때 그 모습이 그대로 들어있다. 사진을 들여다보면 그 시절의 생각이 살아난다. 여행하지 않아도 특별한 기념일이 있을 때 사진을 찍는다. 그 장면을 오래도록 기념하기 위해서—.
 그러나 한 가지, 사진이 할 수 없는 것이 있다. 사진은 우리의 외모나 경치는 찍을 수 있지만 우리의 마음이나 어떤 상황에서의 느낌은 찍을 수 없다. 사람들은 우리의 마음을 찍어 남겨놓을 수 있으면 얼마나 좋을까, 생각한다. 더욱이 즐겁고 기쁘고 감격하는 마음도 찍어놓을 수 있다면 그보다 더 귀한 기념이 되는 것은 없을 것입니다. 아무리 좋은 카메라에 좋은 렌즈를 장착했다고 할지라도 우리의 마음은 찍을 수는 없다. 어떻게 하면 마음의 사진을 찍어놓을 수 있을까?

마음의 사진을 찍는 방법은 글을 쓰는 것이다. 우리의 생각과 느낌, 기쁨과 슬픔을 남겨놓을 수 있는 길은 오직 글로써만 가능하다. 사람들이 자기가 깨닫든지 못 깨닫든지 글을 쓰고 싶어 하는 사람은 마음의 사진을 기념으로 남겨놓으려는 생각 때문이다. 더욱이 글을 쓰는 것은 카메라가 할 수 없는 것까지 동시에 할 수 있다. 카메라는 우리의 외모나 경치만 찍을 수 있지만 글쓰기는 우리의 겉모습뿐만 아니라 마음도 그려낼 수 있다.

오늘 우리가 뭔가 글을 쓰고 싶다는 충동을 느끼는 것은 아름다운 경치를 보면 사진을 찍고 싶어 하는 것과 마찬가지이다. 좋은 경치를 보거나 아름다운 옷을 입고 좋은 모습으로 꾸몄을 때 카메라가 없으면 그것을 남겨놓지 못하는 것처럼, 아무리 감동적이고 잊지 못할 상황을 경험한다고 할지라도 글을 쓰지 않으면 우리들의 아름다운 기억은 마침내 다 사라지고 만다. 그것은 자연스런 현상이다. 기억력의 특성은 잊어버리는 것. 조물주는 우리 인간들이 온갖 것을 잊어버리게 만들어 놓았기 때문에 살아갈 수 있다. 한번 기억한 것, 경험한 것을 하나도 잊어버리지 않는다면 우리는 살아갈 수 없을 것이다. 슬픔도 괴로움도, 실패도 좌절도 잊어버릴 수 있기에 오늘도 삶을 영위할 수 있다.

그러나 살다 보면 이것은 잊지 말고 꼭 기억하고 남겨놓고 싶은 일이 있다. 그것을 우리는 메모하거나 나름대로 기록해놓는다. 좀 더 나아가면 글쓰기, 문학이라는 장르를 통해서 그것을 역사 속에 남기기도 한다. 문학에는 시, 수필, 소설, 희곡, 평론 등의 여러 분야가 있다. 우리에게 가장 유용하면서도 접근하기 쉬운 문학은 '수필'이란 장르이다.

"수필(隨筆)은 붓 가는 대로 쓰는 것이다."라는 말이 있다. 우리는 오랫동안 그렇게 배웠고 그렇게 생각해왔다. 이것이 수필을 잘못되게 한 것이다. 쓰고 싶은 것을 붓 가는 대로 써놓는다면 그것은 수필이 아니라 잡문이며, 잡탕이 될 수밖에 없다. 만약 생각나는 대로, 쓰고 싶은 대로 써놓은 '수필'을 읽는다면 우리는 쓴 사람을 정신이 좀 이상한 사람이 아닌가, 하는 생각을 가질 수도 있을 것이다. 한꺼번에 쏟아지는 생각들이 한 편의 수필이 되려면 그것들이 정리, 정돈되어야 한다. 필자는 첫 수필집 『매미 소리를 들으며』(1999년, 쿰란)의 머리말을 "수필은 정돈된 마음의 행로이다."로 시작하고 있다. 한 가지 주제에 수많은 소재가 있을 수 있지만 한꺼번에 다 쏟아놓는다면 수필이 될 수 없다. 필요한 소재를 정리할 줄 알아야 한다. 이것이 우리가 수필을 쓰고, 글쓰기를 하고, 시(詩) 쓰기를 공부하는 이유이다.

흔히 수필가라는 이름을 갖고 있으면서도 수필이 아닌 글을 수필로 생각하는 사람들이 없지 않다. 간혹 동인지에 발표하는 글들 가운데 그런 것을 찾아볼 수 있다. 그러다 보니 한때는 수필은 문학이 아니라고 말하는 사람들도 있었다. 수필이 어떻게 문학이 될 수 있을까? 한편의 글에는 문학성이 있어야 한다. 문학(文學)의 사전적인 의미는 "정서·사상을 상상의 힘을 빌리어 언어 또는 문자로써 표현한 예술 작품(literature)"을 말한다. 학문적으로 정의한 문학성은 어쩌면 더 이해하기 어려울 수 있다. 문학성은 쉽게 말하면 "그 작품이 주는 감동이나 울림"이다. 그 감동 속에 교훈과 즐거움이 들어있다. 울림이나 감동은 정(情)에서 나온다. 아무리 아름답고 좋은 조건을 갖춘 부부라고 할지라도 정이 없으며 함께 살아가기 어렵다. 옛날에는 선도

보지 않고 결혼을 했지만 살다 보면 정이 생겨 한 가정을 이루었다. 인간관계에서 정이 존재하지 않는다면 건강하고 아름다운 사회를 이루어 갈 수도 없을 것이다.

글쓰기에서 어떻게 정을 드러낼 수 있을까? 시에는 서정시(抒情詩)와 서사시(敍事詩)가 있다. 서사시가 어떤 역사적 사실이나 전설 또는 신화 등을 바탕으로 쓰인 것이라면 서정시는 정(情)을 바탕으로 이루어진 것이다. 우리들의 삶 속에서 자연이나 사물로부터 정을 불러내는 것이 서정시이다. 서정을 문자적으로 풀면 '정을 이끌어낸다'는 의미. 사물에서 정을 찾아내려면 사물을 관찰해야 한다. 그저 보는 것이 아니라 주의 깊게 자세히 살펴야 한다. 아무런 생각 없이 사물을 본다면 보아도 보이지 않고, 귀를 기울이지 않으면 들어도 들리지 않는다. 무엇을 들었는지, 무엇을 보았는지 기억나지 않는다. 그러나 관심을 모아 듣고 보면 뚜렷이 기억에 남는다. 기억에 남을 뿐만 아니라 그 말 한마디가, 그 글 한 줄이 주는 의미도 깨닫고 공감하게 된다. 그런 자세라면 우리는 자연에서도 공감을 불러낼 수 있다.

서정적인 글쓰기는 공감을 이끌어내는 것이다. 문학성은 그 시대, 그 장소에 따라 공감대를 형성한다. 만약 우리와는 상관없는 전혀 다른 시대의 사실만을 제시했다면 사람들은 거기에 공감할 수 없을 것이다. 어떤 글이든지 사실을 제시하는 데서 끝나는 것이 아니라 오늘에, 현대인들에게 적용되어야 한다. 다시 말하면 내가 쓴 글이 문학성이 가지려면 그 내용이 나와 다른 이에게 적용되어야 울림과 감동을 주고 정을 느끼게 된다. 정을 찾아내려면, 정을 느끼려면 그 사람과 접촉하거나 그 사물 안으로 들어가 보아야 한다. 함께 즐거워하고, 함께 울어주려면 그 사람과 함께해야 한다. 고통과 아픔도 마찬가지이다. 내가 나무에 대해 자세히 알아보려면 내가 나무의 입장에 서봐야 한다. 역지사지(易地思之) - 남과 처지를 바꾸어 생각하는 것이 필요하다. 우리가 사물을 대할 때는 의인화를 통해 한 포기 풀에서, 어떤 동물에서 그것들의 희노애락(喜怒哀樂)을 이끌어내고 이해할 수 있게 된다.

수필 문학에서 무엇보다 중요한 것은 진솔한 자기표현이다. 소설은 허구를 통해, 상상 또는 가상의 인물을 내세워 이야기를 엮어갈 수 있다. 그러나 수필은 다른 사람의 이야기를 엮는 것이 아니다. 반드시 다른 사람과 나와의 관계 속에서 일어난 일들이 엮어져야 한다. 흔히 한 편의 시를 두고 '그 사람의 고백'이라고 말하는 사람들이 있지만 엄격히 말해서 시는 그 사람의 고백이 아니다. 시는 다른 사람의 경험이나 다른 사람의 생각을 그림 그리듯 그려낼 수 있다.

수필은 자기의 삶, 자기의 인생철학을 드러내는 것이다. 그렇다고 자기 자랑을 하거나 자기 주관을 드러내는 것이 아니다. 어떤 사실을 직설적으로 폭로하는 것도 문학이 될 수 없다. 흔히 수필을 쓰려면 깊은 지식을 구비 하거나 학문적 체계를 갖춘 사람이라야 할 수 있을 것으로 생각하기 쉽다. 그러나 수필은 논문도, 보고서도 아니다. 그 사람의 삶을 이야기하는 것이다. 삶이란 멀리 있는 것이 아니다. 그 사람과 가까이 함께 있는 것. 우리가 글을 쓰는 소재를 찾는 것도 반드시 어떤 특별한 장소에 가야 하는 것은 아니다. 내가 생활하는 평범한 삶 속에서 나의 감정과 느낌을 그려내면 다른 사람에게도 공감으로 이어진다.

 사람들은 글쓰기를 특별한 사람이 하는 것으로 생각한다. 그러나 글은 누구나 쓸 수 있는 것이다. 왜냐하면 수필의 소재는 그 사람의 삶 속에 들어있기 때문이다. 흔히 사람들은 '내 인생은 소설을 써도 몇 권은 쓸 수 있다'고 말한다. 누구나 그 마음속에는 수많은 이야기를 간직하고 있다. 내가 간직하고 있는 이야기는 다른 사람이 경험해 보지 못한 것이며 오직 나만이 간직하는 마음의 보화이다. 우리가 글을 쓴다는 것은 마음의 보화를 꺼내어 정리하는 것이다. 글쓰기는 내 마음, 내 삶 속의 이야기들을 아름답게 정돈하는 방법을 공부하는 것이다. 현대인들은 문명이 발달하고 풍요로워지면서 소중한 것들을 잊어버리고 살고 있다. 우리는 감동적인 글을 읽으면 '그 사람 참, 글을 잘 썼다'고 말한다. 그러나 문장을 매끄럽게 하는 글솜씨만으로는 감동을 줄 수 없다. 문학성이 있는 삶이 뒷받침되어야 한다.

 좋은 수필을 쓰는 사람들에게는 몇 가지 공통점이 있다. 그것은 문학적인 삶, 수필적인 삶을 살아가는 것이다.
1) 한 박자를 늦추는 삶이 필요하다. 빠른 것, 편한 것, 쉬운 방법으로 좋은 글을 기대할 수 없다. 슬로시티, 올레길을 땀 흘려 걷는 자세는 많은 도움을 준다. 편한 것을 찾는 길의 끝은 마약이다.
2) 명예나 공명심의 욕심을 버려야 한다. 어떤 일을 잘한 사람에게 주어지는 명예란 소중한 것이다. 그러나 자기 스스로 자랑하고, 스스로 명예를 추구하는 것은 바람직스럽지 못하다. 바울은 "다른 사람이 자랑하게 하라"고 말했다. 이상하게도 높은 직위에

있는 사람들이나 모든 것이 풍족한 사람들은 글을 쓰지 못하는 경우가 많다. 핀란드의 시벨리우스는 나라가 어려울 때 〈필란디아〉 작곡으로 애국심 고취하여 국부적인 대우를 받고 평안한 환경에서 살게 되었다. 그러나 그 후로는 좋은 곡을 내놓지 못하고 세상을 떠났다고 한다. 너무 편안한 삶보다는 불편한 환경에서 문학이나 예술은 꽃을 피운다.

3) 고독한 생활은 글 쓰는 사람에게 큰 도움을 준다. 글쓰기는 혼자서 하는 작업이다. 여행도 친구와 함께 하는 것이 좋을 때도 있지만 글 쓰는 사람에게는 별 도움 안 된다. 사색하는 것, 상상하는 것은 공동으로 할 수 없는 것이다. 레오나르도 다빈치는 "당신이 혼자 있을 때는 100%의 자기를 소유할 수 있지만 두 사람이 함께 있으면 2분의 1밖에 소유할 수 없다."고 말했다. 그는 독신으로 살면서 화가, 건축가, 조각가로 '천지창조', '모나리자' '피에타' 등 많은 작품을 남겼고 자연과학 분야에도 많은 업적을 쌓았다.

4) 성실한 삶은 좋은 글을 만들어 낼 수 있다. 부지런함과 끈기가 있어야 한다. 끝장을 보는 자세가 필요하다. 삶이 귀찮다, 신경 쓰기 싫다는 사람은 글을 쓸 수 없다. 글 쓰는 작업은 신경 쓰는 작업이다.

사람들은 누구나 자기 얼굴이나 좋은 경치를 찍은 한 장의 사진을 기념으로 남기고 싶어 하는 것처럼 자기의 아름다운 생각이나 추억의 한 토막을 사진처럼 남기기를 원한다. 생각이나 마음은 카메라로는 촬영할 수 없다. 오직 글을 쓰는 것을 통해 우리의 사라져가는 마음을 기념으로 남겨놓을 수 있다. 사람들은 마음속에 수많은 이야기를 간직하고 있다. 그러나 그것을 멋대로 쏟아놓는다고 해서 글이 되지는 않는다. 그 소재를 잘 정리·정돈해야 한다. "수필은 정돈된 마음의 행로이다." 글쓰기는 특정 인만이 하는 것이 아니다. 남녀노소, 빈부귀천, 누구나 마음속의 생각과 삶 속의 경험을 잘 정리하면 정이 넘치는 아름다운 글이 된다. 글을 쓰는 것보다 더 좋은 삶은 없다. 글쓰기는 자기를 업그레이드 한다.

* 이글은 거성교회 '문예교실'에서 강의한 내용을 요약 정리한 것임.

사랑의 계절에 띄우는 편지

"한 사람 여기 또 그 곁에 둘이 서로 바라보며 웃네…… 긴 세월 지나 마주 앉아 지난 일을 얘기하며 웃네……" 이주원 작사 · 작곡으로 양희은이 부른 오래된 노래의 한 소절입니다. 사랑의 시작과 사랑의 만년을 그려 보여준 고운 노랫말입니다. 그러나 만년의 사랑은 좀 쓸쓸해 보입니다. 긴 세월이 흐른 뒤 마주 앉아 지난 일들을 얘기하며 쓸쓸히 웃고 있는 모습이 그렇습니다. 마주 보고 있다는 것은 사랑만이 아닐 것입니다. 얼마나 많은 시간을 마주 보며 다투었을까도 생각해볼 수 있습니다.

엊그제 라디오 방송에서 결혼 기념으로 신청한 음악을 틀어주면서 아나운서가 '3월에는 결혼기념일이 참 많은 것 같다'고 말하는 것을 들었습니다. 결혼시즌인 3월은 '사랑의 계절'이라고도 말할 수 있을 것입니다. 그러나 가장 사랑이 무르익을 때 다툼도 심해지는 것이 아닐까요. 그 어떤 사람들보다도 마주 앉아 있는 시간이 많은 신혼부부가 다툼이 가장 많다는 비공식 통계(?)가 있습니다. 다른 이들이 보기에는 언제나 다정스럽게 보여도 마주 보고 있으면 그만큼 다툴 기회도 분명히 많아지게 될 것입니다.

열대어 가운데 '키싱'이란 관상어가 있습니다. 아마 자주 입을 맞추는 데서 붙여진 별명이 아닌가, 생각합니다. 사람들은 그것을 서로 좋아하는 것으로 해석합니다. 그러나 누가 알겠습니까? 아무도 키싱이 다투는 것인지, 좋아하는 것인지는 확실히 알 수 없는 노릇이지요. 새소리를 두고 우리는 '새가 운다'고 말하지만 서양 사람들은 '새가 노래한다'고 표현합니다. 이것도 우는 것인지, 노래하는 것인지, 일정하지는 않을 것입니다. 새도 울 때가 있고 웃을 때가 있을 것이기 때문입니다.

분명한 것은 사랑은 눈빛이나 소리로 전달되고 있다는 것입니다. 그래서 마주 보고 웃고, 노래하고, 때로는 함께 울기도 하는 것이지요. 식물은 눈빛으로, 몸짓으로 사랑을 나타내는 것 같습니다. 봄이 오면 굳게 입 다물었던 우듬지에서 뾰족이 잎눈을 내밀고 눈빛으로 말하기 시작합니다. 자세히 들여다보면 그 잎눈은 하나같이 하늘을 향하고 있습니다. 식물들은 모두 함께 하늘을 쳐다보고 있습니다. 생명이 없는 불꽃도 위로 향하고 있습니다. 불꽃이 옆으로 퍼진다면 요리하기가 대단히 어려울 것입니다.

하나님이 만드신 자연은 우리에게 참사랑을 가르쳐준다는 생각입니다. 생텍쥐페리는 말했습니다. "사랑한다는 것은 서로 마주 보는 데 있는 것이 아니라 함께 같은 방향을 쳐다보는 것임을 우리는 경험으로 안다." 사랑하는 두 사람이 마주 보며 문제를 해결하려 한다면 아무리 많은 말을 꺼내도 해답을 찾지 못하고 사랑에 얼룩만 지게 할 것입니다. 그 누구라도 함께 십자가를 바라본다면 문제의 매듭은 풀리고 가슴에는 참사랑이 솟아나게 될 것입니다.

한창 마음이 풀리고 봄바람이 부는 계절에 왜 '사순절'이 있는 것일까요? 마주 보며 다툼이 일어나기 쉬운 계절에 같은 방향을 쳐다볼 수 있다는 것은 큰 축복입니다. 하늘을 쳐다보며 십자가가 서 있는 쪽을 향해 걸어가는 진정한 사랑의 계절이 되기를 기원합니다.

(『주님의 얼굴을 보는 사람들』-사랑의 편지 10년)

소설을 쓰는 이유

 아무리 채워도 텅 빈 것 같은 마음을 무엇이라 말해야 할까? 철이 들어 사고의 깊이를 더해가면서 나를 사로잡은 것은 과거는 어리석었고, 현재는 늘 모자란다는 생각이었다. 이런 것을 아우르면 한마디로 '덜 되었다'는 것이 옳은 표현일 것이다. 마음을 가다듬어 책을 읽는 것으로 정신적 공허를 어느 정도 채울 수 있었지만 돌아서면 늘 빈들이었다. 그 자리에 뭔가를 심고 가꾸어보려는 생각이 삶의 연륜과 함께 가을 산의 억새처럼 피어올랐다. 그것이 자기를 돌아보며 일기를 쓰게 했고, 꿈을 끼적거리면서 미래를 바라보게 했다.
 수필을 쓰고 시를 지으면서 어느 정도 빈자리가 메워지는 것 같았다. 내게 있어 살아간다는 것은 날마다 새것을 찾아가는 순례의 길이었다. 무엇하나 제대로 하지 못하면서도 새로움에 대한 갈망은 밀물처럼 내 가슴에 끓어올랐다. 그것이 이(利)를 추구하는 일이었다면 '사망을 부르는 욕심'이 될 수도 있었을 것이다. 시를 쓰고, 수필집을 펴내는 문학 행위는 전혀 타산이 맞지 않는 일이다. 그것은 텅 빈 나의 뜨락에 한 포기씩 묘목을 심는 일이었다. 묘목이 자라면 아름다운 숲을 이루고 위로의 그늘도 만들어 줄 것이라 기대했었다.

　짧지 않은 4반세기 동안의 목회 사역을 내려놓고 나서 내가 새로 할 수 있는 일을 찾아보았다. 아내와 함께 할 수 있는 일은 때로 등산도 하고 여행을 하는 것이었다. 그러나 등산과 여행이 일상이 될 수는 없었다. 내가 혼자서 할 수 있는 일은 글을 쓰는 것밖에 없었다. 수필을 쓰기 오래전부터 서가의 깊은 곳에 끼어있었던 정비석의 『소설작법』을 뒤적이면서 새로운 장르에 발을 들여놓았다. 내가 시작하는 모든 일은 갈수록 어려웠다. 시도 무척이나 힘들었지만 소설은 더 어렵게 다가왔다. 그러나 어려운 문제를 풀어내는 사람은 누구나 보람과 즐거움으로 보상받게 될 것이라는 기대감이 나를 지탱했다.

　소설을 쓰는 이유를 정확히 무엇 때문이라고 말하기는 어렵다. 그러나 곰곰이 생각해보면 내 인생의 묵정밭을 더 알뜰히 가꿔보려는 마음이 뿌리를 내린 것이라는 대답이 가능할 것 같다. 소설가 전상국 교수는 소설 쓰기에 대해 "당신이 가지고 있는 열등 콤플렉스가 당신의 상상력을 부추긴다."고 말했다. 세계적 석학이자 이탈리아의 소설가인 움베르토 에코는 "(소설의) 서사는 다른 무엇보다 우주가 탄생하는 사건"으로 풀이했다. 미처 몰랐지만 이런 것들이 내가 소설을 쓰는 동력으로 작용했는지도 모른다.

　어릴 때 고모로부터 처음 종이접기를 배울 때의 일이다. 종이배를 접어보고, 새를 만들어내는 것은 신기한 기쁨이었다. 그때는 놀이하는 것이 먹는 것보다 더 좋았다. 아이들은 밥 먹을 때도 잊어버리고 친구들과 놀이에 빠진다. 만들며 놀고, 놀면서 만들고, 아이들은 그렇게 자란다. 문학이란 어쩌면 유희본능의 산물인지도 모른다. 그것은 글을 쓰는 사람만이 아는 창작의 기쁨이다. 부조리의 작가 카뮈는 '시시포스의 신화'에서 "소설을 창조한다는 것은 두 배로 사는 것"이라 말했다. 주어진 시간에 두 배의 열매를 거두는 것보다 더한 기쁨이 있을까? 천재들은 그러한 기쁨을 누리며 짧은 인생을 길게 살았다. 오르한 파묵은 그의 '하버드대 강연록' 첫 문장을 "소설은 두 번째 삶입니다."로 시작하고 있다. 후회의 불연속선을 살고 있는 사람에게 또 한 번의 기회가 주어진다면 그의 삶이 얼마나 진지해질 것인가, 는 물어볼 필요도 없다. 파묵은 "작가가 된다는 것은 인간의 내면에 숨겨진 제2의 존재와 그 존재를 만들어 낸 세상을 인내심을 가지고 오랜 세월 동안 노력하여 발견하는 것"이라 말했다. 카뮈도 파묵도 짧은 인생에 두 배로 사는 길을 가르쳐주고 있다.

 그러나 인간은 어떤 자세로 살아가도 불완전의 자리를 벗어날 수는 없다. 삶이란 이미 있던 것들이 하나씩 떨어져 나가는 것으로 부족을 느끼는 경우도 있지만, 아무리 덧붙여도 어느 한쪽이 벌거벗은 것처럼 부끄럽고 아쉬움이 생겨나는 때가 많다. 어떻게 해야 할까? 지진이나 홍수로 인해 허물어진 곳을 보수하듯 지친 인생도 정성들여 손을 보며 그날까지 살아가야 하지 않을까? 내 삶의 이지러진 쪽을 보수하며, 남은 빈 뜨락을 푸르게 가꾸기 위해 건강이 허락하는 한 소설 쓰기를 계속해 갈 것이다. "이미 쓴 소설은 결코 자신의 꿈이나 가능성만큼 훌륭하지 못합니다. 언제나 꿈을 꾸어야 하고, 자신의 능력보다 훨씬 높은 목표를 세워야 합니다. 동시대의 작가나 선배 작가들보다 더 낫기 위해 괴로워할 필요가 없습니다. 소설가는 자기 자신보다 더 나으려고 애써야 합니다." 1949년 노벨문학상 수상 작가 윌리엄 포크너의 말이다. 자원해서 하는 일은 언제나 우리에게 기대 이상의 기쁨을 안겨준다. 더 좋은 작품을 희구하며 자기를 치유하는 것은 다른 사람들에게도 선순환으로 작용할 것이라 믿는다.

(부산 크리스천문학. 제26호. 2016년 하반기)

새로운 삶을 찾아가는 통로
- 한 편의 소설이 되기까지

즐거운 생각을 옮겨놓은 자리

산다는 것은 울고 웃는 것이다. 좀 더 나아가서는 노래하는 것이다. 다시 말하면 울다가 웃기도 하고 그러다 보면 노래도 부르고 싶어지는 것이 인생이다. 문학을 한다는 것도 울고 웃고 노래하는 것이다. 모든 사람은 자기가 의식하든 그렇지 않든 문학을 하며 살아간다. 울면서 태어난 인간은 쉬 그 천성을 벗어버리지 못한다. 자기 의사를 표시할 줄 모르는 유아기에는 울음으로 모든 말을 대신한다. 그러다 울음을 그칠 때도 있지만 돌아보면 인생은 평생을 울면서 살아간다고 해도 과언이 아닐 것이다.

울다가, 울다가 울음을 그칠 때가 있다. 하늘이 무너지는 슬픔을 비집고 미소가 번져 나오고 그러다 보면 노래하고 싶은 마음이 생기기도 한다. 이런 것은 인생을 살아가며 겪는 일이다. 그리고 뭔가 드러내고 자랑하고 싶어지는 마음이 고개를 쳐들기도 한다. 그 무언가가 가슴 속에서 부풀어 오르고 드러내어 함께 웃고 싶어지는 것이 수필의 소재가 될 수 있을 것이다. 수필은 낱낱이 보여주고 싶고 어쩌면 특별히 조명하고 싶은 마음을 그려내는 것이다. 그래서 사람들의 수필은 읽어보면 자기 자랑에 속하는 일들이 즐비하다. 수필에는 민들레·제비꽃이 피어있는 드넓은 초원, 하얀 반달을 손짓하며 조각구름이 흘러가는 하늘, 또는 별이 반짝이는 밤의 이야기가 들어 있다. 이런 것을 읽는 사람들은 함께 기쁨을 나눈다.

그러나 시(詩)는 나타내기보다는 감추고 싶은 마음이다. 하고 싶은 말은 너무도 많지만 그것을 다 드러낼 수 없는 사람은 시를 쓴다는 생각이다. 말할 수 없다고 아예 입을 닫고 살아갈 수는 없다. 숨을 쉬며 살아가는 사람이 호흡을 중단할 수 없듯이 말하며 살아가는 사람에게 말은 삶의 수단이다. 말하던 사람이 말하지 못하게 된다면 그 답답함을 견딜 수 없을 것이다. 말할 수 없는 마음을 누구에게 전하기 위해 정감 어린 시어(詩語)로 포장하는 것이 시이다. 누구에게도 말하지 못하고 가슴속에 가두어놓았던 말을 시를 통해 풀어내었을 때 그 시원함이라니! 먼 길의 무거운 짐을 내려놓는 것 같은 기분이 한 편의 시를 완성했을 때의 마음이다. 이런 위로를 느끼며 한 컵의 탄산음료를 마시는 것 같은 청량감을 맛보기 위해 사람들은 문학을 하는 것이 아닐까?

이렇게 사람들은 울면서 웃기도 하고, 웃다가 울기도 하면서 살아간다. 이것이 시를 쓰는 마음이며 수필을 쓰는 기분이다.

나는 참으로 하고 싶은 말이 많았다. 할 말이 많다고 해서 다른 사람이 그 말을 다 들어주지는 않는다. 감수성이 한창 예민해지던 사춘기에는 하고 싶은 말을 드러낼 대상도 없었다. 심지어 '연애편지'를 써서 좋아하는 사람에게 전하지 못하고 그 봉투가 다 닳아 해어질 때까지 바지 뒷주머니에 넣어두었던 적이 있었다. 나는 일기를 쓰기 시작했다. 그것은 나의 어떤 말도 거부당하지 않는 자리였다. 어설픈 꿈을 얘기하고 조그만 사랑을 그렸다. 불만을 토로하기도 하고 간절한 호소를 늘어놓기도 했다. 일기가 어제와 비슷한 말이 되면 나는 그것을 덮어놓고 책을 읽고 감동한 느낌을 독후감으로 적어놓았다. 좀 더 시간이 흐른 뒤에는 그런 마음이 한 편의 수필이 되기도 했다.

나는 등단을 하기 전부터 수필을 쓰기 시작했다. 부산 크리스천 문인협회 회원이 되었다. 그때는 아마 내가 일간 신문에 글을 쓰는 사람(記者)이라는 신분이 인정을 받았던 것 같다. 그러나 동인지들에는 등단하지 않고 글을 쓰는 사람은 보이지 않았다. 뒤늦게 월간 『수필문학』으로 추천완료의 과정을 거쳤다. 그리고 맨 첫 번째로 펴낸 작품집이 『매미소리를 들으며』라는 표제의 수필집이었다. 수필은 대개 즐거운 생각을 옮겨놓는 자리이다.

한 편의 시가 태어나기까지

대망의 새천년을 맞으면서 우연히 시를 쓰게 되었다. 시는 눈물이었다. '시인은 슬픈 천명(天命)으로 태어났다는 윤동주의 시도 이때 알게 되었다. 슬픔은 말을 삼켜버린다. 말할 수 없는 사람이 말할 수 있게 하는 것이 시였다. 그것은 시의 위대함이었다. 처음에는 그야말로 멋도 모르고 시를 썼다. 써놓으면 시처럼 보였다. 그것이 시가 되는지, 안 되는지를 알지 못했다. 몇 권의 '시작법'을 탐독해도 자기의 시를 보는 눈은 여전히 어두웠다. 나는 '시를 쓰는 선배'에게 내가 쓴 시 몇 편을 좀 보아달라고(고쳐달라고) 보였다. 내가 보여준 시편들은 내게로 돌아오지 않고 대신 '당선 소감'을 보내라는 말이 돌아왔다. 그 선배는 그 가운데 다섯 편을 골라 등단으로 이끌어주었다. 계간『문예한국』이었다. 처음에는 시를 쓰는 것이 이런 것인가, 하고 약간은 실망도 했지만 '등단'은 나에게 놀라운 일이었다.

시는 쓰면 쓸수록 어려워졌다. 어디서 누구에게 배워야 하는지도 몰랐고, 가까운 사람들도 손목 잡고 시를 가르쳐주지 않았다. 시란 그렇게 가르쳐줄 수 없는 것이란 것을 한참 뒤에 알았다. 좋은 시를 쓰고 싶어 하는 내게 스승은 책밖에 없었다. 시 창작에 관한 책만 열 권도 넘게 구입했으며 시 해설집까지 합하면 훨씬 더 많아진다. 시를 쓰기 시작하면서부터는 시집을 수도 없이 사 모았다. 이름 있는 글쟁이들이 인용한 아름다운 구절들이 여기저기 들어 있었다. 신문에 소개되는 신간 시집은 빠짐없이 읽었다. 시를 쓰는 것이나 읽는 것은 재미있었지만 시를 제대로 이해하고 쓴다는 것은 참으로 어려운 일이었다.

간혹 산문을 쓰는 사람 가운데 시는 적당히 행 가리만 잘하면 시가 된다고 말하는 것을 들은 적이 있다. 시를 올바로 이해하지 못하는 사람들은 대개 그렇게 말할 것이다. 한 편의 시를 쓰는 데 걸리는 시간은 원고지 분량의 많고 적음에 의해 결정되는 것이 아니었다. 어떤 경우는 몇 줄의 시를 쓰는 데 몇 달이 걸릴 수도 있고, 몇 년이 걸리는 때도 없지 않았다고 한다. 내가 두 번째 시집을 위한 원고를 정리할 때 '풍랑'이란 제목의 몇 줄 안 되는 짤막한 시가 있었다. 아무리 적합한 시어를 찾아 잘 다듬어보려고 해도 되지 않았다. 별것 아닌 것 같으면서도 왠지 버릴 수 없는 소재였다. 세 번째 시집을 준비할 무렵 메모장 속에서 잠자던 '풍랑'이란 시를 다시 꺼내 살펴보았다.

그것이 '세상 풍파'란 제목으로 다음과 같이 완성되었다. 결국 이 시는 8년쯤 걸린 셈이다.

> 왕바람이 갈아엎은 누리 물 밭에/ 남풍이 열리는 과원을 만들고 싶다// 삼월의 바다에 능금꽃 곱게 피어/ 청무우 밭에 나비 떼 내려앉고*/ 황톳빛 가슴엔 푸른 둥지 내걸려// 돌아온 새들 노래 부르면/ 이 세상 모든 풍파/ 잔잔해 지리   —(졸시 '세상 풍파')
> * 김기림의 시 〈바다와 나비〉에서 임의 인용.

물론 어떤 시는 한자리에서 단번에 써지기도 하지만 나의 경험으로 미루어 보면 한 편의 수필을 쓰기보다 더 오랜 시간이 요구되었다. 이처럼 어려운 시를 제대로 써보자는 욕구가 뒤늦게 나를 사이버대학으로 이끌었다. 이때 이문재, 이영광, 박덕규 시인들을 온라인 또는 오프라인으로 만나 배움의 기회를 가졌다. 시를 쓴 지 12년 동안에 『천사들의 휴양지』, 『서설』, 『그림자의 귀향』 등 세 권의 시집을 상재 했고, 첫 수필집을 낸 이후 15년 만에 두 번째 수필집 『마음을 건드리는 노래』를 출간했다.

여행을 떠나고 싶은 마음

시를 잘 써보려고 시작한 배움을 통해 뜻밖에 또 하나의 소득을 얻게 되었다. 그것은 소설을 쓰는 것이었다. 시나 수필이 '울고 웃고 노래하는 마음'이라면 소설을 쓰는 것은 멀리 여행을 떠나고 싶은 마음에 비유할 수 있을 것이다. 마치 해외여행을 하는 사람처럼 소설의 세계에 들어가 휘-, 이곳저곳을 둘러보며 구경하고 싶었다. *"한 줄의 시를 쓰기 위해서는 많은 도시와 사람들 그리고 사물을 보아야 하며 동물들을 알아야 한다. …… (중략). 고요하고 외진 방에서의 나날들과 바닷가에서 맞은 아침, 그리고 바다 그 자체, 이곳저곳의 바다들, 하늘 높이 올라가 별과 함께 날아가 버린 여행 중의 밤을 떠올릴 수 있어야 한다."(『말테의 수기』p.26) 이것은 릴케가 한 줄의 시를 쓰기 위한 몸짓을 이야기 한 것이지만 소설을 쓰는 데는 더욱 많은 인생 여정을 돌아보아야 하지 않을까?

소설은 그 분량 때문인지 많은 것을 담을 수 있는 큰 그릇처럼 보였다. 실제로 시나 수필에는 소설을 담을 수 없지만 소설은 시나 수필을 얼마든지 품을 수 있었다. 시를 쓰거나 수필을 쓰는 마음은 소설에 대입할 수는 있어도 소설을 쓰는 문체로 시나 수필을 쓸 수는 없다. 그러다 보니 시를 쓰거나 수필을 쓰는 것보다 소설을 쓰는 것이 더욱 선망의 대상이 되었다. 지레 겁을 집어먹고 포기하는 것이 아니라 도전해본다는 마음이 소설을 쓰는 길로 걸어가게 만들어 주었다. 역사 속에 영향을 끼친 문학 장르는 시나 수필, 희곡보다는 단연 소설이었다는 것을 기억한다.

문학 평론가 김윤식은 문학은 예술 중에서 가장 특이한 존재라는 점을 강조하면서 다음과 같이 말했다. "근대문학 특히 그 대표적 존재인 소설은 인간 문화에서 종래의 철학이 지녔던 것과 거의 동등한 위치와 몫을 행하고 있다. 세계란 어떤 것이며, 인간이란 무엇이며, 선이란 무엇이며, 인간은 어떻게 살아야 하는 가를 탐구하고 인간의 삶의 목적을 규정하는 노력이 철학이었다면 오늘의 문학은 보다 구체적으로 이와 동일한 몫을 수행하고 있다."(『한국문학사』p.42) 소설이 최고의 학문인 철학과 동등한 역할을 감당하는 장르라는 것은 사실인 것 같다. W. H. 허드슨은 "소설은 인생의 해석이다." 라고 정의했다. 소설은 작가가 상상력과 구상력으로 창작한 허구의 세계이지만 사실보다도 인생의 더 많은 진실을 담아낼 수 있는 것으로 보인다.

누구에게나 쉽게 읽히고 또 재미있는 소설을 쓰는 일은 어려운 작업이었다. 어쩌면 그것이 당연한 일인지 모른다. 문학이란 어떤 장르라도 쉬운 것은 있을 수 없다. 예술 작품을 완성하는 것은 아름다운 집을 짓거나 하나의 조각품을 깎아내는 일에 비유할 수 있을 것이다. 이탈리아 역사와 문학을 전공한 일본의 후지사마 마치오 교수에 따르면 미켈란젤로에게 예술의 본질은 '없애는 것'이었다. 그러므로 그는 조각이 가장 뛰어난 장르라고 믿었다. 그러나 레오나르도 다 빈치에게 예술의 본질은 '덧붙이는 것'이었다. 그에게 최고의 장르는 그림이었다. 하나의 거대한 돌 속에 갇혀있는 사람을 꺼내주는 것이 조각이라면 한 폭의 백지에 덧칠하여 아름다운 경치나 인물을 만들어내는 것이 그림이다. 문학예술에는 이 두 가지, 첨삭(添削)이 다 필요하다. 무엇이나 제대로 하려면 쉬운 것은 하나도 없다.

늘 새로움이 꽃피는 행로

완벽한 작품에 이르기까지는 아직도 까마득한 여정이 남아있지만 나는 2012년 계간 『한국동서문학』(겨울호)을 통해 소설을 쓸 수 있다는 가능성을 인정받게 되었다. 〈당선소감〉 가운데 일부를 옮긴다. "살아간다는 것은 날마다 새로움을 찾아가는 순례의 길이다. 새로운 공기를 호흡하고 새로운 땅을 밟으며 새로운 일을 펼치는 것이다. 멈추면 침잠할 것 같았기에 새것을 찾아 흘러내리고 때로는 거슬러 오르며 방황하기도 했다. 무엇하나 제대로 하지 못하면서도 새로움에 대한 갈망은 밀물처럼 가슴에 끓어올랐다." 소설 쓰기는 새로움에 대한 갈망의 산물이었다. 문학의 생명은 늘 새로움이 꽃피는 행로에 있다.

거기에는 열정이 필요했다. 뜨거운 불이 아니고는 밥을 지을 수 없듯이 열정을 품지 않고서는 하나의 작품도 생산해 낼 수 없을 것이다. "나타나엘, 내 그대에게 열정을 가르쳐주리라. 나타나엘, 그대를 닮은 것 옆에 머물지 말라. 결코 '머물지 말라'. 나타나엘, 주위가 그대와 흡사하게 되면, 또는 그대가 주위를 닮게 되면 거기에는 이미 그대에게 이로울 만한 것이 없다. 그곳을 떠나야만 한다." 앙드레 지드가 『지상의 양식』에서 한 말이다. 그는 끊임없이 새것을 찾아 떠나라는 말로 열정을 부추기고 있다. 그렇다면 내가 소설을 떠나 그 무엇 새로운 것을 찾아 떠나야만 하는 것인가? 그 답은 '떠나는 것이 아니라 시와 수필과 소설을 융합하는 것'이다. 실제로 장르는 다르지만 이 모든 것들은 문학이라는 하나의 거대한 장원(莊園)에 함께 머문다. 이것이 문학인들의 삶이다.

궁극적으로 삶은 자존(自尊)이다. 태어나서는 부모의 양육을 받고, 자라선 스승으로부터 지식을 배우지만 이것은 마침내 자존으로 안내하는 손길에 불과하다. 글을 쓰는 것이야말로 자존이다. 문학은 아무도 대신해줄 수 없는 것이다. 삶은 하나의 작품을 혼자서 이루어가는 것이다. 이것은 '모든 사람은 문학을 하면서 살아간다'는 서두의 말과 맥락을 같이한다. 험악한 인생을 산 사람들은 "내 삶은 소설로 써도 몇 권은 쓸 수 있을 것이다."라고 말한다. 그러나 그들은 그것을 작품으로 완성 시키지는 못한다. 그것은 문학인들의 몫이다. "문학은 만인이 느끼고 있으면서도 정착시키지 못하는 것을 기록과 묘사로써 정착시키는 기능을 다 하는 것이다." 나림 이병주의 말이다. 보통 사람들의 울음과 웃음과 노래의 의미를 작가들은 문학으로 형상화하는 것이다.

  내가 수필을 쓰고 시를 쓰면서 고희에 소설로 등단했다는 말을 들은 사람들 가운데는 아마 돌아서서 웃는 사람이 있었을지도 모른다. 그러나 문학은 늦었다거나 구별된 사람만이 할 수 있는 특별한 일이 아니다. 그것은 새로운 삶을 찾아가는 통로이다. 글을 쓰고 있으면 배고픔을 잊게 되고, 그 글이 활자화되어 내 눈앞에 나타나면 그것은 기쁨과 보람으로 어우러진다. 더 나아가서 이웃 사람들에게 울림을 줄 수 있는 자리에까지 이른다면 그것은 더불어 부르는 우리들의 노래가 될 수 있을 것이다. 내 속에 자라고 있는 이러한 긍지가 훗날 부끄럽지 않도록 나는 오늘도 글을 읽고, 생각하고, 쓰기를 계속해가는 것이다.

(문학도시. '이달의 소설가')

나의 신앙 나의 문학

　나의 삶은 게네사렛 호숫가의 빈 배였다. 한창 부모님이 필요한 초등학교 때 아버님은 공직을 따라 어머님과 형제들을 데리고 멀리 의성으로 부임하셨다. 나는 할아버지 할머니의 말벗으로 고향에 남겨졌으나 늘 혼자였다. 어린 나는 그때 나 혼자 버림받았다는 생각이 들었다. 중고등학생이 되었을 때는 '보이스 비 엠비셔스'라는 말이 젊은이들을 일깨웠지만 내 눈에는 피폐한 농촌 풍경만이 눈에 비쳤다. 덴마크의 그룬트비히 목사, 심훈의 상록수가 내 가슴을 흔들었고 류달영 박사의 농촌운동이 밀물처럼 잠자는 농촌을 일깨우고 있었다. 그리고 자기의 모든 영광을 내려놓고 아프리카 검은 땅의 버림받은 사람들을 찾아간 앨버트 슈바이처의 생애가 사람들의 가슴에 감동을 심었다.
　고등학교를 졸업하면서 진학의 길은 내 바람과는 거리가 멀었고 가깝던 친구들은 군문으로, 직장을 따라 고향을 떠났다. '군중 속의 고독'처럼 마을 친구들이 있었으나 나는 늘 고독 속에 살았다. 사춘기를 살면서 나는 일기장과 꾸준히 대화를 나누었다. 그것이 아마 글을 쓰는 동기를 유발했는지 모른다. 똑같은 글을 계속 쓸 수 없어 문장에 변화를 주었고 '계몽잡지'를 읽고 느낀 점(독후감)을 적어 보내면 잡지의 독자란에 실렸다. 잡지사에서는 원고료 대신 그다음 호 잡지를 한 권씩 더 보내오기도 했다. 빈 가슴에 무엇을 채우고 싶었지만 나는 정신적으로 늘 주리고 목말랐다.

그즈음 마을 한가운데 세워진 교회는 무엇이나 흘러드는 낮은 곳이었다. 나는 어느 날부터 나도 모르게 물이 흐르듯 교회로 이끌렸다. 외로운 나를 교회만큼 환영하는 곳은 어디에도 없었다. 교회는 나의 '인간의 조건'에 대해 아무것도 묻거나 따지지 않았다. 갈급한 나의 마음 문은 열려 있었다. 예수 그리스도는 내 마음속으로 들어오셨다. 차츰 믿음이 자라나면서 내가 해야 할 일, 내가 하고 싶은 일은 농부가 되는 것이었다. 좀 더 생각을 넓히면 피폐한 농촌을 일으키는 도우미가 되는 것이었다. 막연히 그룬트비히를 선망했고 슈바이처가 걸어간 길을 걷고 싶었다.

그 길은 믿음을 가진 자가 마땅히 가야 할 길이라고 생각했다. 그로 인해 나는 농학도가 되었다. 공직생활을 마치고 5.16 후에 고향으로 돌아오신 아버지께 나의 농촌의 꿈을 말씀드렸으나 "이놈아, 그러면 장가 못간다."는 것이 아버님의 대답이었다. 그때는 이미 세상이 바뀌어서 이농의 물결이 도시로 흘러들고 있었다. 대학 졸업을 앞두고 내 소박한 꿈은 장벽에 가로막혔다. 그렇다면 직장을 구해야 했다. 그때 내 눈에 들어온 것은 P 신문의 '수습기자 모집' 광고였다. 그때까지 손에 잡히는 대로 읽었던 소설이나 시집은 내게 글을 쓰고 싶은 충동을 불러일으켰다. 당시의 문인들은 대개 신문기자의 이력을 가진 분들이 많았다.

농부의 꿈은 이루지 못하면서도 글을 쓰고 싶었고 기자가 되면 나도 글을 잘 쓸 수 있을 것 같았다. 나는 3년의 편집부 과정을 거쳐 문화부에서 혹독한(?) 훈련을 받았다. 처음에는 내 나름대로 잘 썼다고 생각한 원고지가 데스크에서 너덜너덜한 걸레 조각처럼 되어 다시 돌아왔다. 문화부 기자 시절부터 나는 나름대로 수필 같은 글을 쓰기 시작했다. 그리고 등단도 하기 전에 부산 크리스천 문인협회 회원이 되었다. 1977년 수필문학 천료, 2000년부터는 뜻밖에 시를 쓰게 되었다. 아무에게도 할 수 없는 말, 드러내고 싶지 않은 슬픔과 고독을 '시'에게는 말할 수 있었다.

가까이 지내던 문학의 선배에게 '시가 되는지 좀 보아달라'고 원고를 보낸 것이 '등단 소감'을 보내라는 답으로 돌아왔다. 그가 손을 본 것은 오직 한 단어-내가 실향민들이 보상으로 '돈을 나누어 받고'라는 표현이 들어 있는 「실향」이라 시에서 '은혜를 나누어 받고'로 고친 것 뿐, 그대로 계간 『문예한국』에 신인상으로 등재되었다. 나는 그때만 해도 어느 문예지가 이름이 있는지도 알지 못했다. 한 권의 수필집과 3권의 시집을 출간하고 수필집을 낸 지 15년 만에 두 번째 수필집을 상재했다.

목회를 은퇴하고 나서 좀 더 시다운 시를 써 보기 위해 '사이버대학'에서 3년 동안 문예창작에 관한 강의를 수강했다. 시를 잘 써 보려고 시작한 것이 소설에 이끌렸다. 시는 어렵고도 재미있었지만 나는 새로운 장르에 도전하며 빠져들었다. 문학이란 어렵고도 재미있는 것이었다. 세 권의 소설집과 한 권의 장편소설을 내고 돌아보니 농부가 되고 싶었던 자리에서 너무나 멀리 떠나와 있었다. 돌아보면 게네사렛 호숫가 베드로의 빈 배와 같은, 나의 자랑할 것 하나 없는 내 삶을 채우기 위해, 부끄러운 고백들을 털어놓기 위해 나는 문학과 대화를 나누고 있는지도 모른다.

신앙과 문학은 내 인생의 전부이다. 내게 신앙을 빼버리면 빈 껍데기만 남을 것이고, 내게서 문학을 빼버린다면 나의 존재는 어디에서도 찾을 수 없을 것이다. 신앙을 통해 주님은 내게 한없는 은총을 베풀어주셨고, 믿음으로 문학을 함으로 나는 인생을 입체적으로 바라볼 수 있었다. 목회자로 살 때는 인간도 거룩하신 주님을 닮을 수 있다는 생각으로 매진했다. 그러나 문학을 하면서 '사람은 사람'이라는 것을 알게 된 것이다. 바울이 죄인 중에 내가 우두머리라는 회개와 함께 "나의 나 된 것은 하나님의 은혜"라는 고백에 나는 아무것도 더할 수 없었다.

주님이 내게 즐거운 은혜를 부어주실 때 나는 수필을 썼고, 참척의 슬픔을 당했을 때 나는 시를 썼고, 슬픔의 늪을 헤어나오면서 나는 소설을 쓰고 있다. 신앙은 나의 구원 선이었고 문학은 거친 바다를 헤쳐가는 노가 되었다. 신앙은 언제나 새 힘을 공급하고 문학은 내 고개를 들어 떠가는 구름 같은 인생을 보게 한다. 한때 복음을 전하며 농촌을 일깨우려는 꿈은 이제는 옛이야기가 되어 이제는 소설의 소재로만 남아있다.

(부산 크리스천 문학)

문화생산의 마당을 펼친 선구자

－『문예시대』 창간10주년 축사

  새삼스럽게 이야기를 하고싶어도 들어줄 사람이 없는 외로운 사람을 생각합니다. 그림을 그려놓고도 전시할 장소가 없어 애태우는 화가나, 노래를 부르고 춤을 추고 싶어도 무대가 없어 안타까워하는 성악가·무용가들을 그려봅니다. 글을 써두고도 발표할 지면이 없는 문인들의 답답한 심정을 다시금 떠올려봅니다. 한 걸음 더 나아가 글을 쓰기를 원하고 노래를 부르고 싶어하는 사람들을 이끌어주며 문화생산의 욕구를 충족시켜줄 안내자를 만나기 어려운 쓸쓸한 땅을 생각해봅니다.

  "문화의 불모지" "예술의 불모지"라는 말을 귀에 못이 박히게 들어오던 10년 전 어느 가을날 계간 종합문예지『문예시대』가 외로운 울음을 터뜨리며 부산에서 태어났습니다. 그전에도 뜻있는 여러분들이 불모지 부산을 푸르게 가꾸어보려고 문예지 발행을 시도했었지만 얼마 못 가서 간판을 내리고 말았습니다. 그것은 그만큼 분산의 문화토양이 척박했기 때문입니다.

  그러나『문예시대』는 창간 이후 4년 동안 줄곧 후원을 계속해오던

향토기업 대선주조가 뜻하지 않은 경제위기로 광고를 중단하게 되는 등 여러 가지 악조건 속에서도 꿋꿋이 묵은 토양을 갈아엎고 씨를 뿌리고 가꾸는 일을 계속해옴으로 마침내 불모지 부산을 옥토로 바꾸는 일을 선도했으며 이제는 철 따라 아름다운 꽃을 피우고 있습니다.

꽃이란 신비하리만치 아름다운 것이면서도 사람들과 가장 가까이 있는 것처럼 글이란 인간의 모든 정신의 집합체이며 영혼의 노래라고 할 수 있습니다. 영혼 또한 육체와는 별개의 존재이지만 그 영혼이 육체와 함께 할 때 인간은 이 땅에서 주어진 시간을 살아갈 수 있는 것입니다. 얼핏 생각하면 글을 쓰는 문인이나 그들이 써놓은 글은 보통 사람과는 별개의 존재인 것처럼 여겨질 때가 있습니다.『문예시대』는 일반인들에게는 낯선 존재처럼 느껴지던 문학작품을 정답게 가까이 느낄 수 있도록 문인과 독자와의 가교를 든든히 하며 오늘에 이르렀습니다. 그리고 스스로『문예시대』는 "맑고 깊고 푸르른 영혼의 샘"이라는 자부심으로 마지막 때를 힘겹게 살아가는 사람들의 영혼을 정화하는 일에 일익을 담당하고 있습니다.

문학이란 사람들에게는 자칫 멀리 보이지만 그것이 우리의 생활 속에 스며들 때 그 가치는 발휘되는 것입니다. 하나님의 아들 예수 그리스도께서 하늘 보좌를 떠나 이 땅에 내려오신 것처럼. 그런 의미에서 나는 더 많은 사람이 글을 즐겨 쓰고 발표할 지면도 제공되어야 한다고 생각합니다. 그것이 시이든 소설이든 수필이든 아니면 다른 장르이든 자기가 쓰는 글을 통해 자신의 모습을 돌아보며 사물을 보고 듣고 느낀 감동을 이웃과 함께 나눌 수 있어야 할 것입니다.

이런 일이야말로 우리 사회를 밝고 아름답게 가꾸어 가는 참다운 영양소가 될 것입니다. 왜 어려움이 없겠습니까. 때로 답답할 때도 많겠지요. 문화의 꽃을 피우기는 혼탁한 시대 속에서도 의롭게 살아가는 사람들이 지고 갈 이 시대의 십자가입니다. "십자가가 없으면 영광도 없다"는 말을 생각합니다. 강산이 한 번 더 바뀐 뒤 청년 『문예시대』의 더욱 자랑스런 모습을 그려보며 창간 10주년을 진심으로 축하드립니다.

(2003년 9월 8일)

'십자가 하나면 충분하다'

- 전동윤 목사 포토에세이 출판기념회

저는 가족과 함께 2박 3일의 중도 여행에서 어제 밤늦게 집으로 돌아왔습니다. 오늘 아침7:30에 전 목사님의 작품집을 비로소 대했습니다. 『아름다운 십자가』-100페이지에 달하는 사진 작품집입니다. 사진 옆에는 정성이 담긴 해설을 붙여 놓았습니다. 저는 생각해보았습니다. '하나님의 백성들이 소중한 것들을 한가지씩 차례로 제거해 나간다면 맨 마지막에 남는 것이 무엇일까?'

이렇게 물어본다면 우리는 누구나 주저하지 않고 '십자가'라고 대답할 것입니다. 하지만 살다 보면 말과 행동이 다르고 이론과 실제가 일치하지 않아 '세상 자랑'이 끼어들 때가 있습니다. 바울은 베냐민 지파이며 히브리인 중의 히브리인이요 가말리엘 문하에서 수학했습니다. 로마 시민권까지 가진 그는 자랑할 것이 너무도 많았습니다. 그러나 바울은 "내게는 십자가 외에는 결코 자랑할 것이 없다"고 담대히 말했습니다.

바울은 말뿐만 아니라 그의 삶이 그것을 증명하고 있습니다. 바울은 '다른 소중한 것들은 모두 배설물로 여긴다'고 고백하며 십자가만

붙들고 복음을 전하며 끝까지 달려갈 길을 달려갔습니다. "나의 달려갈 길과 주 예수께 받은 사명 곧 하나님의 은혜의 복음을 증언하는 일을 마치려 함에는 나의 생명조차 조금도 귀한 것으로 여기지 아니하노라."(행20:24) 이것이 회개한 이후의 바울의 행로입니다.

전동윤 목사님에게도 '십자가 외에는 자랑할 것이 없다'는 삶의 증거가 오늘 출판기념회를 갖는 '아름다운 십자가' 사진 작품집입니다. 한국을 비롯해 세계 여러 곳까지 그는 아름다운 십자가를 찾아 달려가고 달려왔습니다. 언젠가 만난 자리에서 얘기를 나누다 나는 "증도가 참 좋다고 하던데요?"라고 물었습니다. 전 목사님은 "얼마 전 한 번 가보았는데 별로던데요"라고 대답했습니다. 아침에 갔다가 저녁 때 돌아왔다는 것입니다. 거기서 한 일은 한 교회를 찾아 십자가를 촬영한 것뿐이었습니다.

오늘 이 작품집에 '무안 증도 대초리 교회 십자가' 사진이 실려 있습니다. 전 목사님은 그 교회 십자가 하나를 촬영하고 바로 부산으로 돌아왔다는 것이었습니다. 결과적으로 아름다운 십자가 하나를 찾아 증도까지 갔다가 돌아오기까지 왕복 9시간을 보냈습니다. 저는 이것이 예술을 하는 사람의 자세라 생각합니다. '예술'이란 아름다운 것을 찾거나 만들어 내는 것을 의미합니다. 그래서 예술을 "미를 창조하고 표현하려는 기술"로 정의하고 있습니다.

하나님은 우리를 보실 때 우리의 아름다운 점만 보셨습니다. 너무도 많은 허물을 보시지 않고 아름다운 것 하나 – 우리의 믿음을 보시고 하나님의 자녀로 삼으셨습니다. 목회도 아름다운 것만 보며 달려가는 발걸음입니다. 때로는 속기도 하고 실망할 때도 있지만 목회자는 아름답고 좋은 것에 대한 기대를 걸고 끝까지 달려갑니다.

십자가 보혈은 마침내 우리의 추함과 악함을 다 씻어 새로운 피조물로 아름답게 만들어 주셨습니다. 우리에겐 십자가 하나면 충분합니다. 전 목사님은 방방곡곡에서 그 크신 은혜를 드러내는 십자가를 촬영하고 작품집을 통해 그 사랑을 찬양하고 있습니다. 목회할 때는 온몸 바쳐 충성하고, 은퇴 후에는 귀한 취미생활로 하나님을 찬양하는 삶을 진심으로 축하드립니다. 목사님의 아름다운 여생에 주님의 크신 손길이 늘 함께하시기를 기원합니다.

(2014년)

새해 아침에

K 집사님, 새해 복 많이 받으십시오.

지난해는 안팎으로 어려운 여건 속에서도 너무나 수고가 많았습니다.

저는 새해 첫날 아내와 함께 〈장발장〉영화를 관람했습니다. "서로 사랑하는 것은 주님의 얼굴을 보는 것"이란 대사를 끝부분에서 볼 수 있었습니다. 영화를 보는 동안 몇 번이나 울컥, 울컥 눈물이 솟구쳤습니다. 마치 예배하며 한편의 감동적인 설교를 듣는 것 같았습니다. 은촛대로 죽어가는 장발장의 영혼을 구해낸 사제처럼, 그 은혜를 평생 기억하고 사랑하며 용서하며 인내하며 살아간 장발장처럼 살고 싶은 생각도 들었습니다. 조만간 다시 한번 그 영화를 보고 싶은 생각이 들었습니다.

뜻밖에 사흘 만에 다시 '장발장'을 볼 수 있게 되었습니다. 담임목사님과 교역자들이 새해를 맞아 함께 점심 식사한 후에 그 영화를 보게 된 것입니다. "너의 생각은 항상 맞지 않았어. 나는 천성적인 도둑이 아니라 보통 사람일 뿐이야." 이것은 장발장이 집요하게 그의 뒤를 추적하고 있는 자베르 경감을 다시 한번 용서하며(살려주며) 내뱉은 말입니다. 인간의 선입견이나 '정죄'가 얼마나 인간관계를 뒤틀리게 한다는 생각이 새삼 들었습니다. 영화를 보고 나온 목회자들의 눈가에는 모두 얼룩이 져 있었습니다.

어릴 적에는 입에 넣은 사탕을 씹어 먹기보다는 되도록 오래 빨고 싶은 마음이 있었습니다. 좋은 기분은 오래도록 간직하고 싶은 것도 우리의 마음입니다. 저는 새해의 기분만큼 좋은 것도 없다는 생각을 해봅니다. 한해를 새해 아침처럼 살 수 있다면, 그런 다짐으로 일생을 걸어갈 수 있다면 한 인간의 생애는 엄청나게 달라질 것이라는 생각도 해봅니다. 비록 그 다짐이 얼마 뒤에 다짐만으로 끝나버려도 그에게는 아름다운 흔적으로 남아있을 것이기 때문입니다.

"나는 새해가 올 때마다 기도드린다. 나에게 무슨 일이 일어나게 해달라고……. 아름다운 꿈을 꿀 수 있는 특권이야말로 언제나 새해가 우리에게 주는 아마 유일한 선물이 아닌가 나는 생각해본다." 『그리고 아무 말도 하지 않았다』의 저자 전혜린(田惠麟)의 말입니다. 저는 언제나 새로운 것을 꿈꾸게 하시는 하나님께 감사를 드립니다. "살아간다는 것은 날마다 새로움을 찾아가는 순례의 길이다. 멈추면 침잠할 것 같았기에 새것을 찾아 흘러내리고 때로는 거슬러 오르며 방황하기도 했다. 무엇하나 제대로 하지 못하면서도 새로움에 대한 갈망은 밀물처럼 가슴에 끓어올랐다." 제가 한 문예지에 썼던 글을 옮겨본 것입니다. 새로운 꿈을 꾸고 새로운 일을 한다는 것은 살아있는 사람에게 주어진 특별한 복이지요.

작자미상인 이런 시가 있습니다. "새해 아침/ 나는 세척의 배가 물결을 헤치고 오는 것을 보았다./ 물결을 헤치고, 물결을 헤치고,/ 세척의 배가 물결을 헤치고 오는 것을 보았다." 저는 이 세척의 배가 아름다운 꿈을 가득 실은 배라는 생각이 듭니다. 선한 꿈을 가로막을 수 있는 것은 아무것도 없습니다. K 집사님, 더욱 건강하시고 새해에 계획한 꿈을 아름답게 이루시는 복된 해가 되기를 기도드립니다. 샬롬.

(『주님의 얼굴을 보는 사람들』-사랑의 편지 10년)

故 송재천 목사 조사弔詞

친구야, 듣고 있는가. 잘 박힌 돌 하나가 빠져나가면 그 자리가 허전하고 보기 싫은 것. 그 돌이 크면 클수록 그 자리의 허전함은 더욱 크고 을씨년스럽기도 하지. 친구는 참으로 큰 돌이었어! 자네를 떠나보낸 우리 마음에는 큰 구멍이 뚫린 것 같아. 무엇으로 그 자리를 메우고 누구를 통해 대신 기쁨을 채워갈지 암담하구나.

30여 년 전 불나비처럼 선지 동산으로 몰려든 150명의 제자 가운데 친구를 비롯한 우리 몇몇은 유달리 가깝게 지냈었지. 그러기에 우리의 슬픔은 더욱 큰 것 같구나. 불혹을 전후한 나이에 우리는 모두 초등학교 1학년처럼 어린아이가 되었지. 선생님이 시키는 것이면 무엇이든지 그대로 따랐으니까. 나는 신학교란 곳이 성경을 부지런히 읽고 열심히 기도만 하면 다 되는 줄 알았어. 처음에는 한강이 내려다보이는 아담한 캠퍼스에서 휴양하는 것 같은 생각도 했었지.

신학교가 그렇게 바쁘고 힘 드는 곳인 줄은 꿈에도 몰랐어. 더욱이 졸업 후의 목회 현장이 그렇게 어려운 줄 미리 알았더라면 아마 나는 뒷걸음질을 쳤을지도 모를 걸세. 그럼에도 불구하고 송재천 당신을 비롯한 여러 친구들이 부지런히 앞서 달려가는 것을 보고 나도 덩달아 벧세메스로 가는 송아지처럼 그 길을 함께 달려갔다네. 죽음으로 가는 그 길이 생명의 길임을 차츰 깨닫고 오늘까지 십자가를 지고 주님의 뒤를 따라왔네.

선지 동산 시절의 친구는 참으로 재능이 많은 실력꾼이었고 학업에는 우등생이었어. 그 우등상장은 친구의 삶을 통해 확실하게 드러났지. 홀트 아동복지회 회장으로 재직하며 버림받고 소외된 어린 생명들을 돌보았고, 시각장애인이 된 아들과 같은 장애인들을 위해 〈전자 길잡이〉를 발행하고, 선한 일을 사랑하는 사람들의 모임인 〈선사모〉회를 이끌며 왕성한 복음 활동을 펼쳤지. 특히 〈땡스 투 올〉 –, '모든 것에 감사하라'는 표제의 신문으로 세상 구석구석에 선한 씨앗을 뿌렸지.

"다 치우쳐 함께 무익하게 되고 선을 행하는 자는 없나니 하나도 없도다."라고 하나님께서도 탄식하신 세상 속에서 하나님의 진심을 깨닫고 선한 열매를 찾아 나선 당신은 참으로 기념할만한 제자였어. 악취가 나는 쓰레기통에서 보석을 찾아내듯 전국을 돌며 미담 기사를 취재하고 선한 운동을 전개한 당신은 분명 선한 사마리아 사람처럼 살았어. 그로 인해 KBS 아침마당, MBC TV, 라디오 방송 등의 매체를 통해 한때는 화려한 조명을 받기도 했었지.

그러나 당신이 〈땡스 투 올〉을 편집하며 선한 손길을 펼쳐가는 밝은 테이블 아래는 그 어느 곳보다도 어두운 그림자가 드리워져 있었다는 것을 당신도 알고 있겠지. 나는 자네가 떠난 뒤에 당신이 사랑하는 사람의 지인으로부터 '바깥에서 120점을 받는 남편이 집

안에서는 빵점을 받는다는, 어떨 때는 마이너스 점을 받는 남편'이었다는 애끓는 소리를 전해 들었어. "4인 가족이 함께 외식한 적도 없고, 가족여행이나 야외나들이를 한 적이 한 번도 없었다니-. 심지어 생활비를 가져다준 적도 없었다"는 말이 나는 도무지 믿어지지 않아.

나는 가족을 돌보지 못했던 독립투사를 떠올렸어. 그들의 아내 못지않은 어려운 삶을 살아온 한 목회자의 아내를 나는 말하고 싶네. 한때는 삯 바느질을 하며 생계를 이어왔고, 당신이 펼친 '사랑의 주머니 나누어주기 운동'에는 손수 바느질 해서 동전 주머니 수백 개를 만들어내며 '죽으면 죽으리라'는 심정으로 내조를 해왔지. 고생한 아내를 만년에 좀 편하게 해드리지도 못하고 당신은 자기 임무를 끝내고 하늘나라로 훌쩍 떠나갔네. 아니, 이 땅에서 당신의 그 끝없는 수고를 그치고 쉬라고 하나님이 불러 가신 것이지. 걱정하지 말게, 남은 가족들은 전능하신 하나님이 선하게 인도하실 것이야.

친구야, 우린 비록 화려한 교회를 건축하거나 큰 목회를 하지는 못했지만 주님께서 우리를 불러 쓰셨다는 것만으로도 행복한 사람들이야. 아무리 바다가 잔잔해도 뭍에서는 작은 파도가 이는 것처럼 이 세상은 언제나 어려움이 꼬리를 물고 일어나겠지. 가난한 자, 소외된 자들은 늘 우리 곁에 있고, 제사장도 레위인도 강도 만난 자를 피하여 지나가는 매정한 세상도 끝이 없겠지. 자네는 그런 세상 속에서 〈굿 뉴스〉를 전하며 선한 사마리아 사람처럼 뚜벅뚜벅 걸어갔었네. 자네를 떠나보내면서 우리는 다짐한다네. 크고 화려한 일은 하지 못했어도 지극히 작은 자를 사랑하는 이름 없는 선한 목자로 살아가자고-.

친구야, 갑자기 부음을 들으면서 떠오른 생각은 우리도 떠날 때가 가까웠다는 것이었어. 머지않아 하늘나라에서 다시 만날 때까지 편히 쉬게나.

(2015년 9월 24일)

느낌이 오는 작가들

스위스의 눈 덮인 마터호른(2015년 5월 9일)

어두운 시대를 밝히는 사랑의 키워드
– 양왕용 시집 『백두산에서 해운대 바라본다』

   그 사람(시인)의 관심이 머무는 자리, 그곳은 시가 자라나는 땅이다. 오곡백과가 토양의 질에 정비례하여 그 결실의 충실도를 완성해 가지만 시가 자라는 곳은 옥토가 아니라 오히려 박토이다. 아니, 시는 험악한 땅에서 자란다. 인류의 가슴을 울리는 다윗의 시편들은 옥토가 아니라 박토에서, '사망의 음침한 골짜기'에서 자라난 것들이다. 국내외를 망라해 우리들의 가슴에 깊이 새겨진 시편들은 대부분 고통과 슬픔과 아픈 그리움에서 태어났다. 윤동주와 푸시킨과 네루다의 시들이 그렇다.

   사람들은 흔히 아름다움의 극치를 대할 때 '한 편의 시'를 생각하고, 그것은 즐거운 노래로 불려진다. 흔히 아름다움을 시로 그려내고 시가 다시 노래로 변주되지만 시란 결코 '즐거운 노래'가 아니라 '슬픈 노래'이다. '제1회 크리스천문학상' 수상 작품으로 선정된 양왕용 시인의 시집 『백두산에서 해운대 바라본다』에서도 그 아픈 흔적을 찾아볼 수 있다. 제목 자체가 암흑의 북한 땅 끝자락에서 억압받고 수탈당하는 북한 동포가 마음대로 찾아올 수 없는 해운대를 떠올리는 것은 아득한 그 슬픔의 크기를 말해주는 것이다.

수상 시집은 〈제1부 백두산 가는 길〉, 〈제2부 해운대 밤 풍경〉, 〈제3부 우리 집의 하얀 천사〉, 〈제4부 죽은 시인의 사회〉, 〈제5부 다시 세 개의 못〉으로 나뉘어 있다. 언제나 글을 쓴다는 것은 의미를 찾는 일이다. 우선 〈제4부〉에서 「왜 쓰는가」 시편을 살펴보자. "시인이란 모자를 쓰면/ 한겨울 바람 부는 벌판에서/ 머리가 시리지 않기 때문인가/ …… 시인이 모자밖에 되지 않는다는/ 이 가벼운 비유가/ 갑자기 생각나는 것은/ 정말 부끄러운 일이다" 양 시인은 '이 어둡고 무거운 시대에' 시가 단지 멋을 내거나 머리를 따뜻하게 하는 장식품으로 쓰인다면 그것은 슬프고 부끄러운 일이라고 안타까워하고 있다.

양왕용의 시는 어두운 세상을 밝히고 무거운 시대의 짐을 덜어주는 사랑의 키워드이다. 시인은 〈제1부〉에서 갑남을녀가 한차례 관광여행의 볼거리로 치부해버릴 북한 땅 접경과 우리 조상들이 드높은 기상을 펼쳐가던 '지금은 남의 땅' 중국에서 분단된 땅과 잃어버린 역사의 거대 담론을 시로 풀어내며 '잠자는 영혼들'을 일깨우고 있다. 오늘날도 '3금1한(三禁一限)'으로 우리의 주권을 스스로 포기하려는 정치 상황 속에서 중국의 '동북공정' 야심에 대해서도 분노를 표출한다. 〈제2부〉는 유년의 꿈과 이상, 잃어버린 중년의 낭만에 대비되는 해운대의 찬란한 불빛과 달맞이의 풍경은 그리움과 아쉬움을 달래며 현대인의 좌표를 확인시켜주고 있다. 〈제3부〉는 손주에 대한 사랑이 하나님의 은혜임을 고백하는 것으로, 그것은 이 시대 모든 할아버지 할머니들의 손주 사랑 노래로 불려질 만한 것이다.

〈제4부 죽은 시인의 사회〉는 시인의 삶이 어떠해야 하는지를 그려내고 있다. '죽은 시인의 사회(DEAD POETS SOCIETY)'란 N.H.클라인바움의 장편소설 제목이다. 이 소설은 '학생들에게 명문대학 합격을 위한 맹목적인 공부보다는 스스로 생각하고, 스스로 인생을 설계하는 창조적인 삶을 위해 공부하라' 설득하고 있다. 작품 내용에서 '죽은 시인의 사회'는 앞서 말한 그러한 삶을 살려는 학생들이 결성한 비밀조직의 이름이다. 국어 선생인 키팅은 학생들에게 주체적인 판단을 가로막는 그 모든 억압과 모든 굴절된 삶의 방식에서 벗어나 거침없이 능동적으로 살아가는 독립적이고 개성이 강한 창조적 인간이 되라고 가르치고 있다.

창조적 삶이란 의식이나 행동을 규제받거나 답습하는 데서는 나올 수 없는 것이다. 양왕용 시인은 앞서간 사람들의 습관이나 삶의 방식을 그대로 따라 하는 사람들─애완동물을 버리는 사람들, 관광버스 옆구리에 플래카드를 걸고 문학기행을 떠나는 사람들, 컴퓨터 게임에 탐닉한 사람들, 탐욕을 먹고 사는 사람들─이 가면무도회를 벌이듯 살아가는 모습을 슬퍼하고 있다. 그러나 아무리 슬퍼해도 살아있는 시인은 '죽은 시인의 사회'의 정회원이 될 수 없다. 모윤숙 시인은 "국군은 죽어서 말한다"고 읊었다. 시인이야말로 죽어서 말한다. 우리는 시인 윤동주에 대해 그렇게 말한다. 결국 양 시인이 '죽은 시인의 사회'를 노래하는 것은 죽기를 각오한 십자가의 삶을 의미하는 것이다. 시인은「이모작 인생」에서 "……그러나/ 그 속에 간절함과 진실함이 없다면/ 또 다른 위선자의 삶 시작될지니……"라고 자기를 돌아보고 있다.

간절함과 진실함은 시인이 추구하는 삶의 바탕이 되어야 한다. 그런 자세로 시인은 자기의 시편들을 통해 다른 사람들이 생각할 수 없는 것을 생각하고, 말할 수 없는 것을 말하고, 볼 수 없는 것을 보게 해야 한다. 이것은 어쩌면 시인의 숙명이며 사명이다. 깜깜한 방에서 사물을 보려면 전기 스위치를 올리고, 경건한 의식에서는 촛불을 밝힌다. 촛불은 순식간에 우리를 내면의 세계로 이끌어간다. "촛불을 바라보는 사람은 불을 바라보는 것이 아니다. 그는 촛불을 바라보며 명상에 잠겨드는 것이다." 가스통 바슐라르의 말이다.

시는 캄캄한 들판의 등불과 같은 것이다. 그것은 갈 길을 비춰주고 뒤따라오거나 멀리 있는 사람들이 나아갈 방향을 가늠하게 한다. 양왕용 시인의 시편은 이런 생각을 불러일으킨다. 그러나 이런 것에 더하여 시인의 시편에서 계속 이어지는 것은 그의 '궁극적 관심'이다. 독일의 신학자 폴 틸리히(Paul Tillich, 1886~1965)는 '신앙은 궁극적 관심을 갖는 상태'라고 말했다. 하나님의 백성의 궁극적 관심은 하나님의 말씀을 생활화하는 것이다. 심사위원들이 양왕용 시인을 수상자로 선정하게 된 것은 그가 부산 크리스천문인협회의 창립멤버이기 때문이 아니라 하나님에 대한 그의 궁극적 관심을 높이 산 것이다. 수상자 양왕용은 "1990년대 이후 내 시의 지속적인 관심은 나의 신앙의 대상인 하나님의 역사하심이다."라고 고백하고 있다.

시인의 고백대로 그의 시편에서는 믿음, 소망, 사랑을 비롯해 예수 그리스도의 십자가, 성령의 9가지 열매 등 기독교적 용어들이 지나치리만치 그대로 노출되고 있다. 이것은 시인의 감출래야 감출 수 없는 신앙의 표출이라고 볼 수밖에 없다. 아무리 좋은 시를 쓴다고 할지라도 십자가 사랑의 정신이 없다면 '크리스천 문학'에서는 아무것도 아니다. 시인은 〈제5부 다시 세 개의 못〉에서 겸손과 온유로 십자가를 바로 세우며 이웃사랑에 관심을 드러내고 있다.

시인의 관심이 머무는 곳은 시가 자라는 곳이다. 모든 크리스천의 관심은 하나님의 아들 예수 그리스도의 관심에로 모아져야 한다. 그것은 지극히 작은 자들에 대한 사랑의 관심이다. 그 사랑 때문에 하나님의 아들 예수 그리스도는 인간의 몸을 입고 이 땅에 오신 것이다. 우리 크리스천들은 "너희는 세상의 빛이라"는 말씀을 따라 아직도 무거운 짐을 지고 어두운 곳에서 방황하는 자들을 위해 자기 십자가를 지고 촛불 하나를 밝혀야 할 것이다. 양왕용 시인의 수상을 축하하오며 건필을 기원한다.

(부산 크리스천문학 제28호. 2017년 하반기)

마음의 잠을 깨우는 종소리
- 박정선 장편소설 『유산』

사람들이 가장 중요하다고 생각하는 것은 먹는 것과 마시는 것이다. 그것 때문에 이웃과 다투고 혈육과도 싸움을 벌인다. 왜 먹느냐? 왜 마시느냐? 라고 묻는다면 '살기 위해서'라고 대답할 것이다. 공부하고 직장을 갖고 부지런히 일하는 것은 살아가는 방편이다. 그럼, 다시 "왜 사느냐?"고 물어보자. 이것은 먹고 사는 것보다 더 중요하고 깊은 뜻의 답을 요구하고 있다. 시인 김상용(1902-1951)은 그의 시 「남으로 창을 내겠소」에서 "왜 사냐건 / 웃지요"라고 읊고 있다. 누구나 삶의 의미를 한마디 말로 대답하기는 어려울 것이다. 먹는 것은 본능적, 동물적 차원이지만 '왜 사느냐?'란 질문은 철학적 영역이다. 인간은 삶의 의미를 추구하면서 한 단계 더 높은 자리로 옮아간다.

박정선 작가의 장편소설 『유산』은 인간에게 가장 중요한 '왜 사느냐?'란 물음으로 첫 장을 열고 있다. "수개월 전부터 남산의 천년 묵은 소나무와 느티나무 숲에서 안중근 선생과 독대하기 시작했다. 동상을 올려다볼 때마다 선생은 나를 향해 빙그레 웃으시면서 '왜 사느냐?'고 물었다."(p.7) 주인공이며 화자인 '나'는 안중근 선생을 내세워 자신에게 '왜 사느냐?'란 물음을 던지고 있다. 이 물음은 우리가 자기에게 물어야 할 말이다. 사람들의 답은 자기가 처한 환경과 연륜과 그가 가진 종교 등에 따라 다양하게 나타날 수 있을 것이다. 그러나 그 모든 답의 공통분모는 '유산을 남기기 위해서'로 함축될 수 있다.

우리는 크든 작든, 많든 적든 유산을 남기며 살아간다. '왜 사느냐?'란 물음에 정답을 남기려면 선한 유산을 남겨야 한다. 악하고 추한 유산을 남기려면 차라리 태어나지 않은 것이 좋았을 것이다. 예수님은 스승을 팔아넘긴 제자 가룟 유다를 두고 '이 사람은 차라리 나지 아니하였으면 좋을 뻔하였느니라.' 말씀했다. 박정선 작가는 자기 가정과 자녀와 자신의 명예를 위해 살아간 친일파의 삶을 재조명함으로 왜 우리가 선한 유산을 남겨야 하는지를 깨우쳐주고 있다. 친일파들은 당대에는 그들의 화려한(?) 유산을 자랑으로 생각했을 것이지만, 오늘날 '왜 사느냐?'란 질문 앞에서 그 유산은 너무도 부끄러운 것이 되고 말았다.

나라와 민족을 팔아먹으면서 그들이 누린 평안과 영달은 나라를 지키기 위해 희생하며 목숨을 걸고 싸웠던 사람들과 그 후손들에게는 너무도 미안하고 죄송한 일이 되었다. 그래서 친일파 자녀인 '연이 고모'는 그 부끄러움을 견디다 못해 극단적인 선택을 하는 자리에 이르른다. 유신 헌법이 세상을 지배할 때 한 차례도 데모에 참여하지 않고 부모님 덕에 평안히 공부만 열심히 하여 판사가 된 주인공 '이함'은 언제나 죄책감에 사로잡혀 살아간다. 이함은 고향을 찾았을 때 친일파 할아버지가 남긴 궁궐 같은 집을 보며 토로한다. "우리 집이다. 이궁(離宮)처럼 보인 우리 집을 보자마자 미안한 생각이 들었다. 발병하듯 미안함이 또 재발한 것이다. 나는 '미안'이라는 바이러스를 품고 태어난 것처럼 늘 미안했다. 길거리에서 행상하는 사람들이 무거운 리어카를 끌고 경사진 길을 힘겹게 오르는 것을 볼 때는 미안했다. 풀잎이 바람에 떠는 것을 보아도, 늦가을 낙엽이 정처 없이 구르다가 사람들 발밑에 밟혀 산산조각 부서지는 것을 봐도 미안했다."(p.46)

이렇게 이함은 항상 빚진 것과 같은 자세로 살아간다. 그 미안함, 빚진 마음은 그들의 풍요를 다른 사람들과 나누지 않고 할아버지와 가족들이 독식했다는 데 대한 자책이다. 이러한 죄책감을 강하게 느끼는 사람은 그것을 벗어버리거나 그 빚진 것을 갚아야겠다는 삶을 살지 않을 수 없게 된다. 그것이 '왜 사느냐?'란 물음에 대한 올바른 답을 찾는 길이기 때문이다. 일제 강점기를 벗어난 지 70년이 흘러갔지만 아직까지 위안부 문제, 강제징용 보상 문제 등으로 한일 양국은 갈등을 빚고 있다. 그것은 일제에 고난당한 사람들에 대해 우리의 미안함을 벗어보려는 행동에 다름 아니다.

이함은 경찰 고위 간부직을 지낸 한남동 할아버지 집에서 학교에 다닐 때 검은 정장을 한 사람들이 몰려와 비밀리에 "누구는 승진시키고, 누구는 모가지를 잘라야 한다는 것부터, 데모 주동자를 어떻게 때려잡아야 한다는 것과 중앙정보부가 반정부 언론매체를 어떻게 정리해야 한다"고 모의하는 것을 알게 되었다. 이함은 대학에서 법학을 배울 때 '우리의 뼈를 정의로 다시 갈아 끼워야 했다'고 말한다. 앉으나 서나 '정의란 사회공동체를 위한 옳고 바른 도리이다'라고 외웠다. 머리가 아니라 가슴으로 외워야 올바른 법률가가 된다고 배웠다.

현실은 어떤가? "그런데 과연 이 세상에 정의다운 정의가 존재하는가?" 이함은 질문을 계속하지 않을 수 없었다. 이함은 연이 고모 일기장에서 할아버지와 작은할아버지가 공모하여 친구이며 사랑하는 준호의 고모를 위안부로 보냈다는 사실을 접하게 되었다. 일제 때지만 약혼한 처녀는 위안부로 보낼 수 없게 되어있음에도 불구하고 할아버지는 그 약혼을 강제로 파혼시켰다. 처녀와 약혼한 총각에게는 살인죄를 뒤집어씌워 그를 전쟁터로 보내 죽게 하고, 준호 고모를 숫자가 한사람 모자라는 자리에 위안부로 채워 넣었던 것을 알게 되었다. 이함은 더 이상 그런 부끄러움과 죄책감을 참을 수 없었다. 주인공은 판사 사직서를 제출하고 고향을 찾아가 옛날과 다름없이 여전히 궁궐 같은 할아버지의 거대한 집을 불태우고 자수하게 된다.

오늘 우리는 날마다의 삶 속에서 '왜 사느냐?'고 물어야 한다. 이러한 질문을 올바로 하게 되면 어떻게 살아야 한다는 답이 나온다. 가장 두드러진 답은 사랑과 정의이다. 흔히 우리는 하나님이 아브라함을 택하시고 부르신 것을 두고 '그에게 복을 주고 복의 통로가 되도록 하기 위함'이라고 생각한다. 그러나 하나님이 아브라함을 택하신 분명한 이유는 따로 있다. "아브라함은 강대한 나라가 되고 천하 만민은 그로 말미암아 복을 받게 될 것이 아니냐. 내가 그로 그 자식과 권속에게 명하여 여호와의 도를 지켜 의와 공도를 행하게 하려고 그를 택하였나니 이는 나 여호와가 아브라함에 대하여 말한 일을 이루려 함이니라."(창세기 18:18-19)

'의와 공도를 행하게 하려고 그를 택하였나니'－. 하나님의 명령은 여기에서 끝나지 않았다. 〈아모스 5:24〉에는 "오직 정의를 물같이 공의를 마르지 않는 강같이 흐르게 할지라." 말씀했다. 하나님이 인간을 부르신 것은 믿어 구원과 복을 받아 자기만 잘 먹고 잘살도록 한 것이 아니라, 온 이웃을 사랑하며 정의와 공도를 세상에 펼쳐가도록 하기 위한 것이었다. "기회는 평등하고, 과정은 공정하고, 결과는 정의로울 것입니다." 필자는 문재인 대통령의 취임사를 들으면서 가슴이 뭉클할 만큼 감동했다. 그러나 그의 약속은 길을 잃어 방황하고 있다. 정의와 공정이 실종될 때 역사는 표류하거나 궤도를 이탈하고 국민은 도탄에 빠지게 될 것이다.

 누구나 자신을 돌아보면 부끄럽고 미안한 것이 한 두 가지가 아닐 것이다. 남을 밀어뜨리거나 중요한 약속을 어긴 것도 이루 다 헤아릴 수 없을 것이다. 인간은 부끄러움과 미안함을 느끼는 자리에만 머물러서는 안 된다. 주인공 이함이 할아버지의 찬란한 유산을 해체하기 위해 행동한 것처럼, 오늘을 살아가는 우리는 이웃과의 관계 속에서 신뢰와 배려로 정의를 행하며 걸어가야 한다. 좋은 소설은 마음의 잠을 깨우는 종소리이다. 박정선 작가의 『유산』은 독자들에게 내일을 위해 선한 유산―정의의 열매를 남겨야 한다는 것을 강하게 일깨우고 있다.

(『문학도시』)

김광수 장편소설 『자전거』를 읽고

 '아는 것이 힘이다'란 말은 글을 익히기 시작하면서부터 들은 말이다. 그것은 승리를 가져다준다. 사람들은 힘을 얻고 승리하기 위해 부지런히 배운다. 배우지 못해서 모르는 것ㅡ무지는 죄이다. 승리나 패배를 말하기 이전에 죄의 업을 지고 있는 것이다. 스스로 지은 죄가 아니라 그것은 원죄일 수 있다. 아무리 배우고 싶어도 열악한 상황과 조상들의 편파적인 의식구조로 인해 배움에서 제외될 수 있기 때문이다. 화자 金喜洙(나)의 아버지 이대 지차는 일대 지차(할아버지)의 영농후계자로 지목되면서 배움으로부터 차단되었다. 그것은 조상이 물려준 원죄였다. 김희수의 어머니도 배움에서 소외된 원죄를 지고 시집을 왔다.
 인간은 누구나 죄악 속에서 살아갈 수 없다. 종교를 갖는 것은 무엇보다도 죄를 벗어버리려는 본능적 욕구에서 나온 것이다. 마찬가지로 사람들은 누구나 무지의 죄에 안주하기를 원치 않는다. 그래서 종교를 가지려는 본능적 욕구처럼 독학으로 부지런히 배움을 찾는 것이다. 김희수의 부모는 둘 다 배움에서 차단된 원죄를 지고 함께 가정을 이루었다. 그러나 지옥 같은 무지 속에서 향촌의 삶을 영위할 수는 없었다. 이 무지를 벗어버리기 위해 '아내'는 순진한 '남편'을 꼬드겨 '야반도주'를 하고 성내에서 고난의 보금자리를 틀었다.

역사의 시작이었다. 자녀들에게는 이 무지의 원죄를 물려주지 않으려는 사생결단의 몸부림이었다. 그것은 현대인들이 말하는 꿈이요 비전이었다. 아버지는 자전거에 인생을 실었고 어머니는 판소리, 아니리, 창으로 고달픈 고개를 넘었다. 그 길은 슬픔의 길이었지만, 때로는 너무 슬퍼 웃음을 자아내기도 했으나 작가는 그것을 흥으로 엮어냈다. 발로 장단을 맞추거나 어깨춤이 절로 나게 하는 힘을 지니고 있었다. 그것은 슬픔을 극복하는 방법이었다.

그러나 고조부, 증조부, 일대 지차 할아버지, 이대 지차 아버지, 삼대 지차 김희수의 오늘에 이르기까지의 한 많은 세대는 다시는 돌아보기 싫은 '고난의 행군'이었다. '원죄'를 벗거나 벗겨주려는 노력은 참으로 하늘의 별을 따는 것 만큼이나 어려운 일이었다. 신흥 지주의 마름으로 살던 4대조 할아버지 고조부는 이를 실현하려는 운동을 펴다가 지주에게 사형선고를 받고 농막에 갇혀 물 한 모금 마시지 못하고 보름 동안 연명하며 죽어갔다. 죄목은 가축처럼 여김받는 종놈 종년의 잠자리인 봉당을 사람 사는 방으로 고쳤다는 것이었다. 당시 사람이 사람답게 살도록 길을 열어주고 배우도록 이끄는 것은 죽음으로 가는 길이었다.

대한제국 이 씨 조선을 거쳐 소위 개화기를 맞기까지 천비소생과 남녀 종 비복은 사람대접을 받지 못했다. 독자인 필자는 이대 지차의 '자전거' 뒷자리에 실려 가면서 목불인견의 참상을 하나하나 들여다 볼 수 있었다. 일제를 거쳐 독립하기까지 그 파란만장한 삶의 모습은 우리가 함께 제출하는 고발장이었다. 김희수의 어머니 아버지는 못 배운 한을 가슴에 품고 한세상을 살았다. 아니, 아들딸을 공부시키면서 그 한을 하나씩 풀어갔다. 그러나 자녀 양육도 마음먹은 대로 되는 것은 아니었다. 김희수는 고백하고 있다. "부모가 싫어하고 근심 걱정하는 자식의 행실 만수 크기, 억수 빠르기로 부모의 영육이 병들어 간다는 것을, 결국은 죽어간다는 것을 나는 몰랐다."

그럼에도 불구하고 마침내 아버지 어머니는 5남매를 다 대학까지 공부시켜 별처럼 빛나게 만들어 내놓았다. 큰 회사 사장인 맏이를 비롯해 다음 세대를 가르치는 뜻있는 교사들로, 막내는 사법고시를 거쳐 검사로 키워냈다. 배움에서 차단된 부부를 위로하려고 신은 하나같이 천재들을 그 가정에 점지했는지도 모른다. 부모들은 모두 자식을 위해 부지런히 일하고 자식 자랑으로 위로를 받으면서 험악한 세월을 넘어갔다. 부모는 자녀를 다 키우고 － 죄를 다 벗고 좋은 곳으로 떠나갔다.

"고향은 지키는 자의 몫이었다.……"로 시작되는 제1부의 '어머니의 사부곡(思夫曲)'은 마치 잘 정돈된 수필을 읽는 것 같았다. 미문이 줄을 잇고, 눈시울을 뜨겁게 하고, 여기저기서 웃음을 터뜨리게 하는 작가의 필력은 무엇에도 비견할 수 없다. 한 가지, '작가의 말'에서 이미 '새로운 소설형식을 찾아가는 길'이라고 말하기는 했지만 어떤 곳에서는 너무 자유분방한 걸음으로 인해 독자를 어리둥절하게 하는 부분도 없지 않았다. 우리 모두의 가슴속에 꼭꼭 숨겨놓기만 하고 펼쳐내지는 못했던 한을 진솔하게 엮어낸 '자전거' 일독을 권한다.

〈〈금정문예〉 카페〉

40년 전 '기억'을 일깨운 김훈의 「화장」

 "당신의 이름은 추은주(秋殷周). 제가 당신의 이름으로 당신을 부를 때 당신은 당신의 이름으로 불린 그 사람인가요.…… 제가 당신을 당신이라고 부를 때, 당신은 당신의 이름 속으로 사라지고…… 저는 부름과 이름 사이를 건너갈 수 없었는데, 저의 부름이 닿지 못하는 자리에서 당신의 몸은 햇빛처럼 완연했습니다. 제가 당신의 이름과 당신의 몸으로 당신을 떠올릴 때 저의 마음속을 흘러가는 이 경어체의 말들은 말이 아니라, 말로 환생하기를 갈구하는 기갈이나 허기일 것입니다.……" 나는 '화장(火葬)' 속으로 빨려들었다. "……비구름이 갈라지고, 빌딩의 옥상 간판들 사이로 내려앉는 저녁 해가 당신의 목걸이에 비쳐, 목걸이 구슬마다 해는 저물었습니다. 사위는 잔광 한 줌씩 거두어가면서 구슬 속으로 저무는 일몰은 위태로웠습니다.……"
 새천년이 환하게 열린 어느 날, 숙명처럼 내게 시(詩)가 다가왔다. 한동안 나름대로 시를 끼적이다가 좀 더 시다운 시를 써보기 위해 사이버대 문예 창작 강의를 듣기 시작했다. 시는 참으로 어려웠으나 알면 알수록 재미가 있었다. 시를 쓰는 것 말고 다른 장르는 별로 필요가 없을 것 같았다. 그러나 강의를 계속 들으려면 소설에 대한 리포트도 제출해야 했다. 오래전 문학에 관심을 가지면서 나는 맨 먼저 '소설'을 접하게 되었다. 『좁은 문』(지드), 『상록수』(심훈), 「소나기」(황순원) 등을 읽으며 나름대로 소설 쓰기를 흉내 내본 적도 있었다. 40여 년 전 까마득한 옛 얘기다. 소설은 그것으로 그만이었다. 목회하는 동안에는 더욱 다른 생각을 가질 마음의 여유가 없었다.

「우리는 왜 소설을 쓰는가」 - 소설창작 실기론 첫 시간의 과제물이 김훈의 단편소설 「화장」을 읽고 감상문을 제출하라는 것이었다. "운명하셨습니다."란 서두에 긴장하면서 절박했던 상황을 더듬어 내려갔다. 주인공의 아내는 뇌종양으로 생을 마감했다. "……아내와 살아온 세월들, 잡지사 여기자인 젊은 아내가 벌어온 돈으로 대학원을 마치고, 결혼해서 딸을 낳고, 단칸 전세방에서 시작해서 10억짜리 단독 주택을 장만하고, 재벌급 화장품회사 말단 사원에서부터 상무로 승진한 세월들이 애초부터 존재하지 않았던 것처럼 종잡을 수 없이……." 영안실 직원의 주선으로 아내의 장례 절차는 진행되고, "아내의 죽음을 몸으로 감당해야 할 사람은 나였지만, 아내의 장례 일정 속에서 나는 아무 할 일이 없었다." 신입 여사원의 모습이 그 빈자리를 파고들었다. 아무리 극한 슬픔에 빠져 있어도 우리의 마음은 붙들어 매어놓을 수 없다.

"……그때, 저는 저의 생애가 하얗게 지워지는 것을 느꼈습니다. 그때, 지체없이 당신의 이름을 부르지 않으면 당신이 당시의 몸속의 노을빛 살 속으로, 내가 닿을 수 없는 살의 오지 속으로 영영 저물어 버릴 것 같은 조바심으로 나는 졸아들었고, 분기 말의 저녁마다 당신의 어깨는 저무는 날의 위태로운 노을로 내 앞에 번져 있었습니다.…… 입사한 지 여섯 달 만에 청첩장을 돌리며 결혼했고, 동료 직원들이 당신의 부푼 배를 위태로워할 때까지 만삭의 배를 어깨끈 달린 치마로 가리며 출근했고, 당신을 꼭 닮았다는 딸을 낳았고, 산후휴가가 끝난 뒤 다시 당신의 자리로 돌아왔습니다.……" 지난날 새로 출시된 피부 미백제가 대량 부작용을 일으켜 전라북도 지방의 소비자단체들이 고발할 움직임을 보이고 있는 것을 진정시키고 무마하러 갔을 때 주인공은 여관방에서 추은주의 몸을 생각했다. "당신의 몸속에서 강이 흐르고 노을이 지고 바람이 불어서 안개가 걷히고 새벽이 밝아오고 새 떼들이 내려와 앉는 환영이 밤새 내 마음속에 어른거렸습니다. 당신의 이름은 추은주…….." 그리고 특근하던 어느 일요일 아침에 아이를 데리고 출근한 그녀를 그려본다. "……그 아기는 땅을 겨우 디디는, 뒤뚱거리는 걸음으로 사무실 안을 돌아다녔습니다. 그 아기의 걸음을 바라보면서, 저는 당신과 닮은 아기를 잉태하는 당신의 자궁과 그 아기를 세상으로 밀어내는 당신의 산도(産道)를 생각했습니다. 그리고 거기는 너무 멀어서, 저의 생각이 미치지 못했습니다. 등 푸른 생선의 빛으로 빛나면서 또 다른 색조를 몰고 오는(화장품) 광고 속의 지중해보다도, 아내의 뇌수 속에서 빛나는 종양의 불빛보다도, 그곳은 더 멀어 보였습니다."

다시 직원들과 함께 빈소에 문상 왔던 추은주를 생각한다. "……추은주는 함께 온 여직원들과 나란히 서서 아내의 영정을 향해 두 번 절했다. 나는 두 손을 앞으로 모으고 바닥에 엎드린 추은주의 몸을 내려다보았다. 추은주는 블루진 바지에, 양말을 신지 않은 맨발이었다. 추은주의 머리가 바닥에 닿을 때 머리 타래가 흘러내렸고 맨발의 뒤꿈치가 도드라졌다.……엎드린 추은주의 등과 엉덩이는 완연한 몸이었다.……추은주가 결혼하던 날, 만경강 개펄 가의 여관방에서 보낸 밤이 생각났다. 나는 고개를 흔들어서 생각을 떨쳐냈다. 생각은 떨어져 나가지 않았다. 아내는 영정 속에서 엷게 웃고 있었다.……"

"야ー! 소설을 이렇게도 쓸 수 있구나!" 내가 '화장'을 읽으며 내뱉은 말이다. 그것은 오랜 목마름에 주어진 한잔의 시원한 생수 같았다. 추은주 이름이 나오는 앞뒤의 문장들은 사랑을 노래한 산문시로도 손색이 없을 정도였다. ㅡ한번은 아내의 항문과 똥물이 흘러내리는 허벅지 안쪽을 씻겨주고, 환풍기를 켜서 욕실 안의 냄새를 뽑아냈다. 그리고 새벽 두 시의 병원 복도에서 주인공은 추은주 아기의 입 속을 생각하며 달려가서, 사랑한다, 사랑한다고 자백하고 싶어 했다. 그런 주인공의 조바심을 안다면, 여자인 그녀의 가슴은 그를 안아줄 것만 같은 생각에 빠져들었다. 당신의 이름은 추은주. 당신에게 들리지 않는 당신의 이름이, 추은주, 당신의 이름인지요. ㅡ 오후 두 시에 아내의 시신 소각은 완료되었다. "……바람에 불려 가다가 멎은 듯한 뼛조각 몇 점과 재들이 소각로 바닥에 흩어져 있었다.……아내의 뇌수 속에서 반짝이던 종양의 불빛은 보이지 않았다.……나는 유골함을 받았다. 딸이 울었다.……" 추은주는 회사를 사직하고 외무공무원인 남편이 워싱턴으로 발령을 받아 미국으로 떠났다.

아내의 주검 앞에서 지천명의 주인공이 어떻게 신입 여사원에게 고백하지 못한 사랑은 그처럼 리얼하게 그려낼 수 있을까? 나는 글을 읽는 것이 아니라 미끄럼틀을 타고 '이상한 나라'로 흘러내리는 것 같았다. 내가 그 사랑에 빠져든 것처럼 황홀했다! 기쁨과 슬픔, 사랑과 미움을 한 가슴에 품고 있는 베일 속의 페르소나! 어떻게 아내를 잃은 슬픔과 연인의 사랑을 동시에 품을 수 있을까? 작가는 드러내어 말할 수 없는 주인공의 슬픔과 사랑을 길게, 길게 흐르는 강물처럼 그려놓았다. 한 송이의 꽃이 시들듯 질병에 밀려 지레 소멸해가는 사랑하는 사람의 모습과 겨울을 밀쳐내고 돋아나는 고운 우듬지 같은 추은주의 절묘한 대비, 어쩌면 불륜처럼 보일 수 있는 이야기를 작가는 그리움으로 색칠해놓았다. 원초적 미(美)에 스며든 추(醜)를 걷어내는 것이 예술가의 일이다. 한 평자는 "「화장」은 지금까지 써진 한국소설을 통틀어 유래를 찾아보기 어려울 만큼 비장하고 잔혹한 소설"이라 말하면서도 "그 잔혹함은 작가의 덕목인 산문정신의 다름 아니다."라고 덧붙이고 있다.

김훈은 제28회 이상문학상 대상 〈수상소감〉에서 "저의 졸작은 별것이 아니고, 슬픔을 그저 슬퍼하는 글일 뿐"이라고 말했다. 슬픔을 슬퍼하는 대로 놓아두고, 사랑이 사랑하는 대로 따라가면 이토록 아름다운 글이 되는 것일까? 빅토르 위고는 『파리의 노트르담』에서 말했다. "사랑이란 나무 같은 것이기 때문인데, 그것은 저절로 자라나고, 우리의 온 생명 속에 깊이 뿌리를 내리고, 폐허가 된 가슴 위에도 흔히 계속 푸르러지는 것이다." 영국의 시인이며 사전 편찬자인 새뮤엘 존슨은 "모든 사람의 최고의 환희는 작가들로부터 나온다."고 말했다. 어떻게 좋은 소설을 쓸 수 있을까? 시를 잘 쓰려면 시를 많이 읽어야 하는 것처럼, 소설을 잘 쓰려면 좋은 소설을 많이 읽어야 한다. 장 폴 사르트르는 "『마담 보바리』의 마지막 장면을 스무 번도 넘게 읽었다. 그래서 마침내는 여러 단락의 문장들을 전부 외우게 되었다."고 말했다. 수전 손택은 "소설가는 여행을 데려가는 사람이다. 공간 속으로, 시간 속으로. 소설가는 독자가 간극을 뛰어넘게 하고 없었던 일이 벌어지게 한다."고 말했다. 독자의 환희는 소설가가 데리고 다니는 여행길에 눈꽃처럼 피어난다. '화장'은 40여 년 전의 잠자던 '기억'을 일깨웠고, 나는 시를 잠시 접어두고 소설을 쓰기 시작했다.

(『문학도시』)

김승옥의 「무진기행」

　무엇보다 '무진기행'은 주인공 윤희중이 안고 있는 정신적 압박감에 부합하는 절묘한 배경을 선택하고 있다. "아침에 잠자리에서 일어나서 밖으로 나오면 밤사이에 진주해온 적군들처럼 안개가 무진을 뼁 둘러싸고 있는" 것이 주요 등장인물의 정신세계를 연상시키고 있다. 주인공의 정신세계가 그렇게 복잡하게 될 수밖에 없었던 것은 동거하던 여인이 어느 날 달아나 버리고 그 후 남편을 사별한 부유한 여인을 아내로 맞이한 상황이 원인으로 보인다. 남 보기에는 부러워할 만한 처지에 있고 이번 여행에서 돌아오기만 하면 가장 돈 잘 버는 제약회사 전무가 될 것이지만 주인공에게는 이 모든 것이 정신적 부담으로 다가오고 있다.
　윤희중은 생활보다는 책임만 있는 서울을 벗어나 무진에만 다녀오면 그런 상황에서 벗어날 수 있었다. 그것을 아는 아내는 이번에도 남편에게 무진 행을 권유한 것이다. 윤희중은 무진에만 오면 아무런 부끄럼도 없이 엉뚱한 생각이나 일들을 하며 일종의 해방감 같은 것을 느꼈다. 그것은 무진이란 곳이 고만고만한 속물(?)들이 모여 사는 곳이기 때문에 제대로 정상적인 교육을 받은 사람은 오래도록 적응하기 어려운 곳이기도 했다.

답답한 가슴과 복잡한 머리를 식히기 위해 이모 집이 있는 무진으로 내려온 윤희중은 친구 집을 찾아갔다가 뜻밖에 서울에서 공부하고 무진으로 교사 발령을 받아 근무하는 하인숙을 만난다. 하인숙 역시 무진의 생활에 적응하지 못하여 갈등하는 처지에 있다. 갈등 속에 그날그날을 살아가는 하인숙은 윤희중에게 구원이라도 청하듯 자기를 서울로 데려다 달라고 부탁하고 윤희중은 자기 자신의 처지를 사랑하듯 하인숙을 사랑하게 된다.

오래전 결핵을 앓을 때 1년 동안 요양했던 바닷가 그 옛날 집을 찾아간 자리에서 하인숙과 사랑을 나눈 윤희중은 다음날 갑자기 상경하기 위해 무진을 떠난다. 윤희중은 처음이자 마지막으로 하인숙에게 쓰는 편지에서 "……사랑하고 있습니다. 왜냐하면 당신은 저 자신이기 때문에 적어도 제가 어렴풋이나마 사랑하고 있는 옛날의 저의 모습이기 때문입니다."라고 고백한다.

그러나 윤희중은 전해야 할 그 편지를 찢어버리고 도망치듯 무진을 떠나 서울로 향한다. 그것은 오늘까지 윤희중이 자기 자신을 '무진'과 같은 삶의 자리에서 끌어내지 못하고 있으면서, 또 가정을 가진 사람으로서 도저히 하인숙을 행복하게 해줄 수 있는 자신이 없었기 때문이었다. 윤희중과 하인숙을 생각하면 현대인들이 위로와 평안을 얻기 위해 이곳저곳을 두루 헤매지만 어디서도 위로받을만한 곳이 없다는 것을 말해주고 있다. 또한 이 작품은 지적 수준을 갖추고 온전한 인격을 구비한 사람들이 모두 안정되지 못한 삶을 살아갈 수밖에 없는 그들의 모습과 사회상을 적나라하게 그려내고 있다.

작품의 구성은 배경과 함께 잘 조화를 이루고 있으며 작가의 상상력과 문체의 탁월함도 두드러져 보인다. "햇빛의 신선한 밝음과 살갗에 탄력을 주는 정도의 공기의 저온, 그리고 해풍에 섞여 있는 정도의 소금기" 등 세 가지를 합성해서 수면제를 만들면 좋겠다는 상상력, "여름밤의 개구리 울음소리를 비단조개 껍질을 한꺼번에 맞부빌 때 나는 듯한 소리", "청각 이미지가 시각의 이미지로 바뀌는 이상한 현상", 자정이 넘어 잠이 오지 않는 시간을 "어디선가 한시를 알리는……, 어디선가 두 시를 알리는……, 어디선가 세시를 알리는……, 어디선가 네 시를 알리는 시계 소리가 들려왔다."는 표현은 시간이 오래도록 흐르지 않는 시계를 바라보며 답답해하는 느낌을 주고 있다.

이 밖에도 "비를 따라서 풍경이 흔들렸다.", "우리가 잡고있는 손바닥과 손바닥 틈으로 희미한 바람이 새어 나가고 있었다.", "세월이 그 집과 그 집 사람들만 피해서 지나갔던 모양이다." 등등의 멋진 표현들이 '한국 단편소설의 백미로 꼽힌다.'는 말을 뒷받침하고도 남음이 있을 것 같다.

(2010년. 사이버대 리포트)

김영하의 「흡혈귀」

'흡혈귀'라는 제목에서 받은 느낌은 납량드라마에서 느끼는 공포감 같은 것이었다. 작가는 "지난해 펴낸 〈나는 나를 파괴할 권리가 있다〉는 장편소설 때문에 가끔 이상한 전화나 편지를 받을 때가 있다"는 말로 소설을 시작한다. 처음에는 마치 독자가 〈흡혈귀〉를 읽기 전에 읽어두어야 할 서문을 대하는 것 같았다. 편지를 보낸 김희연 씨는 한국 땅에 흔해 빠진 남자 중 하나라고 할 수 있는 첫 애인을 만난다. 그 남자는 사랑하는 사람의 처지를 너무도 헤아려 줄 줄 모르고 여자의 집에 일시적으로 붙어살면서 그 집에서 다른 여자를 불러들여 만나기까지 하며 상대방에 대한 기본예절도 갖추지 못하고 있다.

그녀는 이러한 애인에 대해 혐오감을 느낄 때 현재 그녀의 남편인 두 번째 남자를 만난다. 이 남자는 그전 남자와는 180도 다른 사람이었다. 그는 그녀의 애인이 가졌던 결점은 하나도 갖고 있지 않았고 급한 성미도 없고 우유부단하지도 않았고…… 세상 흐름에 일희일비하지 않은 한마디로 세상사에 통달한 사람인 것 같았다. 게다가 남편은 영화를 만들거나 시나리오를 쓰고 평론도 쓰며 한 사람의 예술가로 탁월한 능력이 있었다.

그런데 남편은 그가 심취해있는 예술 분야 외에는 다른 일, 말하자면 아내 사랑이나 세상 물정에는 흥미를 상실한 채 자기 삶에 깊이 빠져있었다. 인간의 행복이나 희망에 대해서는 전혀 관심이 없는 것 같았다. 아내는 도무지 남편을 이해할 수 없었다. 이때까지 남편의 일에 참견하지 않았던 아내는 남편 몰래 그가 쓴 시나리오를 읽고 문학잡지에 쓴 평론을 찾아 읽기 시작한다. 그녀는 남편이 예찬한 시나 소설은 모두 죽음이나 삶의 허무를 다룬 것을 발견하게 된다. 그녀는 숨이 멈추는 것 같았다.

결혼하여 애기 낳고 함께 나들이도 하는 보통 사람의 행복을 누리며 살기를 바라는 아내는 이러한 남편의 태도에 대해 환멸을 느끼고 그를 자신과 다른 사람에게 해를 끼치는 '흡혈귀'로 규정한다. 아내는 견디다 못해 '자살 안내자'를 화자로 내세운 장편소설을 쓴 작가에게 어떻게 하면 잘 죽을 수 있을까, 하는 심정으로 편지를 보낸다. 화자는 소설 말미에 이 모든 것을 공개하고 마무리하면서 "내 생각에는 아무래도 그녀가 흡혈귀인 것 같다."는 말로 소설은 끝을 맺는다.

누구나 자기만의 특별한 세계를 추구하며 깊이 빠져 일하는 사람은 다른 이의 처지를 공감하거나 이해하지 못하는 경우가 많다. 더욱이 일반인들은 시를 쓰거나 소설을 쓰는 예술가의 세계를 잘 이해하지 못한다. 결국 이 소설은 예술이나 특정 분야의 사람과 보통 사람의 행복을 추구하는 사람과의 갈등을 은유적으로 표현한 것으로 보인다.

(2010년. 사이버대 리포트)

서하진의 「제부도」

 남녀의 사랑을 이길 수 있는 것은 아무것도 없는 것 같다. 비록 그것이 강요된 사랑이라 할지라도 싹이 트고 뿌리가 내리기 시작하면 누구도 그 자리를 쉽게 떠날 수 없게 된다. 더욱이 사랑에 목말라하는 가슴에 한 줌의 단비와 같은 사랑이 주어진다면 그는 그 사랑과 함께 생사를 같이하기도 한다. 남녀의 사랑은 맹목이다.
 「제부도」의 주인공인 '나'는 한 시골 마을에서 자라면서 철모르게 자랑스러운 어린 시절을 보낸다. 그러나 철이 들면서 값비싼 장난감을 사 들고 일 년에 서너 번 찾아오는 '높은 양반'인 아버지가 가정을 갖고 있으면서 어머니를 첩으로 맞아들인 분이란 것을 알고 갈등한다. 마침내 열차를 타고 고등학교 수학여행을 다녀오는 길에 나는 선생님과 친구들 몰래 차에서 내려 서울로 가출을 한다.
 주린 배를 움켜쥐고 봉제공장에서 일하며 꿈을 키우고 나는 지금의 직장을 얻게 되었다. 그러나 공순이 출신이라는 이력 때문에 직장 남성들로부터 홀대받던 내가 허튼 농담 한마디 아니할 정도로 과묵하고 나에게 무관심해 보이던 직장 남자에게 끌리기 시작한다. 그러나 나는 인천의 한 초등학교 교사라는 여자에게 사랑하는 사람을 빼앗기게 된다. 그럼에도 불구하고 나는 여전히 그와의 밀회를 청산하지 못하고 사랑에 빠져있다. 가정을 갖고 있으면서 남몰래 어머니를 찾아오던 아버지처럼 그는 아내 몰래 나와의 사랑을 끊지 못하고 심한 고민을 한다.

그는 모든 것을 계획하고 어느 날 나와 함께 제부도를 다녀오는 길에 물에 잠겨가는 바닷길에서 자기 몸을 물속으로 숨겨 나와의 사랑을 끝내려 한다. 그의 의도를 알지 못한 나는 그의 말을 따라 차에서 내려 제부도 쪽으로 되돌아가면서 후진하는 그의 차를 마치 견인하듯 안내한다. "사라져가는 길 위로 이미 보이지 않는 길을 찾아 나는 그를 끌고 가고 있었다. 내가 내딛는 발걸음을 따라 그의 차는 한 바퀴 두 바퀴 굴러온다.……"

바닷물은 차오르고 그의 차는 제자리걸음(?)을 하는데 혼신의 힘을 다하는 나의 안간힘은 결국 그의 차를 끌어내지 못하고 차와 함께 물속으로 "그는 사라졌다." 자정이 지나서 집으로 돌아온 나는 다음날 정신을 차리고 그의 아내를 생각하며 그의 집으로 전화를 걸었으나 이미 전화번호는 바뀌어버렸고 끝내 연락은 되지 않았다. 비로소 나는 오래전 떠나온 후 한 번도 연락한 적이 없는 고향의 어머니를 떠올리고 전화를 걸었으나 딸을 떠나보내고 부끄럽고 가슴 아픈 세월을 견디다 못해 작년에 물에 빠져 죽었다는 말을 듣게 된다. 나는 다시 혼자서 제부도로 들어가 이제는 "그의 얼굴이 이끌어주는 길"로 사랑하는 사람의 뒤를 따라간다.

남의 첩이 된 어머니처럼 주인공인 나도 '첩'의 위치에 놓여 갈등을 겪고 있으며, 내가 사랑하는 그도 나의 아버지처럼 가정을 갖고 사랑의 갈등에 빠진다. 아내의 사진을 수첩 속에 넣어 다닐 만큼 아내를 사랑하면서도 그는 나와의 사랑을 청산하지 못하고 끝내 바닷속으로 사라진다. 제부도와 육지가 밀물과 썰물로 만났다, 헤어졌다, 하는 것처럼 사랑하면서도 쉽게 만날 수 없는 아버지와 어머니의 관계, 그와 나와의 관계 설정과 첩의 몸에서 태어난 딸이 엄마가 부끄러워 가출하기까지 했으면서도 어머니가 걸었던 길과 같은 길을 걸어가다 어머니처럼 물속으로 사라지는 구성은 일품이다. 아름다우면서도 건전하지 못한 사랑의 올무와 그 함정의 슬픈 결말이 주는 교훈이 제부도의 밀물처럼 필자의 가슴으로 밀려들고 있다.

(2010년. 사이버대 리포트)

윤대녕의 「말발굽 소리를 듣는다」

 끝나지 않는 삶, 끝날 수 없는 인간의 역사를 생각하게 하는 작품이다. 조부로부터 "본시 우리 집안은 역마살이 껴"있다는 얘기와 함께 평생을 두고 달려야 할 가문의 핏줄을 가족들이 대대로 이어받은 것으로 나타난다. 말이란 때로 달리는 힘을 잃어버리고 짐을 싣는 데 쓰이기도 하지만 말은 달리는 본래의 역할을 다하지 못하면 그 말은 말로서의 생명은 끝나는 것이나 다름없다.
 역사란 끊임없이 달려왔고 멈추지 않고 달려가고 있다. 그 역사의 주인공은 다른 사물이 아니라 인간이다. 인간은 끊임없이 달려갈 때 의미 있는 삶을 살 수 있으며, 정신적 노동을 하는 사람이나 부지런한 장애인이라고 할지라도 그는 달려가고 있다. 〈말발굽 소리를 듣는다〉에 나타나는 한 가계는 작중인물들만의 가계가 아니라 이는 모든 사람의 가계일 수 있다. 밭 갈고 차를 운전하며 사업을 하고 사랑하며 즐기고 가정의 사소한 걱정거리를 의논하며 살아가는 사람들이 모두 여기에 속하는 보통 사람들이다. 심지어 새벽에 부모의 방을 쳐들어오는 아직 철들지 않은 아들에 대한 대책을 세우며 아내와 남편은 텔레비전을 함께 보며 남편과 아내가 서로를 송두리째 소유하지 못한 소외감이나 미안함 같은 것을 안고 있는 사람들이 주인공 가족의 모습이기도 하다.

돈을 많이 벌어서 언젠가는 안정된 삶을 꾸리려는 것이 사람들의 일차적인 목표이지만 그것이 달성되었다고 해서 일손을 놓을 수 없는 것이 인간이다. "안방의 장롱 서랍엔 몇 달이 아니라 어쩌면 좋이 몇 년이라도 버틸 수 있는 생활비가 있어" 당장 끼니 걱정을 할 필요가 없어도 사람들은 매일 일터로 나간다. 이러한 중단할 수 없는 삶을 이끌어가는 것이 끊임없이 들려오는 말발굽 소리로 형상화되고 있다. 어느 날 조부의 뒤를 따라 이상한 말이 집으로 들어오고 백부가 그 말을 타고 나갔다가 첫눈이 오는 날 돌아온다. 백부가 말을 타고 나갈 때 조부는 주인공의 아버지가 그 말을 타고 나가기를 바랐던 것은 백부보다 그의 아버지가 더 부지런하고 진취적인 삶을 살 수 있을 것으로 생각했거나 그런 삶을 바랐던 것은 아닐까?

말과 말발굽 소리와 함께 주목할 것은 이 작품에 '꿈'이라는 말과 '환영', '물속 같은 잠'이라는 말이다. "차를 사기전에 아버지는 내리 3일 이런 꿈을 꾸었다"던가 "그 말의 환영에 이렇듯 사로잡히게 될 줄이야", "물속 같은 잠" 등이 이야기를 엮어가는 고리로 작용하는 것으로 보인다. 이것은 작품의 내용이 마경(馬經)이란 책을 자세하게 소개하고 있는 것과 말이 마구간에서 지내는 일들을 사실적으로 표현하고 있지만 실제로는 '물속 같은 잠'속의 일이거나 꿈같은 상념 속에서 벌어지는 일들이란 것을 보여주는 것이다.

주인공은 작품의 초반부에서 아내와 이야기를 나누다 "환영에 사로잡히고" 다음날 새벽 네시 쯤 불현듯 "물속 같은 잠"에서 깨어난다.

그리고 끝부분에서 시골에서 백부가 올라오는 날 교통사고로 자리에 누운 아버지는 천천히 자리에서 일어나 앉고, 다시 주인공은 "……물속 같은 잠에서 깨어난다." 조부, 백부, 그리고 아버지에 이어 주인공도 갈 곳이 확실치 않은 데도 "모든 것이 포함된 하나의 장소"를 향해 안정된 집을 떠나간다. 그것은 현재보다 미래에 더 좋은 것이 있다는 것을 믿기 때문이거나 삶이란 머물 수 없는 과정이기 때문이다.

　작가 윤대녕은 1996년 단편〈천지간〉으로 이상 문학상을 수상할 때 수상소감에서 "나의 문학은 '과정의 예술'"이라고 밝힌 바 있고 작가가 되기까지 그는 확실한 무엇이 보이지 않아도 앞으로 앞으로 나아갔다. 그는 말을 본 것이 아니라 끊임없이 달려야 한다고 말하는 것과 같은 말발굽 소리를 들으며 오늘까지 달려온 것이다.

　이 작품을 읽고 나면 누구나 자신에게도 말발굽 소리가 계속 들리고 인생은 앞으로 계속 나아가야 한다는 소리를 듣게 될 것 같다. 아마 고단한 삶에 지쳐 졸던 사람이라면 어디에선가 들려오는 말발굽 소리를 듣고 잠에서 깨어나게 될 것이다. 비록 확실한 미래가 보이지 않아도 좌절하지 않고 무엇인가를 찾아 발걸음을 옮겨놓아야 한다는 생각을 하게 될 것이다.

(2010년. 사이버대 리포트)

이문열의 『금시조』

    1982년 제15회 동인문학상 수상 작품인 〈금시조〉를 이제야 읽으면서 새삼 예술의 세계에 대해 생각하게 된다. 예술이란 "미를 창조하고 표현하려는 기술적 활동, 또는 그 산물"이다. 그런고로 예술은 모방이나 답습으로는 예술 행위를 할 수도 없고 예술품도 생산하지 못할 것이다. 그러나 아무리 뛰어난 재주를 타고났을지라도 배우지 않고는 그 재능을 예술에 적용하거나 좋은 작품을 만들어 낼 수도 없다.
    그런 의미에서 석담에게 맡겨진 고죽은 스승의 그늘에서 천부적 예술성을 바탕으로 배우고 스스로 터득하고 연마하기도 했다. 그러나 고죽이 자기 나름대로 서화를 할 수 있게 되면서 상황은 달라진다. 스승인 석담은 붓글씨의 품격을 높이 사고 마음을 드러내는 서화를 중시하는 반면 제자인 고죽은 기예를 중시하고 사물을 잘 표현하는 서화에 더 역점을 두었으므로 스승과 제자의 갈등이 겉으로 드러난다. 더욱이 석담은 고죽이 자기의 기예를 자랑하고 그것을 생활의 방편으로 돈과 바꾸는 것을 못마땅하게 여긴다.
    고죽은 스승이 못마땅해하는 것을 알기에 그는 스승의 문하를 떠났다가 다시 돌아오기를 몇 차례 반복하며 그 생활이 방탕의 늪에 빠지기도 한다. 그러나 고죽은 어떤 상황에서도 자신의 예술세계(예술관)를 바꾸지 못한다. 스승인 석담도 끝까지 그의 예술관을 견지하는 것은 물론이다. 그럼에도 불구하고 석담은 고죽의 글씨를 사랑하여 "관상명정(棺上銘旌)은 고죽이 쓰라"는 유언을 남긴다. 이것은 석담이 죽어서라도 고죽의 아름다운 글씨를 가져가겠다는 의미라고 석담의 친구인 운곡이 깨우쳐준다.

석담은 고죽의 재주는 인정하면서도 그 심성은 인정하지 못하고 제자를 멀리했으며 고죽은 자신의 예술세계가 인정받지 못하는 것이 못마땅하여 스승을 경원했다. 석담의 주검 앞에서 화해는 되었지만 하나 되는 것은 이루지 못했다. 이것이 예술의 특성이며 진정한 예술을 하는 사람의 자세가 아닐까? 왜냐하면 예술은 창조가 그 속성이기 때문에 언제나 새로움을 찾아 걸어야 하고, 지난날의 작품이나 성과에 대해서는 만족할 수 없기 때문이다.

마침내 고죽은 그의 작품을 모두 모아 불태우면서 예술혼의 극치로 표상되는 상상의 새 '금시조'가 날아오르는 것을 보게 된다. "석담은 예술과 정신은 하나이며 예술이 삶의 수단이 되어서는 안 된다."고 말한다. 반면에 고죽은 스승의 예술관에 반발하며 아름다움을 추구하는 예술을 삶과 연관시킨다. 어느 것이 옳은 것인가? 이문열의 〈금시조〉는 그 시대 속에 영원한 토론의 주제를 던져주고 있다. 그리고 어느 시대에나 고죽과 석담의 갈등처럼 삶을 위한 예술과 예술을 위한 예술은 여전히 갈등하며 예술세계와 역사의 발전을 이루어 갈 것으로 생각된다.

(2010년. 사이버대 리포트)

이청준의 「눈길」

'천륜(天倫)'의 의미를 생각한다. 이 말의 사전적 의미는 '부모와 자식 간이나 형제 사이의 변치 않는 떳떳한 도리'라는 뜻이다. 변치 않고 끝까지 지켜야 할 도리라 할지라도 어떤 특별한 상황을 만나면 그 천륜의 의미까지 바꾸려는 것이 인간이 안고 있는 약점(弱性)이다. 그 특별한 상황은 그 사람의 옳지 않은 모습을 변명하게 하고 이를 합리화하려는 것 때문에 인간관계는 더욱 꼬이고 어려워진다.

오랜만에 아내와 함께 고향의 어머니 집을 찾은 주인공 '나'는 처음에는 지난날의 어려웠던 생각들을 다 떨어버리고 며칠 동안이라도 편한 마음으로 어머니와 함께 지내고 싶었다. 그러나 나는 어머니를 만나면 지난날의 괴로운 일들이 떠오르고 겨우 명맥을 이어가던 어머니에 대한 사랑마저도 식어버린다. 가장 고통스러웠던 일은 언제나 뚜렷이 그 사람의 가슴에 남는 법이다. 한창 감수성이 예민한 고등학생 시절에 내가 가족으로부터 홀대받고 감쪽같이 무시당했다는 기억은 천륜을 외면할 정도로 각인되어있다.

노인은 노인대로 일찍 세상을 떠난 장남의 주벽으로 가계가 파산

된 뒤에는 아무것도 아들에게 주장하거나 돌려받을 것이 없는 처지를 감득하고 있다. 그러나 머지않아 세상을 떠날 자신의 장례 자리가 너무 초라하지 않게 보이려고 오두막 지붕개량 사업을 계기로 방도 한 칸 더 달아야겠다는 의논을 아들에게 펼친다. 그러나 아들은 지난날의 기억 때문에 도저히 어머니의 속마음을 수용하지 못한다. 나는 "노인에게 진 빚이 없다."는 말을 수없이 의식화함으로 낳아주고 키워준 부모에 대한 천륜의 빚까지 덮어버리려 한다.

그 누구도 천륜을 외면할 수는 없다. 오늘까지 번번한 집 한 채 지니지 못하고 살아온 가난한 어머니는 자신의 어려운 처지를 아들과 큰며느리 가족에게 물려주고 싶지 않았다. 굳이 죽은 뒤의 자기관리를 내세운 것은 이러한 어머니의 사랑이 달리 표현된 것이다. 그 사랑이 용기가 되어 노인은 아들의 닫힌 마음을 두드린다. 그리고 아내는 시어머니의 깊은 사랑의 제안을 끝까지 거부하는 남편의 마음을 붙잡고 화해를 유도한다.

어머니가 쉽게 털어놓지 못하는 사연은 아들이 너무도 생생히 기억하고 있는 일이다. K시에서 공부하는 내가 파산한 소문을 확인하려고 겨울방학에 고향 집에 내려왔을 때 어머니는 아들에게 집이 팔린 충격적인 사실을 알리지 않기 위해 새 주인의 양해를 받아 이제는 남의 소유가 된 텅 빈 집 안방 한쪽에 이불 한 채와 옷궤 하나를 예대로 그냥 남겨두고 옛날과 똑같이 저녁밥을 지어 먹인다. 하룻밤을 지내고 이튿날 새벽 미명에 어머니는 누가 볼 새라 눈길로 시오리나 되는 장터 차부까지 아들을 전송해주었다.

그럼에도 불구하고 아들은 새벽에 집을 나서면서 집이 팔린 사실을 분명히 해온 어머니를 원망하는 마음을 접지 못하고 나는 어머니를 마치 이웃집 늙은이를 지칭하듯 '노인'이라 불러왔다. 그러나 아내의 유도 질문에 못 이긴 체 지난날을 털어놓는 어머니의 깊은 사랑은 아들의 가슴속에 갇힌 천륜을 풀어놓아 눈물을 쏟게 한다. 오늘날 남편과 시어머니 사이를 떼놓는 대명사처럼 보이는 아내가 오히려 두 사람을 화해로 이끄는 존재로 자기 역할을 다하는 것이 돋보인다. 〈눈길〉은 오늘날 알게 모르게 바쁜 삶을 핑계 삼아 부모님에 대한 불효를 변명하려는 사람들의 뉘우침을 불러일으킨다.

  한편으로 형의 주벽 때문에 파산한 가정의 책임을 모두 가난한 어머니에게만 지우고 원망하는 아들의 태도는 당위성의 설정이 약한 것처럼 보인다. 그리고 집이 팔린 사실을 알아보기 위해 돌아온 아들이 그날 밤 어머니에게 한마디라도 사실 여부 따지거나 물어보지도 않고 밥만 먹고 어두운 새벽 눈길을 따라 떠났다는 것도 자연스럽지 못하다.

(2010년. 사이버대 리포트)

제 8 부

신문칼럼

지리산 예담촌 남사교회 부흥사경회 현수막(2014년 9월 22일)

목사가 되기 전에

음식은 모양으로 먹는 것이 아니라 맛으로 먹는다. 아무리 아름답게 만들어지고 고운 색깔로 구미를 돋운다고 할지라도 맛이 없다면 그 음식은 존재의 가치를 잃어버린다. 모양을 내고 꾸미는 것은 맛이 있을 때 비로소 돋보이게 된다. 사람이 살아가는 것도 외모나 지식이나 돈으로 사는 것이 아니다. 인간이 사는 것은 인간다움으로 산다. 그것을 우리는 인간미라고 부른다. 인간미가 없이 지위나 돈이나 아름다움만 있다면 그는 권위주의자가 되고 물질만능주의자가 되며 교만하고 타락해질 수밖에 없을 것이다. 인간미의 바탕 위에 모든 것은 더욱 아름다워지는 법이다.

오랜 시간이 흘러 신학교에 입학했을 때 첫 시간에 들어오셨던 P 교수님이 맨 먼저 "목사가 되기 전에 인간이 되라."는 말씀을 주셨던 것을 오늘날까지 잊지 못한다. 인간다움을 지니기 전에 아무리 귀한 사명을 가지고 많은 일을 한다고 할지라도 그것은 모래 위에 집을 짓는 것이 될 것이기 때문이다. 음식이 맛이 있어야 하는 것처럼 그 무엇보다도 인간미가 필요하다는 것은 두말할 나위가 없다. 유대인의 지혜서인 탈무드연구가 마빈 토케어 씨가 이스라엘을 방문했을 때 군 부대장의 초청을 받아 식사를 함께 한 일이 있었다고 한다. 그때 당번병은 그 지휘관을 위해 맥주를 날라 왔다. 그러자 그 지휘관은 "병사들도 마셨느냐?"고 물었다. "오늘은 맥주가 얼마 남지 않아 장군님께만 가져왔습니다." 당번병의 이 대답을 들은 지휘관은 "그럼 나도 오늘은 마시지 않기로 하자."고 말했다는 것이다.

인간이란 높고 낮음이나 소유의 많고 적음에서 오는 것은 아니다. 높은 자리라도 군림하지 아니하며 낮은 자리에 있어도 비굴함이 없어야 한다. 영원한 구원과 함께 도덕성을 바탕으로 한 인간미를 가꾸어가는 것이야말로 종교의 역할이 아닐까. "너희는 세상을 맛있게 만드는 소금이다. 그런데 만일 너희가 그 맛을 잃어버린다면 어떤 일이 생기겠느냐? 너희는 아무 데도 쓸모없게 되어 밖에 버려져 사람들에게 짓밟히게 될 뿐이다."(마태 5:13) 목사가 되기 전에, 교수가 되기 전에, 정치인이 되기 전에, 기업가가 되기 전에……, 지식도 경제발전도 중요한 것이지만 오늘날 우리는 정직하고 따뜻한 인간미를 가진 한 사람의 이웃이 더욱 필요한 때를 맞고 있다.

(부산일보 '종교인' 칼럼. 1997년)

하나님이 주신 마음

　서울에서 교육전도사로 섬기던 교회를 떠나 온 지 1년이 되었고, 그동안 정다웠던 성도들을 한 번도 뵙지 못했지만 나는 늘 그때 일을 잊지 못하고 있습니다. 나는 이것을 하나님께서 주신 마음이라 생각합니다. 생각이 떠오르는 것은 억지로 할 수 없는 것입니다. 사랑한다는 것도 마찬가지입니다. 억지 사랑만큼 쑥스럽고, 마음에 없는 봉사만큼 힘 드는 것도 없을 것입니다. 애써 생각하지 않아도 늘 새로워지는 주님 생각, 우리의 분주한 생활 속에서도 끊임없이 되살아나는 교회 관심, 이것은 하나님께서 우리에게 주신 축복입니다. "예수 천당"을 외치며 갖은 핍박을 받으면서도 전도하지 않고는 배길 수 없었던 마음, 그것은 하나님이 주신 소명이었습니다.

　내가 신학의 첫발을 내디디면서부터 농촌교회 생각이 끊임없이 살아나고 있었던 것도 하나님께서 내게 주신 마음이라 생각합니다. 그것은 나 자신도 어떻게 할 수 없는 마음이었습니다. 바울 사도는 이런 마음을 두고 "그리스도의 사랑이 우리를 강권하시는도다."(고후 5:14) 말했습니다. 그러나 나는 농촌교회의 현실에 접하면서 내 생각이 너무 가벼웠던 것을 몸으로 깨닫고 있습니다. "도시교회에서 석 달이면 될 수 있는 일이 시골교회에서는 3년이 걸린다."는 전임자가 한 말의 의미를 터득하면서 마음은 더욱 답답해지기도 했습니다. 그러나 그렇기 때문에 하나님은 나를 이곳으로 보내셨다고 더욱 마음을 다져봅니다.

일꾼이 될 만하면 도시로, 읍내로 떠나가는 성도들을 전송할 때마다 가슴은 더욱 미어지는 것 같았습니다만 나는 이것이 농촌교회의 사명(?)이라는 것으로 마음을 고쳐먹기로 했습니다. 그리고 한편으로 한국교회의 못자리 역할로 계속 머물러있는 농촌교회를 조금씩이나마 책임지는 것이 도시교회의 많은 사명 가운데 하나라는 것을 누구에게나 말씀드리고 싶습니다. 이러한 상태로 농촌교회와 도시교회를 방임한다면 복음 전파는 더욱 어려워질 것이라는 우려를 해봅니다. 이것은 총회의 차원에서 풀어야 할 숙제라 생각합니다.

(장로회보 〈목회수상〉. 1984년 12월 5일)

기회를 빼앗는 사회

　가까운 교회 한 회계 집사님이 얼마 전 자녀교육 때문에 도시로 이사 갔다는 얘기를 그 교회 목사님으로부터 들은 적이 있다. 자녀들을 위한 도시 전입 현상은 시골교회가 성장하지 못하는 원인 가운데 하나로 꼽힌다. 시골 초등학교를 졸업하면 시골 중학교에 들어가야 하고, 그리고 시골 고등학교로 진학하지 않으면 안 되도록 제도화해놓았기 때문이다. 물론 대학입시에는 지역에 무관하게 자유경쟁에 맡겨놓고 있지만 그것은 마치 몇 년 동안 좋은 환경에서 줄기찬 운동 연습을 해온 육상선수와 운동을 하지 못하도록 발목을 묶어놓고 경주를 시키는 것과 다를 바 없을 것이다. 도시에 비하면 시골은 그만큼 교육환경이 불비 할 뿐만 아니라 설사 능력이 뛰어난 학생일지라도 더 좋은 학교를 선택해 마음껏 배울 수 있는 기회는 제공되지 않고 있다. 약간의 불리한 여건에서라도 열심히 하기만 하면 그만한 대가를 부여받을 수 있는 길이 열려있다면 사람들은 희망을 품고 부지런히 실력을 기를 것이다. 그래서 옛날에는 개천에서 용이 나듯 산골 마을에서도 훌륭한 사회지도자가 배출될 수 있었다.

오늘날에는 적성과 희망과 능력이 있어도 농촌에 태어나면 땅을 파먹고 살고, 어촌에 태어나면 고기잡이로 삶을 이어가고, 도시에 태어나면 단지 도시에 태어났다는 그것 하나만으로도 모든 편의와 모순된 제도의 혜택을 누린다. 그래서 시골 사람들 가운데 생활이 조금이라도 나아지면 기를 쓰고 도시로 이사하거나 아니면 주민등록만이라도 옮겨 자녀의 도시 전입을 꾀한다. 목회자들의 농촌교회 기피 현상도 대부분 자녀교육 문제 때문인 것을 볼 수 있다. 제도란 누구든지 지키기만 하면 공평한 급부가 보장될 때만이 존재가치가 있을 것이다.

우리가 생명을 바쳐 하나님의 말씀을 따르는 것은 그 속에 우리 인류에게 주어지는 공정한 구원과 축복이 있기 때문이다. 농촌을 지키며 농사를 지으면 노력한 것보다 더 손해 보고 농촌교회를 지키면 올바른 자녀 교육의 기회마저 박탈당하는 상황에서 목회자가 무슨 말로 떠나가는 그들을 붙잡아놓을 수 있을 것인가. 자기가 태어난 지역과 신분이 그 사람의 운명을 결정하도록 잡아매는 그런 전근대적인 비극은 하루빨리 고쳐져야 한다.

(기독공보 목양칼럼. 1985년 10월 12일)

푸른 초장을 그리며

꼭 해결해야 할 필요성이 있으면서도 해결할 길이 없는 일을 가리켜 "고양이 목에 방울 달기"라고 말한다. 이것은 또 자기가 하려고 하지는 않고 다른 사람이 대신해주기를 바라는 경우를 비유할 수도 있을 것이다. 한국교회에 고양이 목에 방울을 달기만큼 어려운 것이 있다면 그것은 아마 농촌교회 문제를 빼놓을 수 없을 것 같다. 물론 이것은 교계의 많은 뜻있는 선배들에 의해 여러모로 방법이 연구되고 계획이 추진되어가고 있다. 그것은 재정적인 지원일 수도 있고, 때로는 교회를 건축해주기도 하는 일일 수도 있다. 또 어떤 경우는 도시 교회 성도들에 의해 1년에 한두 차례씩 의료선교나 위문 선교가 이루어지기도 한다.

큰 교회는 큰 교회대로, 가진 사람들은 그들대로 쓰임새가 있고 닥치는 어려운 일들도 많다는 것을 생각하면 그들은 참으로 너무도 고마운 사람들이다. 그러나 그러한 고마운 일 뒤에는 마치 큰 잔치 뒤에 엄습해오는 허탈감 같은 것을 호소해오는 사람들이 있는 것을 보면 시골교회를 지원하고 남을 돕는다는 것은 참으로 어려운 일이란 것을 다시금 생각해보게 된다. 어쩌다 한 번씩 시골을 방문하는 사람들은 다소곳이 엎드린 집들과 한가로이 움직이는 시골 사람들의 삶의 모습이 한 폭의 그림처럼 아름답게 보일 것이다. 그러나 "시골"은 농약과 가난과 모든 불편한 것과 이 사회의 억울한 모순이 한 데 얽힌 슬픈 고장일시 분명하다. 이것이 허탈감의 진원지이다. 농촌교회 역시 예외일 수는 없다.

이른 새벽부터 저녁 늦게까지 그들은 엿새 동안 더 힘써 일할 수 없을 만큼 힘써 일하지만 주일 하루를 온전히 쉴 만큼 시간은 주어지기 어렵고 생활의 주름살도 쉬 펴지지 않는다. 때로는 교회에의 무관심을 탓하고 시간 관리를 수없이 광고하지만 이런 것들은 오랜 세월 동안 이들의 삶의 일부분이 되고 말았다. 하나님을 예배하기보다는 벼 베기가 중하고, 교회의 일은 항상 우선순위의 맨 끝이 된다. 농촌목회의 출발점은 바로 여기서부터이다. 때로 끝없는 푸른 초장에 양떼들이 평화로이 풀을 뜯는 꿈을 꾸기도 하지만 그 답은 오직 하나님만이 하실 수 있다는 고백뿐이다. "주의 뜻이면 우리가 살기도 하고 이것저것을 하리라"(약 4:15)

(기독공보 목양칼럼. 1985년 10월 19일)

사랑받아야 할 사람

7년 동안을 하루처럼 무단결근 한번 하지 않고 성실히 근무한 한 청년이 얼마 전에 그 회사를 떠났다. 다른 회사에 일자리를 마련해 놓은 것도 아니고 요즘 같은 불황 속에 쉽게 일자리를 구할 수 있는 것도 아니다. 그러나 그는 더 이상 참고 견딜 수 없다면서 사표를 던지고 말았다. "7년 동안 보너스 한번 받아보지 못했다."는 것이 그가 내세운 주된 퇴사 이유였다. 이 말은 한 번이라도 보너스를 주거나 아니면 회사의 사정을 털어놓고 따뜻한 위로의 말이라도 한마디 해주었더라면 뼈가 부러지도록 충직하게 일하겠다는 말도 된다. 그러나 그 회사는 끝내 그렇게 하지 않았고 반갑게(?) 사표만 받아들였던 것 같다.

우리 교회와 지척의 거리에 있는 Y 공단의 회사들은 대개 이와 비슷한 방식으로 운영되고 있다고 한다. 이런 것을 요즘의 기업체들이 겪고 있는 어려움의 여파로 생각해볼 수도 있겠지만 사람들은 이런 일이 어제오늘의 일이 아니라고 말한다. 첫째, 셋째 일요일은 쉬게 되어있으나 일요일도 없이 작업을 계속하고 있는 업체가 아직도 수

두룩하며, 상여금은 사주의 형편에 따라 주기도 하고 말기도 한다. 보수 기준도 깎였다가 때로는 붙였다가 한다고 공휴가 전혀 없는 Y업체에서 일하는 남편의 부인이 말했다. 그리고 작업환경을 탓하거나 보수가 적다고 불평하는 사람에게는 "그만두면 될 것 아니냐"라는 간단한 대답으로 회사 측은 맞선다는 것이다. 그런 회사에서는 거의 매일 숨바꼭질하다시피 수십 명씩 퇴사하고 또 입사 하는 것을 볼 수 있다.

아무리 어렵게 살았어도 사람이 이렇게 물건처럼 천대를 받으며 살았던 때가 있었을까? 때로 사회문제로 번지는 노사문제는 천대받는 인간의 본능적 꿈틀거림이 아닌가. 그럼에도 불구하고 당국은 누가 선동을 했고 누구를 처벌한다는 것에만 중점을 두어 사건을 마무리 짓고 있다. 오늘의 사회문제는 대부분 원인은 보이지 않고 결과만 남아있다. "하나님은 사람을 사랑을 받게 하려고 만들었고 물건은 쓰여지라고 만들어놓았다." 투울 하우의 말이다. 이 순서가 거꾸로 되어, 물건이 사랑을 받고 사람이 소모품처럼 쓰여질 때는 비극이 일어날 수밖에 없을 것이다.

(기독공보 목양칼럼. 1985년 11월 2일)

반 신앙의 치료부터

 어떤 것에 대해 기를 쓰고 고집하고 불만을 토로하다가도 연륜이 오랜 분들의 얘기를 들으면 자신이 한없이 부끄러워짐을 느끼게 될 때가 있다. 나 혼자만이 진실이고 나의 주장만이 의라고 생각하던 것이 다른 사람에게도 의와 진실이 없지 않다는 것을 알게 되기 때문이다. 그런고로 어떤 사건의 해결은 옳고 그름을 따지는 것도 필요하지만 그 마지막은 용서가 있느냐 없느냐 하는 것으로 결말지어야 할 것 같다.
 이태 동안 교계를 떠들썩하게 했고 지역교회에도 파문과 실망을 안겨주던 부산 Y 교회 사건이 총회 차원에서 은혜롭게 풀려가고 있는 것을 참으로 감사하게 생각한다. "교회의 재산은 반환하고 모든 치리는 백지화한다."는 방침을 내세운 제70회 총회의 결의는 한마디로 모든 것을 하나님께 돌려드리는 것으로 보인다. 결국 모든 소유의 주인은 하나님이고 모든 것을 용서하고 보상하는 것도 하나님이라는 태초의 원리를 재확인함으로써 문제는 결론으로 다가가고 있다. 참으로 간단한 원리인 것 같으면서도 어려운 것이 하나님을 항상 주인으로 모시는 일일지도 모른다.

크고 작은 교회의 문제점들을 들어보면 거의 꼭 같은 유형에서 발단된 것을 알 수 있다. 하나님의 것을 내 것이라 우기고, 잘못에 대한 사죄를 내가 받으려는 데서 문제는 갈수록 복잡해져 가게 된다. 그러다 보면 다툼의 내용도 처음에는 교회를 위하고 하나님을 위하던 자리에서 떠나 마침내는 자기의 승리와 자기의 유익을 구하는 쪽으로 굳어져 버린다. 이러한 이기심이 처음에는 이웃과의 관계 단절로 끝나지만 좀 더 커지면 교회가 갈라지고 그 이기심이 교단의 분리라는 아물기 어려운 상처를 가져온다. 페스탈로치는 이러한 이기심을 반 신앙의 결과라 규정했다. 한국교회의 화해와 일치는 반 신앙의 치료에서부터 시작되어야 하지 않을까. "너희는 유대인에게나 헬라인에게나 하나님의 교회에나 거치는 자가 되지 말고 나와 같이 모든 일에 모든 사람을 기쁘게 하여 나의 유익을 구치 아니하고 많은 사람의 유익을 구하여 저희로 구원을 얻게 하라."(고전10:32-33)

(기독공보 목양칼럼. 1985년 11월 9일)

아담의 사과

우리는 결과만 있고 과정이 무시된 사회 속에 살고 있다는 생각이 들 때가 있다. 조리의 과정이 생략되고도 배를 채울 수 있는 인스턴트식품이 인기를 더해가고, 오늘날엔 음식솜씨가 전혀 없어도 물 붓고 불 지피는 방법만 알면 손색없는 주부가 되는 편리한 시대이다. 땅 투기를 하여, 하루아침에 졸부가 되는 논리가 아직도 살아있으며, 어떤 부정한 방법으로라도 돈만 벌면 된다는 사고방식에 젖어가는 사람들이 늘어나는 것 같다, 이런 현상은 기독교계에서 더욱 심하게 나타나는 것 같다.

어떤 교회에서 열심히 봉사하시던 집사님이 어느 날 갑자기 목사 안수를 받고 나타났으며, 어떤 목사님은 박사과정에 등록했다는 소문조차도 없이 어느 날 갑자기 박사학위 취득 축하 예배를 드렸다는 얘기도 들린다. 해산의 고통과 성장 과정을 무시한, 하루아침에 장성한 사람으로 행세하는 것이 용납될 뿐만 아니라 오히려 선망의 대상이 되는 풍조 속으로 교회는 점점 빠져들고 있다. 어떤 이들은 개척교회 간판을 걸고 1년이면 땅을 사고 3년이면 건물을 크게 짓는 것을 목표로 삼고 있다. 목회라기보다는 마치 교회 건축 비상 작전을 보는듯하다. 빠르다거나 크고 많다는 것이 잘못되었다는 얘기가 아니다. 문제는 그 목표를 달성하는 방법에 있다.

  신학교 채플 시간에 개척교회 목사님을 초빙하여 성공사례를 듣는 시간이 있었다. 결론부터 말하자면 그 목사님은 맨주먹 믿음으로 일을 시작했고 2, 3년 만에 큰 교회당이 건축했다는 얘기였다. 그의 피나는 작전은 70년대 후반, 전국적으로 땅 투기가 한창일 때 시작이 되었다. 처음엔 적은 돈으로 조그만 땅을 샀고, 그것을 며칠 후 다시 팔아넘기는 식으로 무려 9차례나 거듭해서 마침내는 좋은 곳에 넓은 땅을 확보하고 큰 교회당을 지을 수 있었다는 것이었다. 어떻게 그런 얘기를 개척교회 성공사례로 후배들에게 자랑스럽게 들려줄 수 있었을까? 그때 기억은 아무리 반추해도 소화가 되지 않는 아담의 사과처럼 내 목에 걸려있다.

(기독공보 목양칼럼. 1985년 11월 23일)

생각해 볼 문제들

　멀리 있는 친구를 생각하면서 정성으로 쓴 편지를 우체통에 집어 넣으려면 서운한 마음이 들 때가 있었다. 거기에 내 마음을 담았기 때문이리라. 등산길에서 조약돌 한 개를 주워들고 만지작거리며 다니다가 그 돌을 길가 아무 곳에나 던져 버렸을 때 순간적으로 다시 달려가 그 돌을 주워오고 싶었던 일을 기억한다. 비록 한나절 동안이나마 내 손때가 묻었기 때문이다. 그래서 사람들은 자기의 정성과 체취가 서린 것은 책이나 다른 물건이나 무릇 어떤 것이라도 남에게 주기보다는 자기가 간직하기를 원하고 마땅히 돌려줘야할 것조차도 오랫동안 거부반응을 나타내기까지 하는 것으로 생각된다.
　노령의 목사님들이 평생을 바쳐 목회해온 교회에 대한 애착심은 이러한 순간적인 감정과는 비교할 수조차 없을 만큼 크고 강한 것이다. 수십 년 동안 피와 땀과 눈물과 온 정성을, 오직 한 교회를 위하여 쏟았고 코흘리개 교인들을 집사, 장로로까지 성장시켜 오는 동안 젊었던 목사는 어느새 할아버지가 되었다. 참으로 교회를 떠나고 싶지 않고 뭔가 사랑으로 간섭하고 싶어질 것이다. 그런 마음속에 인간적으로는 아무런 잘못도 찾아낼 수 없을 것이다.

그럼에도 불구하고 그 모든 서운함과 가슴 아픈 감정들을 훌훌 떨쳐버리고 원로 목사나 은퇴 목사의 자리로 물러앉는 목사님들의 얘기를 들을 때면 젊은 목회자들은 경외감마저 느끼게 된다. 그것은 가졌던 권리를 다 쓰지 아니하고 그리스도의 복음에 아무 장애가 없게 하려고 범사에 참았던 사도바울을 연상케 한다.(롬:9.12) 그러나 어쩌다 보면 명예로운 은퇴를 하지 못하고 교회로부터 쫓겨난다든가 때로는 젊은 후배에 의해 억지로(?) 밀려나기도 한다.

이러한 일부 목회자를 위로하고 문제의 젊은 부목사에 대한 경고라도 하듯 몇 해 전 총회에서는 "부목사는 그 교회에서 곧바로 원목이 될 수 없다."는 안이 발의되었다. 행여라도 그러한 위협을 느끼는 분들이 많았기 때문인지 그 안은 무난히 통과되었고 그 후로부터는 부목사가 담임목사로 되려면 순리적인 경우라 할지라도 반드시 다른 교회로 옮겨 2년을 시무하도록 하는 새로운 번거로움을 만들어놓았다. 과연 몇 명의 목사님들이 이러한 안전장치의 혜택을 받을 수 있을 것이며 이것을 제도화해야 할 만큼 우리 교단이 위계질서가 타락한 상태에 처해있는 것일까. 이것은 함께 생각해 볼 문제이다.

(기독공보 목양칼럼. 1985년 12월 14일)

그레이스 케리의 마음

어렵게 외나무다리를 건너온 사람이 반드시 다시 한번 그 다리를 뒤돌아보는 것처럼 아슬아슬하게 한해를 무사히 살아온 사람들은 누구나 세모의 뜨락에서 한 번쯤은 지난해를 돌아보기 마련이다. 아무 것도 남긴 것 없는 허허로운 벌판을 바라보는 안타까움은 올해라고 하여 달라진 것 없음에도 불구하고 다시 또 한해를 준비하는 자신을 보면서 부끄러운 마음을 금치 못한다. 무엇인가 남기고 싶은 마음은 모든 인간이 속성인지 모른다. 그래서 사람들은 기를 쓰고 명예를 추구하며 이름을 남기고, 그렇지 못하면 연말연시 신문사의 불우이웃돕기에 몇 푼의 성금을 내고 자기 이름 석 자를 확인하려 한다. 그러나 사람들은 남길만한 이름을 판단할 사람은 따로 있다는 것을 자주 잊어버리는 것 같다.

야고보와 요한의 어머니가 그의 두 아들을 주의 나라에서 하나는 주의 우편에, 하나는 주의 좌편에 앉게 해달라는 부탁을 드렸을 때 예수님께서는 이렇게 대답하셨다. "너희가 내 잔을 마시려니와 내 좌우편에 앉는 것은 나의 줄 것이 아니라 내 아버지께서 누구를 위하여

예비하였든지 그들이 얻을 것이니라."(마태 20:23)

무엇을 남기고 무엇을 얻는다는 자세보다는 어떻게 살아가겠다는 다짐만이 우리가 할 수 있는 일이 아닐까. 결과는 오직 하나님의 손에 달려있다. 이런 자세를 뜻밖의 사람들에게서 발견했을 때 우리의 놀라움은 더욱 커진다.

몇 년 전 모나코 왕비 그레이스 케리가 교통사고로 세상을 떠나기 얼마 전, 프랑스에서 언론인 피에르 샐린저(전 백악관 대변인)와 가졌던 인터뷰 내용을 기억한다. "너무 이른 얘기입니다만 만일 왕비가 세상을 떠난다면 무얼 남기기를 원하십니까?" 죽음에 관한 질문이었다. "내 아이들에게 내가 열심히 최선을 다해 일한 사람으로 기억되기를 바랍니다. 그리고 남을 도우려고 노력했다는 것도."

나는 오래전 그녀가 화려한 은막 생활에서 더 화려하다고 할 왕비의 길을 택했을 때 허영을 먹고 사는 여인으로 생각했다. 그러나 그녀는 자신의 미모만큼이나 아름답고 깨끗한 마음씨를 갖고 있었다. 또 한해를 아무것도 남기지 못했어도 이웃을 생각하는 아름다운 마음으로 맡은 일에 최선을 다하는 모든 사람 위에 하나님의 크신 축복이 함께하시기를 기도드린다.

(기독공보 목양칼럼. 1985년 12월 28일)

제9부

한국교회 · 성지순례

왼쪽으로부터 최규성, 박은일, 안유환(필자), 박창환(전 장로회신학대 학장), 송재천, 차선각 목사. 광나루 한강호텔 앞에서.

"생활 속에 융합되는 신앙"

– 박창환 전 학장과의 대화

망백(望百-91세)의 박창환 목사(전 장신대 학장)가 작년에 이어 올해에도 장로회신학대학원에서 1·2학기 강의를 마치고 오는 9일 미국으로 돌아간다. 박 목사는 조지아주 아틀란타의 막내아들 집에 거처를 두고 있다. 지난 24일 신대원 77기 제자 다섯 사람은 스승의 은혜를 기리며 점심 식사를 함께하는 자리에서 한국교회의 현재와 미래를 생각하는 가벼운 대화의 시간을 가졌다. 이 자리에 함께했던 안유환 목사(부산남노회 은퇴)를 통해 대화의 내용을 아래에 소개한다.

〈목회자 신문 – 편집자 주〉

➢ 제자   올해도 목사님의 건강한 모습을 다시 뵙게 되어서 너무도 반갑고 감사합니다. 미국으로 돌아가시기 전에 한국교회와 후배 목회자들에게 하시고 싶은 말씀이 있으시면 들려주시면 좋겠습니다.

➢ 박 목사   여러분은 어떻게 생각하십니까? 한국교회의 현실을-. 아직도 목회 현장에 있거나 한국교회에 몸을 담고 있는 여러분들의 이야기를 먼저 들어보고 싶습니다.

> 제자   아직도 한국교회는 대형화의 꿈에서 깨어나지 못하고 있는 것 같습니다. 지난날의 화려한 유럽교회들은 그래도 오늘날 관광객들이 찾는 명소로 명맥을 유지하지만 상대적으로 문화적 가치도 덜한 한국교회의 앞날은 지극히 염려스럽습니다. 어쩌면 텅텅 비어있는 유럽교회들의 실패를 답습하지 않을까, 우려됩니다.

> 박 목사   그러나 나는 유럽교회들이 실패했다고 생각하지는 않습니다. 그들의 신앙 정신이 생활 속으로 파고들었기 때문입니다. '신앙'이 신앙으로만 존재하는 것이 아니라 생활 속에 융합되어야겠지요. 유럽교회 2000년의 역사에 비하면 한국교회는 아직도 다섯 살 정도의 어린아이에 비유될 수 있습니다. 나이가 어리면 스스로가 다 컸다고, 이만하면 되었다고 착각하는 경향이 있습니다. 한국교회가 제3세계인들을 초청하여 교육하거나, 에큐메니칼 국제대회를 개최하는 것들이 그렇습니다. 아직은 더 자라고 더 성숙해지도록 노력해야 할 터인데 그런 노력이 안 보이는 것 같습니다.

한 가지 더 중요한 것은 종교개혁의 정신이 없어요. 칼뱅은 "교회는 항상 개혁되어야 한다"고 말했어요. 루터의 만인사제론(萬人司祭論) 같은 것이 성도들에게 뿌리를 내려야 한다는 생각입니다. 평신도와 성직자는 기능적인 차이만 있을 뿐 본질적인 차이는 없다는 말이지요. 우리가 다 하나님 앞에서 거룩하게 부름을 받았다는 믿음을 가져야 합니다. 농부이면 농부로, 공무원이면 공무원으로, 군인이면 군인으로 자기에게 주어진 자리에서 최선을 다해야겠지요. 대부분의 기독교인들은 이원론적인 사고에 빠져 있어요. 영혼은 귀하고 육체는 악하다는, 아직도 영혼만이 귀하다는 편견 때문에 영혼을 인도하는 목사가 더 귀하고, 그러다 보니 좀 더 잘 믿으려면 목사가 되어야 한다고 생각하는 사람들이 많은 것 같아요. 아마 그러한 생각이 신학교의 문을 두드리는 사람이 많아지는 원인이 아닐까, 하는 생각도 듭니다. 언젠가 의학박사가 신학생이 되었다는 얘기를 들었습니다. 궁극적으로는 소명의 문제이겠습니다만 의사이면 사제와 같은 자세로 의사의 일을 더 잘 감당할 수 있어야지요. 누구나 거룩함의 자세로 하나님의 나라를 이루어가야 할 텐데 잘 못 가르쳐 혼란이 오는 것이지요.

▷ 제자   제가 신학교에 가려고 할 때 연세대 김형석 교수님에게 편지로 상담을 한 적이 있습니다. 회사원인 제가 신학교에 가려고 하는데 어떻게 생각하시느냐는 내용이었습니다. 저는 크게 환영할 줄 알았습니다. 그러나 그분은 "신학은 좋지만 목사가 되는 것은 찬동할 수 없다"는 대답이었습니다. 언론인이면 언론인으로, 농부이면 농부로, 군인이면 군인의 책무를 잘 감당할 수 있어야 한다는 말씀이었습니다. 박 목사님의 생각과 같았습니다. 그 말씀이 너무도 옳게 들려 저는 5년 동안 생각을 접었지만 더는 견딜 수 없어 불혹이 가까운 나이에 신학교에 들어갔습니다. 우리는 하나님의 부르심을 외면하지 말아야겠지요. 아모스 같은 주전 8세기 선지자도 농부나 목동으로 있으

> 박 목사   면서 부름을 받았고, 예수님의 제자들도 세리와 어부들이 었잖아요.
> 박 목사   그럼요. 신학교엔 소명 받은 자들이 와야지요.
> 제자   그런데 그 소명을 구분하기가 쉽지 않지요.
> 박 목사   디모데전서 4:14에 "……안수받을 때 예언을 통하여 받은 것을 가볍게 여기지 말라"는 말씀이 있습니다. 여기에 나오는 '프로페티아'란 말을 '예언'으로 번역하지만 나는 그것을 목사의 특수성, 독특한 영력을 겸비한 소명 의식으로 생각합니다.
> 제자   소명받은 사람은 어쩔 수 없는 것 같아요. 본회퍼는 그의 저서 〈나를 따르라〉에서 '제자의 길'을 얘기하면서 "부모도 처자도 역사와 동족도 부름 받은 자를 숨겨두지 못할 것"이란 말을 했어요. 그 어떤 것보다도 목회자가 귀하게 보인다면 다른 것은 버릴 수밖에 없지 않을까요?
> 박 목사   그렇습니다. 그러나 농사꾼으로 불렀는데 그것을 버리고, 사업가로 불렀는데 그것을 버리고 신학교에 온다면 그것은 신학적으로, 철학적으로도 잘못된 것이지요. 알다시피 교육학적으로 보면 지금 미국이나 유럽의 우수대학들은 학생과 교수의 비율이 5:1이에요. 더욱이 신학대학은 12:1을 넘지 않아요. 하버드나 예일도 5:1입니다. 아이비리그 대학들은 예수님이 가르치신 열두제자의 비율을 넘어가지 않고 있어요. 우리나라의 경우는 대부분 30:1이나 40:1이지요. 그렇게 해서 무엇을 어떻게 배워요? 한 반에 100명이 넘는 경우도 있지요. 그래서는 페이퍼를 제출해도

교수가 다 다룰 수가 없어요. 그러다 보니 대부분 조교가 처리하는 실정입니다. 그러면서도 어떤 이들은 우리가 세계에서 최고의 훌륭한 신학교라고 자랑합니다. 안타깝지만 교육이 아니지요. 지식적인 면도 그런데 영성이라면 어떻게 되겠어요. 교수와 같이 만나서 기도하고 의논하고 토론도 해야 하는데 그렇게 만날 수 있는 교수가 없잖아요. 학생들이 교수 이름도 모르는 경우도 있다고 합니다.

> 제자   우리가 신학교에 다닐 때도 다른 교수님들과 달리 박 목사님은 지금처럼 그렇게 질적인 면을 강조하셔서 약간의 갈등적 요소가 있었던 것을 느껴본 적이 있습니다.

> 제자   복음은 현장에 가서 꽃을 피워야 하는데 어쩌면 교인들을 큰 예배당 안에 가두어놓고 있는 것 같아요.

> 박 목사 큰 것이 좋다, 많은 것이 좋다고만 생각하는 것이 잘못이지요. 목회란 아시다시피 목장에서 양을 기르는 것에 비유되지요. "내 양을 치라. 내 양을 먹이라" 말씀하셨듯이 한 마리의 양이 얼마나 귀한데―. 교회당 크게 짓고 교인이 많으면 좋다고 생각합니다. 양 한 마리를 어떻게 잘 길러야 하느냐 하는 목양에 초점을 맞춰야 하는데, 목회를 크게 하면 하나님 앞에 상 받을 것이란 생각만 하고 있지요. 그러다 보니 멀쩡한 교회당을 헐고 새로 짓고, 또 헐고 새로 짓고 하는 교회가 많아요. 오늘날 한국교회가 이처럼 교회의 모습을 유지하고 있는 것은 100명 미만 회집의 교회들 때문이라 생각합니다. 작은 교회 목회자들은 한 사람, 한 사람에게 최선을 다하잖아요.

➤ 제자   서울 근교에 크게 신축한 어느 교회에는 300억 원의 은행 빚이 있다는 얘기를 들었습니다. 담임목사님은 은퇴할 때가 다되었는데 헌당식도 못 하고 은퇴한다고 합디다. 후임 목사 청빙 대상자들이 주일 저녁마다 설교하고 있어요. 그 가운데 어떤 분은 100억을 책임지겠다고 제안하는 분도 있다고 합디다. 그리고 열심히 전도는 하는데 교인들은 그만큼 또 빠져나가고 있어요.

➤ 제자   요즘은 전도 프로그램이 여러 가지이지만 총동원 전도 주일도 문제가 많아요. 애써 전도하지만 그들은 대부분 하루만 출석하고 말아요. 성도들이 실적을 올리려고 마구 전화를 하고 강권하여 데려와도 그것으로 끝이지요.

➤ 제자   특히 전도 왕으로 이름 붙은 사람들을 보면 수십 명, 수백 명까지도 데려온다는 얘기를 듣고 있거든요. 전도도 중요하지만 어떻게 정착하게 하느냐가 더 큰 과제입니다.

➤ 제자   어느 교회 출석하는 기관 목사가 그 교회 담임목사의 점심 식사 자리에 초대되었는데, 진수성찬으로 준비한 식탁을 보고 놀랐다고 합니다. 십여 개 교구가 돌아가면서 목사님의 점심 식사를 준비한다고 합디다. 교인들은 식당에서 모두가 국수를 먹는데 그게 말이 됩니까?

➤ 제자   지난주일 분당에서 차세대 목사로 주목받고 있는 한 교회에 갔습니다. 장신대 K 교수님이 오셔서 설교했는데 교인들이 많이 울었어요. 저도 눈물을 많이 흘렸습니다. 교수님이 가난하게 살며 참 많은 고생을 했는데 다윗왕의 얘기를 하면서 우리가 하나님의 은혜를 잊어서는 안 된다고

➢ 제자	말씀하셨어요. 어려울 때 힘들었을 때를 잊지 말아야겠지요.
➢ 제자	저는 좀 빨리 일어서야겠습니다. 목사님, 7일에 들어가신다고 했습니까?
➢ 박 목사	아니, 9일이에요.
➢ 제자	오늘 우리들은 강의실에 앉아있는 기분입니다. 내년에도 다시 뵐 수 있으면 좋겠습니다.
➢ 박 목사	지금 같아서는 못 올 것 같아요. 조지아주 아틀란타에 아들 집이 있는데 내년 초에는 아들과 함께 계획을 세워서 멕시코로 가려고 합니다. 말하자면 신학교 들어가기 전 성경구락부, 성경학교를 개설하고 복음의 기초 작업을 하려는 생각을 갖고 있습니다.
➢ 제자들	목사님, 건강에 유의하시고, 기도하겠습니다.
➢ 박 목사	오늘 이렇게 귀한 자리 감사합니다.

(2014년)

예루살렘 성에서[*]

일생 동안 성지를 동경하다 그곳을 방문하는 사람들의 대부분은 예루살렘에 가기만 하면 온통 예수님의 얼굴을 마주 대할 것 같은 부푼 가슴을 안고 입성하게 된다. 그러나 그들은 베들레헴에서도, 나사렛에서도, 갈릴리 바다에서조차도 예수님을 만나보지 못하고 허탈감에 빠져 고국으로 돌아간다.……예수님은 예루살렘에 없었다. 그들은 부활하신 예수님을 무덤 속에서 찾으려 했던 여인들의 심정과 같은 것인지도 모른다.

카이로의 혼잡

예루살렘 성지를 밟기 전에 먼저 이집트를 보게 된 것은 정말 잘한 일이었다. 김포공항 활주로를 벗어나서 동경, 방콕, 쿠웨이트를 거쳐 23시간의 긴 여정 끝에 카이로에 도착했다. 간단한 입국 절차를 마치

---

[*] 1983년 월간 『마당』 4월호에 게재된 「예루살렘에도, 대성전에도 예수님은 없었다」를 「예루살렘 성에서」로 제목을 바꾸어 재록했다.

고 공항 대합실을 나서면서부터 눈에 들어오는 것은 터번을 쓴 사람들과 회교 사원 모스크(mosque). 기원전 40세기에 이미 도시 국가를 세운 고대 문명 발상지를 찾는다는 흥분감도 없지 않았지만 그것보다도 눈앞에 전개되는 이방 세계의 정돈되지 못한 도시 환경은 더욱 나의 시선을 붙들어 맸다.

통으로 걸쳐 입은 그들의 옷부터가 너절한 인상을 줄 뿐만 아니라 카이로 공항에서 숙소를 향해 달리는 버스 양쪽으로 줄곧 전개되는 것은 황량한 폐허뿐이었다. 상오 8시 흰칼라 제복을 입은 학생들이 책가방을 메고 등교하고 있으나 왕래하는 사람들의 발걸음은 유난히 한가롭게 보였다. 아침부터 파라솔을 펼친 노점상 주위에 둘러서서 무엇을 먹고 있는 사람들이 자주 눈에 띄었으며, 짓다 만 것 같은 허름한 아파트에는 예외 없이 너절한 빨래를 널어놓았다. 열 명이나 되는 꼬마들을 차곡차곡 태운 승용차가 지나가고 쓰레기 수거차 같은데 아이를 태운 아버지인 듯한 어른은 그 옆쪽으로 계속 쓰레기를 싣고 있는 광경도 눈에 띄었다.

이집트 인구 4천만 명 중 그 4분의 1인 1천만 명이 모여 사는 수도 카이로 중심가에는 마침 러시아워라 교통 체증이 더욱 심했고 차들은 요령껏 길을 찾아 빠져나가고 있었다. 더욱 특이한 것은 거의 모든 차에 백미러가 붙어 있지 않아 뒤에 오는 차를 의식하지 않고 제 갈 길만 가거나 길을 비켜 주려 하지도 않는다는 것이다. 그렇다고 뒤차가 클랙슨을 요란하게 울리지도 않았으며 느긋하게 기다리는 여유(?)를 보였다.

비가 많이 오지 않는 지역이라서 그런지 새로 지은 것 같은 아파트촌에도 하수도 시설이 전혀 되어 있지 않고 아무 데나 생활하수를 버리는 것도 볼 수 있었다. 그러나 이와 비슷한 어떤 집들이 늘어선 한 골목길에는 고급 승용차들을 주차 시켜 놓고 있어 그들과 함께 오랫동안 살아 보기 전에는 그들의 참모습을 이해할 수는 없을 것 같았다. 피라미드 등 관광 명소 주위에는 남루한 옷차림의 아이들이 다가와 "원 달러", "원 달러" 하며 손을 벌리고 구걸했다. 어떤 골목길에서는 옷자락을 붙들고 늘어지며 쓰고 있는 볼펜을 달라고 졸라댔다. 호텔 보이들은 호텔 출구까지는 짐을 날라 주지만 팁을 미리 요구하고 응하지 않으면 날라 온 짐을 버스에 옮겨 싣는 것을 거부하고 그대로 집 안으로 들어가 버리기도 했다.

그곳 관광버스 앞 유리창에는 손바닥 모양의 마스코트를 달아 놓아 차가 달릴 때마다 그 마스코트는 흔들거리면서 자꾸만 "원 달러, 원 달러"하는 것 같았다. 나는 한국의 차 운전석 앞쪽에 걸려 있는 "오늘도 무사히"라고 쓴 기도하는 모습의 마스코트를 떠올렸다.

아기 예수가 피난했던 자리

우리나라 대도시의 다방을 보는 것보다도 더욱 많은 모스크가 널려 있는 카이로. 이집트 인구의 85퍼센트는 그들이 말하는 최고의 유일신 알라를 섬기는 회교도이고 그 나머지 15퍼센트는 기독교를 비롯한 소수의 다른 종교들을 갖고 있어 어느 곳에서나 온통 회교 일색인 듯하다. 그러나 이곳엔 2천 년 전 유대 나라 헤롯 왕의 박해를 피해 요셉과 마리아가 아기 예수를 데리고 피난 생활을 했던 곳이 있다. 이집트 박물관이 있는 카이로 중심가에서 남쪽으로 2킬로미터쯤 떨어진 그곳에는 예수님이 머물렀던 일을 기념하여 세운 조그만 교회가 자리 잡고 있었다. 이집트 사람들은 기원후 61년경에 전도자 마가가 항구 도시 알렉산드리아에 갔을 때부터 기독교를 받아들이기 시작했다. 당시 이집트를 통치했던 로마 황제의 극심한 박해에도 불구하고 기독교는 이집트의 공식적인 종교로 인정을 받게 되었다. 그래서 5세기 초에는 이집트의 다른 지역에도 교회 건물이 세워졌다.

예수님이 피난한 곳을 기념하여 세운 것으로 전하는 이 교회는 실제로는 서기 296년 로마 황제의 박해로 목숨을 잃은 두 순교자 사르기우스와 바쿠스의 이름을 기리기 위해 세워졌으며, 교회 이름도 성 사르기우스 교회로 불리고 있다. 이 교회는 이집트에서 가장 오래된 교회이지만 여러 차례 파괴되었다가 서기 1171년 콥틱 교회의 한나 엘 아바 목사에 의해 재건되었다고 한다. 교회당 바닥보다 3미터 아래쪽 지하에는 아기 예수님이 머물렀던 방이라 하여 보존하고 있으나 입구는 철망으로 막아 놓았고 그 아래 바닥에는 물이 고여 있었다.

지금도 30~40명 정도의 교인들이 주일과 수요일, 그리고 금요일에 모여 예배를 드리고 있다고 하지만 살아 있는 교회의 모습은 찾아볼 수 없었고 낡은 교회당마저도 주변의 모스크에 푹 파묻혀 드러나 보이지 않았다. 회교의 본산에서 기독교의 왕성함을 찾아보려는 것은 나의 지나친 욕심일까. 아무튼 꺼져 가는 교회의 모습을 보는 것 같아 안타까웠다. 그러나 난생처음 예수님이 직접 거쳐 간 그 자취를 접한다는 점에서 가슴은 뭉클했고, 마음은 더욱 예루살렘으로 달리고 있었다.

모세와 카르낙 신전과 피라미드

이집트에서의 큰 충격은 나일강 중류의 고대 이집트 유적인 카르낙과 룩소르 신전을 본 것이었다. 특히 카르낙 신전은 피라미드만큼 널리 알려지지는 않았지만 모든 세계 여행자들의 종착역이라 불릴 만큼 그 규모는 거대하고 세계 불가사의에 속한다. 영국, 프랑스, 독일, 이탈리아 등 유럽의 강대국들이 몇 개씩 소장하고 있는 거대한 돌비 오벨리스크는 거의 이곳에서 옮겨 간 것이라 한다. 신전 한가운데는 유대교의 성전처럼 지성소의 자취가 남아 있어 학자들은 유대교의 뿌리와 연관 짓기도 한다.

기원전 1500년경 이집트에서 이스라엘 백성이 박해받을 때 태어난 모세는 역청을 바른 갈대 상자에 담겨 나일강에 버려졌으나 이집트 공주의 손에 의해 건져지고 당시 최고의 교육을 받았다고 성경은 기록하고 있다. 어릴 때부터 카르낙 신전을 드나들며 모세는 지성소에서 신에게 제사하는 것을 자주 보게 되었고, 어른이 되어 이스라엘 백성을 이끌고 출애굽하여 광야 생활에서도 어릴 때 받은 교육을 기초하여 히브리인들의 성전을 구상해 내었을 것이라는 주장을 펴고 있다.

룩소르에서 나일강 서편으로 건너다보이는 벌거벗은 산은 '열왕들의 골짜기'라 불리는 곳이다. 투트앙크아몬 왕의 무덤을 마주 대하고 왼쪽으로 올려다보면 피라미드 형태로 된 자연 그대로의 산이 있고 다시 오른쪽으로 보면 흡사 스핑크스의 얼굴을 한 검은 돌들로 덮인 산이 보인다. 안내자는 이집트인들이 피라미드의 착상을 이곳에서 얻은 것으로 전해진다고 말했다.

한 사람의 왕(투트앙크아몬)의 무덤을 만들기 위해 지하 45도 각도로 폭 4미터 정도의 터널을 50~100미터씩 파 내려가, 그 벽면은 한 곳도 빈 곳이 없이 왕의 생애를 그림과 상형 문자로 채색하거나 새겨놓았다. 이집트 박물관에 전시된 귀중한 유물들은 거의 이 투트앙크아몬 왕릉 하나에서 발굴된 것이라고 한다.

한 사자(死者)를 위해 그토록 많은 장식을 하기까지 민중들은 얼마나 혹사를 당했을까. 수많은 민중의 생명을 희생시키면서도 왕은 자신의 부활을 준비하는 미라를 만들게 했다. 그리고 그들이 다시 깨어나는 날 마실 물병을 준비하고 밭에 뿌릴 씨앗도 마련해 놓았다. 하루에 한 사람씩 교대로 시중을 들기 위한 궁녀 상도 365개나 만들어 세워 놓았다. 수천 년이 지난 오늘에도 그 곡식 낱알은 심으면 싹이 트지만, 다시 살겠다고 몸부림치던 왕은 새카만 숯덩이와 같은 미라로만 남아 있다.

그 많은 유적 가운데 서민 생활의 자취를 전혀 찾아볼 수 없어 궁금했다. 지극히 작은 자들을 무시한 처사가 오늘의 이집트를 낳게 했을까. 피라미드 하나의 정상을 만들어 내기 위해 3톤 무게 돌 230만 개를 받침돌로 쌓아 올리는 사고방식으로 백성을 다스렸을까. 이집트 제4왕조인 기오프스 왕은 기원전 2600년경에 자신의 무덤으로 이용하기 위해 현재 기제(Gizeh) 지역에 남아 있는 대 피라미드를 건설했다. 이 피라미드는 10만 명의 장정이 20여 년에 걸쳐 완성한 것이라 한다. 백성들에게 무엇을 주고 무엇을 가르칠 것인가는 생각하지 않고 그들을 단지 조형 문화를 만들어 내는 도구로만 사용했다.

낡은 도구를 버리듯 모든 것을 다 착취하고 쓸모없게 된 백성들을 쓰레기처럼 들판 아무 곳에나 내다 버렸는지 모른다. 그래서 그들의 시체는 독수리의 밥이 되었고 수천 년이 지나는 동안 뼈는 가루가 되어 날아갔을까. 황하의 문화를 '정신문화'라 한다면 이집트의 것은 '조형 문화'라 해야 할 것이다. 아무리 화려하고 거대하며 단단한 조형 문화라 할지라도 시간 앞에서 영원한 것은 없다. 오늘날의 이집트인들은 조상들의 피와 땀이 범벅이 된 유적을 이용해 관광 수입을 올리고, 가난한 후손들은 그 유적지 주변에서 구걸하며 살아간다. 영원을 지향하지 않은 피와 땀의 대가가 무가치함을 다시 한번 되새겨 보게 했다.

돌 하나에도 의미를 붙이고

"믿음으로 모세는 장성하여 바로의 공주의 아들이라 칭함 받기를 거절하고, 도리어 하나님의 백성과 함께 고난받기를 잠시 죄악의 낙을 누리는 것보다 더 좋아하고, 그리스도를 위하여 받는 수모를 애굽의 모든 보화보다 더 큰 재물로 여겼으니 이는 상 주심을 바라봄이라. 믿음으로 애굽을 떠나 왕의 노함을 무서워 아니하고 곧 보이지 아니하는 자를 보는 것같이 하여 참았으며"(히브리서 11장 24절~27절).

이집트의 모든 부와 명예를 버리고 영원하신 하나님을 선택한 모세가 이스라엘 백성들을 애굽에서 이끌어내어 인도한 젖과 꿀이 흐르는 가나안 땅에 들어섰다. 한국을 비롯한 전 세계의 크리스천들이 일생에 한 번만이라도 성지를 밟아 보고 죽고 싶다고 할 정도로 열망하는 이스라엘 땅에 발을 들여놓은 것이다. 텔아비브 벤구리온 공항에서 예루살렘까지 4차선 고속도로 양쪽에 전개되는 밋밋한 언덕들과 들판은 어쩌면 한국의 어느 시골 풍경 같은 친근감을 느끼게 했다. 기계식 영농으로 비행기로 씨를 뿌리고 가꾼다는 밭에는 한국 겨울의 보리밭처럼 밀이 파랗게 자라고 있었고 아무리 살펴보아도 밭두렁이 보이지 않는 밭과 밭의 연속이었다. 1월 중순은 한겨울이지만 이곳의 평균 기온은 섭씨 3~4도이고 수은주가 영하로 떨어지는 일은 거의 없다고 한다. 모든 것이 정돈된 것 같고 들판은 짙은 녹색으로 덮여 있으며 들판 요소요소에 설치된 스프링클러가 눈에 띄었다. 1948년 이스라엘이 국가를 수립하기 전까지 4백 년간 터키가 이 땅을 지배할 때는 산야에 나무 한 그루 없었고 들판은 돌들만 굴러있는 황폐한 땅에 불과했다. 이러한 버려진 땅에 나무를 심고 돌을 가려내고 밭을 만들었다.

　예수님이 십자가에 못 박혀 돌아가신 후 실망한 두 제자가 고향 엠마오로 돌아가던 길에 부활하신 예수님을 다시 만났던 자리를 지나 예루살렘까지의 중간 지점에 이르면 확 트였던 도로 양쪽이 병목 현상처럼 좁아지면서 울창한 백향목 나무숲이 나타난다. 이곳 역시 황폐한 산야였지만 이스라엘은 독립을 맞아 1억 8천 5백만 주의 백향목을 심어 지금은 정글처럼 울창한 숲을 이루고 있다. 버스가 달리는 4차선 길 왼쪽으로는 그 지역에 살던 아랍 사람들이 나귀를 타고 왕래하던 2~3미터 폭의 길이 그대로 남아 있으며 길가에는 파괴된 군용 차량들의 잔해가 1948년의 전흔으로 보존되어 있다. 이스라엘 정부는 35년이나 지난 오늘까지 당시의 전흔을 해마다 페인팅하며 2세들로 하여금 그날을 잊지 않도록 교훈으로 삼고 있다고 한다.

예루살렘이 가까워지자 넓은 들판은 사라지고 돌산들만이 전개된다. 한국의 제주도보다도 몇 배나 더 많은 돌이 널려 있는 산이지만 보이는 산마다 그 돌들을 층층이 정돈하여 계단을 만들고 그 위에 잡초들을 가꾼 흔적을 볼 수 있다. 돌 하나 풀 한 포기에도 인간의 손이 미치지 않은 것이 없을 정도로 그들은 매만져지고 가꾸어져서 오늘의 가나안 복지를 만들어 놓았다. "청산 속에 묻힌 옥도 갈아야만 옥이 된다."라는 우리 속담이 있지만 이스라엘 백성들은 옥이 아닌 그 황무지를 갈고 닦아 보석으로 만들어 놓았다.

이집트 국민이 조상의 유적을 발굴하여 유(有)에서 유(有)를 가까스로 찾아내고 있다고 한다면 이스라엘은 무(無)에다 의미를 부여하여 유(有)를 창조해 놓았다. 길가 어느 지점에는 노란 간판을 세워 구약 시대 유다 지파와 베냐민 지파의 경계로 표시해 놓았고, 예수님의 승천교회 안에는 어느 납작한 바윗돌을 선정하여 마지막으로 밟고 승천한 자리라 표시해 놓았다.

예수님의 무덤이었다는 곳에 세운 성분교회 입구에는 당시 그 무덤을 막았던 돌조각이라 하여 유리 상자에 넣어 보관하고 있고, 언제 어느 때 지각의 변동으로 생겨났는지 알 수 없는 갈라진 바윗돌을 예수님이 못 박힐 때 지진으로 인해 갈라졌던 바위라 이름을 붙여 큰 유리 창틀 안에 보존하고 있다. 버려두면 아무것도 아닌 것들 하나하나에 그들은 역사적인 의미를 부여하고 이름표를 달아 놓았다. 그것의 사실 여부에 우리는 크게 신경을 쓸 필요는 없을 것 같다. 그 무의미한 돌 한 개로 인해 역사적 사실을 새롭게 인식할 수 있다면, 모든 일에 의미를 부여한다는 것은 참으로 중요한 일인지도 모른다.

대학살의 기억들

우리나라를 방문하는 외국 손님들이 국립묘지를 찾아 참배하듯 예루살렘을 방문하는 사람들은 누구나 한 번씩 찾는 곳이 있다. 그것은 바로 야드바셈 기념관이다. 대부분 사람에게는 생소한 이름이지만 이것이 제2차 세계 대전 당시 독일 치하에 있었던 유대인 대학살을 기념하기 위해 세운 집이라면 모르는 사람이 없을 것이다. 야드바셈은 히브리말로 '기념물과 이름'이란 뜻이며 이것은 예루살렘 옛 성과는 정 반대편인 예루살렘시의 맨 서쪽에 자리 잡고 있다. 우선 유대인 안내자의 말을 들어 보자.

"사람의 손으로 아무리 큰 건물이나 기념관을 짓는다고 할지라도 홀러코스터(유대인 대학살) 때 죽은 사람들을 정당하게 대접할 수는 없을 것입니다. 그 사건의 잔학상은 너무도 끔찍하여 필설로 표현할 수 없을 정도입니다. 그러나 후손들인 우리가 그들이 당한 참상을 잊어버리거나 무시하지 않고 길이 기억하도록 하기 위해서는 하나의 기념관을 세우는 도리밖에 없다고 생각했기 때문에 우리는 이 자리에 야드바셈을 세웠습니다. 그런 의미에서 이 기념관은 우리가 세울 수 있는 최선의 것이며, 또한 이것은 당시에 일어났던 일들을 과장하거나 축소하지 않고 사실 그대로 증언하고 있을 따름입니다."

2층으로 납작하게 넓게 지어진 기념관 입구에 들어서는 사람들은 맞은편 벽면을 가득 채우고 있는 네 개의 커다란 알루미늄 소상(塑像)을 대한다. 이 작품은 대학살 당시 12세였던 한 소녀가 자라서 조각가가 되어 당시의 참상과 오늘의 이스라엘을 연관시키며 하나의 작품으로 그려낸 것이라 한다. 왼쪽으로부터 첫 번째 것은 한 여인이 두 토막으로 일그러진 얼굴을 하고는 두 개의 촛대를 거꾸로 들고 자신의 젖가슴을 찌르며 애태우는 것으로 대학살에 가슴 태우는 모습을 나타내고 있다. 두 번째 것은 독일인들이 유대인의 회당과 성경을 불태우는 박해 가운데서도 절망 속의 희망인 야곱의 사닥다리를 그려 하나님의 구원 손길을 기다리고 있는 것이며, 세 번째 것은 1948년 이스라엘 정부가 수립됨에 따라 세계 각처에 흩어져 있던 생존자들이 배를 타고 귀국하는 모습을 그렸다. 배를 타고서도 한쪽 다리는 고국을 향해 바다 쪽으로 내밀고 있어 그들의 조국에 대한 열망이 어떠했던가를 나타내 주고 있다. 마지막 것은 예루살렘 성을 상징하는 사자상을 그리고 그 옆에는 어린아이들이 선인장 열매를 따 먹으며 평화롭게 놀고 있는 장면이다.

오른쪽 통로로 접어들면 기아에 굶주린 장면인 크고 작은 사진들이 전시되어 있고, 그 전시장을 돌아 나와 다시 왼쪽 문으로 들어가면 유대인들을 처형장으로 끌고 가는 사진들을 차례로 걸어 놓았다. 발가벗겨진 남자들이 독일 병정들에 의해 끌려가고 실오라기 하나 걸치지 않은 여자들이 두 사람씩, 세 사람씩 처형장으로 향해 걸어가는 처참한 모습을 정면에서 촬영한 사진도 걸려 있었다.

생지옥 같은 을씨년스런 기분이 감도는 전시관을 나와 왼쪽으로 돌아가면 지붕만이 지면에 나타나 있는 석조로 된 지하실을 볼 수 있다. 사면 벽은 굵은 돌덩이들로 쌓아 올려져 있고, 바닥에는 그 악명 높은 아우슈비츠를 비롯해 베르겐벨젠, 다카우 등 21개 유대인 집단 수용소 이름들이 새겨진 것이 보였다. 정면 벽 앞쪽에는 무시무시한 요기를 띠는 꺼지지 않는 불꽃이 타오르고 있었다. 시커먼 바닥은 시멘트가 아니라 21개 수용소에서 유대인들이 불타 죽은 재를 모아다가 바닥을 만들었다고 안내자는 설명을 덧붙였다. 그리고 야드바솀 미술관 한쪽에선 이러한 끔찍한 잔학상을 시청각 기재를 이용해 자라는 2세들에게 그때를 소개한다고 한다.

이처럼 미증유의 대학살을 당한 유대인들이 오늘날에는 다시 레바논 난민 학살 사건을 조장했다는 전 세계의 비난을 받고 있으며, 자국 내에서도 최고 책임자들의 퇴진을 요구하는 소리가 높아가고 있다. 누가 유대인들의 참모습을 알 수 있을까. 하나님만이 알고 계실 것이다.

예루살렘 성의 파란만장한 역사

예루살렘 성은 해발 약 760미터의 고원지대 중심부에 자리하고 있다. 지도를 펴 보면 북쪽 나블루스(세겜)와 남쪽 헤브론 사이를 잇는 간선도로가 예루살렘을 통과하고 있으며 동쪽 여리고와 요르단 골짜기, 그리고 서쪽 텔아비브 등 지중해 연안 몇 도시에서 뻗어 나온 도로들도 예루살렘에서 만나고 있다. 예루살렘 성은 북쪽을 제외하고는 3면이 깊은 골짜기로 둘러싸여 있다. 서쪽과 남쪽에는 성벽 아래 길 하나를 사이에 두고 '힌놈의 골짜기'가 둘러 있으며 동쪽으로는 '기드론 골짜기'가 뻗어 있다.

힌놈의 골짜기는 예수님을 은 30에 팔아넘긴 가룟 유다가 목을 매달고 자살한 '피밭'이 인접해 있어 성지 순례자들의 관심을 끌게 하는 곳이다. 기드론은 성경과 관계되는 많은 유적들을 지니고 있다. 서쪽 기슭으로는 다윗의 성전 터가 있고 기드론 북쪽 끝으로는 감람산과 예수님이 피땀 흘려 기도하던 겟세마네 동산이 자리 잡고 있다. 그리고 겟세마네 동산 아래쪽에는 스데반의 순교를 기념하는 교회가 세워져 있다.

예수님은 생전에 이 기드론 골짜기를 수없이 왕래하셨다. 특히 그의 최후의 날에는 낮엔 나귀를 타고 이 골짜기를 건너 예루살렘 성에 들어갔고, 밤에는 다시 이 골짜기를 건너 겟세마네 동산에 가서 기도하였다. 기도하던 예수님은 가룟 유다의 제보를 듣고 달려온 군병들에게 잡혀 그날 밤에 또다시 이 골짜기를 지나 가야바의 집으로 끌려갔다.

41만 5천 명(1982년 6월 현재)의 인구를 갖고 있는 오늘의 예루살렘시는 30여만 명이 서편 예루살렘 뉴시티에 살고 있으며 11만 3천 명은 예루살렘 옛 성을 포함하는 동편 예루살렘에 살고 있다. 예루살렘 시민 가운데 9만 8천 명은 모슬렘이고 가톨릭, 개신교 등 여러 교파를 포함한 기독교도들은 1만 2천 명에 불과하다. 나머지는 물론 유대교인들이다.

문희석 박사(장신대 교수·구약학)의 편저 「성지 순례 안내」에 따르면 예루살렘 성이 건축된 이 산정은 여부스족이 그들의 타작마당으로 사용하던 곳으로 다윗이 매입하여 법궤를 안치했고, 그의 아들 솔로몬 왕이 거대한 성전을 짓고 법궤를 그 안에 다시 안치했다고 한다. 그 후로부터 예루살렘 성은 유대민족의 정신적 지주가 되어 왔다. 기원전 587년 솔로몬의 성전은 바벨론 왕 느부갓네살에 의해 파괴되었고 유대인은 바벨론 포로로 끌려갔으며 법궤는 잃어버리고 말았다.

유대인들이 바벨론 포로에서 돌아왔을 때 성전은 파괴되었던 솔로몬의 성전보다 더욱 아담하게 재건되었다. 그러나 기원전 63년 로마의 폼페이우스에 의해 성전은 다시 파괴되었다. 그 후 헤롯 대왕이 통치할 때 성전은 완전히 새로 지어졌다. 서기 70년에 성전은 타이투스에 의해 파괴되었고, 서기 135년 하드리안이 예루살렘 침공할 때 성전은 흔적조차 없을 정도로 허물어졌다. 이때 성전 터는 주피터 신전으로 둔갑했다. 서기 534년 로마 유스티니아누스 황제가 이 성터의 남쪽에 성전 건축을 시작했으나 기독교도들은 상관치 않았다. 서기 639년에는 마호메트가 이곳에서 하늘로 날아 올라갔다는 소문이 나돌았으며 이때쯤 예루살렘은 이슬람(회교) 군대에 의해 점령되었다. 그 후 이 성터에는 바위 위에 세운 돔(오마르의 모스크)과 엘 악사의 모스크가 들어서게 되었다. 1099년에 성터는 다시 십자군의 손에 들어가 오마르 회교 사원은 한때 '주의 성전'이라 불렸으나 1187년에는 다시 모슬렘의 손에 넘어갔다.

 2천여 년의 세월 속에 파란만장한 역사를 거듭해 왔지만 오늘까지 예루살렘 성 중심부의 화려한 오마르 성전과 엘 악사 성전은 모슬렘의 예배 장소로 사용되고 있다. 오마르 성전 안에 있는 바위는 아브라함이 이삭을 하나님께 바친 바위로 전하여지고 있지만, 모슬렘들은 여기에서 바쳐진 사람은 이삭이 아니라 이삭의 이복형제이며 아랍인들의 조상이 된 이스마엘이라고 주장하고 있다. 이처럼 이교도들로 더럽혀진 예루살렘 성안에 들어갈 수 없는 안타까움을 하나님께 호소하기 위해 언제부터인가 '통곡의 벽'(서편 성벽)이 생겨난 것이라 전해지고 있다.

불확실성 속의 진리

"산 위에 세운 동네가 숨기우지 못할 것이다."라는 예수님의 말씀처럼 예루살렘을 비롯한 이스라엘의 거의 모든 동네가 산 위에 세워져 있으며 그 집들은 하얀 색깔의 석회석으로 지어져 있다. 그것은 들판이나 산에 흩어져 있는 돌들이 모두 석회석이기 때문이다. 오늘날에도 예루살렘시에는 모든 건축물을 이 석회석을 이용해 짓도록 법으로 규정하고 있으며, 이러한 천연의 돌을 다듬어 지은 건물이라 그 느낌부터가 회색의 단단한 콘크리트 건물과는 다르다. 그래서 예루살렘 시가지는 햇볕이 밝게 비치는 날은 멀리서 보면 시가지 전체가 금빛으로 빛나며 야간 조명을 받을 때 예루살렘 성벽은 영락없는 황금빛 그대로이다.

이 황금 성벽의 둘레는 약 4킬로미터에 달하고 이 성벽 8방에는 16세기 중엽 슐레이만 대제에 의해 세워졌다는 8개의 문이 나 있다. 서남쪽의 시온 문, 서쪽의 욥바 문과 새로운 문, 북쪽의 다메섹 문과 헤롯의 문, 동쪽의 사자 문과 황금문, 그리고 남쪽의 덩 게이트(쓰레기문)가 그것이다. 8개의 문 가운데 '새로운 문'은 1889년 기독교의 팽창에 따라 술탄 하미드가 새로 만든 것이며 지금도 유일하게 닫혀 있는 황금문은 십자군 점령 때 1년에 두 차례, 종려주일과 부활주일에 열렸을 뿐이다. 예수님이 오신 지 2천 년이 지난 오늘까지 예수를 이단시하는 유대교인들 사이에는 메시아가 올 때 이 황금문을 통과하여 입성할 것이라는 전설이 있고, 모슬렘은 그들대로 자기들의 메시아가 올 때 열어 주기 위해 이 문을 걸어 잠가 놓고 있다고 한다.

기독교도들에게 무엇보다도 관심을 끄는 것은 예수님이 십자가를 지고 골고다까지 걸어간 '비아 돌로로사(고난의 길)'이다. 이 십자가의 길은 예수님이 동쪽 사자문 쪽으로 끌려 들어가 빌라도의 법정에서 유죄 판결을 받은 장소에서 출발하여 예수님이 마지막 묻힌 '성분교회'까지 14개의 지점(십자가를 지고 가다 멈춘 자리)으로 이어진다. 마지막 예수님이 묻힌 성분교회 또는 부활의 교회로 불리는 그 자리는 많은 성서 고고학자들에 의해 인정을 받고 있으며 이곳에는 로마 가톨릭과 동방 정교회가 각각 기념 교회를 세워 놓고 있다.

이곳에 처음 교회를 세운 사람은 콘스탄틴 황제로 알려졌다. 콘스탄틴은 그의 어머니 헬레나 여사가 4세기 초 예루살렘 성지를 순례한 것을 기념하기 위해 이 자리에 교회를 세웠다고 한다. 현재는 이 지역을 중심 하여 동방 정교회, 로마 가톨릭, 시리아 정교회, 콥틱 교회, 에티오피아 교회 등 5개의 교파가 여기저기에 교회를 세우고 서로가 그들의 자리를 예수님이 못 박힌 자리라고 주장하고 있다. 그러나 이러한 주장 중 어느 하나만이 옳은 것이라고 증빙할 만한 확실한 자료는 아무것도 없다. 뿐만 아니라 예수님의 다른 발자취도 어느 하나 확실한 것은 존재하지 않는다. 여리고에서 키가 작은 삭개오가 예수님의 모습을 보기 위해 기어 올라갔다는 뽕나무는 셋이나 되며 천사가 예수님의 탄생을 미리 알려준 곳과 부활하고 승천한 장소도 모두 교파마다 달리 주장하고 있어 그들의 주장을 그대로 받아들인다면 예수님은 적어도 3~5회씩 각각 십자가에 못 박히고 부활하고 또 승천하신 것이 되고 만다.

성서마저도 원본은 어느 한 조각도 남아 있지 않으며 현재 남아 있는 것은 모두가 사본들뿐이다. 이스라엘 전체 역사보다도 더욱 오래된 이집트의 유적이나 유물들이 확실하게 밝혀지는 예가 있는데도 예수님의 유적들이 불확실하고 성경 원본이 하나도 남아 있지 않다는 사실에서 우리는 하나님의 뜻을 찾아야 한다고 이스라엘의 에큐메니컬 신학 연구소에서 연구하고 있는 박창환 박사는 말했다. 만약 어느 하나라도 확실한 것이 남아 있다면 그것은 우상을 섬기기를 좋아하는 인간들에게 하나님보다 더욱 섬김을 받게 될지도 모른다는 설명이다.

그러나 인간은 누구나 불확실한 것에 체념하고 머물러 있으려 하지 않는다. 예수님의 옆구리에 나 있는 창 자국을 보고 예수님의 부활을 믿었던 도마처럼 오늘날에도 많은 성서 고고학자들은 보다 확실한 증거와 자료를 찾아 연구를 거듭하고 있다. 이러한 끊임없는 추적의 결과로 1894년부터는 프로테스탄트에 의해 예수님의 '가든툼(정원무덤)'이 또 하나 새로 생겨났다. 이 정원은 예루살렘 성 바깥 북쪽에 위치하며 동편에는 '골고다'라 불리는 해골 모양이 뚜렷이 드러나 보이는 큰 바위가 있다. 이 절벽 아래에서 서편 쪽으로 50~60미터 되는 곳에 가든툼이 자리 잡고 있다. 채석장으로 쓰이던 이 자리에서 무덤이 발견된 해는 1867년이었는데 이곳을 맨 처음 예수님의 무덤이라고 주장한 사람은 영국 군인이며 성경 연구가였던 고든 장군이었다. 이 무덤이 발견되고 이 정원을 보존하도록 했을 때 많은 사람은 그곳이 아리마대 요셉의 정원이며 돌벽을 파낸 그 무덤이 예수님의 무덤이 되었을 것이라고 믿었다.

비아 돌로로사를 걷는 의미

신학자들은 부활 여부를 논의하고 사학자들은 빈 무덤의 위치만을 추적할 수도 있다. 그러나 순례자들은 무엇인가 보기를 원한다. 사실 여부가 문제가 아니라 순례자들은 어떻게 감격하느냐가 더 중요한지 모른다. 예수님이 부활하신 후 300년까지는 그 역사적인 자취에 대해 아무것도 알지 못했으며 알려고 하지도 않았다. 단지 "내가 속히 오리라"고 말씀하고 하늘로 올라간 예수님을 기다리며 기독교도들은 있는 자와 없는 자가 모두 한마음 한뜻으로 형제처럼 지내며 한동안 애타게 예수님을 기다리는 생활에 여념이 없었다.

그러다가 예수의 재림이 늦어지자 복음의 후예들은 성서와 역사를 바탕으로 그의 유적을 복원하고 구축하며 예수님의 발자취를 더듬어 나갔다. 오늘날 그 많은 유적 가운데 어느 것이 진짜인지는 아무도 증명할 수 없다. 비아 돌로로사도 십자군(11세기 말~13세기 말) 이후에 생겨난 것이라고 히브리 대학에서 8년째 구약학을 전공하고 있는 강사 문 씨는 말한다.

더욱이 예루살렘 성도 수없이 파괴되고 재건되고 하면서 예수님이 십자가를 지고 걸어간 비아 돌로로사도 현재의 지면보다 8미터 아래에 묻히게 되었다는 것이다. 세월이 지나는 동안 저절로 생겨난 길 위에 14개의 지점을 설정하고 지점마다 의미를 부여하고 기념 교회를 세우기도 하고 "Ⅳ. 마리아가 예수님을 만난 곳", "Ⅴ. 구레네 시몬이 십자가를 대신 지다" 등의 표지판을 달아 놓았을 뿐이다.

이러한 비아 돌로로사를 걸어가는 순례자들은 어떤 감회를 느끼고 있을까. 필자는 "천국은 너희 마음에 있느니라"라는 말씀을 되새기며 비아 돌로로사를 내 마음의 행로 위에 새기고 내 앞에 펼쳐지는 새로운 비아 돌로로사로 자기 십자가를 지고 걸어가야 한다는 음성을 듣는다.

1. 예수님은 처음 빌라도의 법정에서 유죄 판결을 받고 가시관을 쓴다.
2. 십자가를 지고 골고다를 향해 발걸음을 옮겨 놓는다.
3. 예수님은 세 번째 지점에 왔을 때 십자가의 무게를 견디지 못해 처음 쓰러진다.
4. 다시 일어나 이 길의 남쪽으로 꺾어 돌면서 어머니 마리아를 만난다.
5. 좀 더 나아가면 길은 오른쪽으로 꺾어지고, 예수님이 비틀거리며 몇 발짝 더 나아가자 이를 보고 있던 구레네 시몬이 예수님의 십자가를 대신 짊어진다.
6. 길은 다시 서쪽으로 굽어지면서 1백 미터 정도 나아가자 베로니카가 나와 예수님의 얼굴에 흐르는 비지땀을 닦아 준다.
7. 지금은 길 양쪽에 번화한 점포들이 즐비한 이 자리에서 예수님은 두 번째로 쓰러진다.
8. 다시 일어나 예수님은 그의 뒤를 따르며 슬피 우는 여인들을 돌아보며 "예루살렘의 딸들아! 나를 위하여 울지 말고 너희와 너희 자녀를 위해 울어라" 하고 말씀한다. 이 길 왼쪽으로는 지금은 독일 교회에서 세운 성 요한 교회가 있다.
9. 예수님은 마지막 비아 돌로로사에서 세 번째로 쓰러진다.
10. 갈보리에서 옷 벗김을 당한다.
11. 십자가에 못박힌다.
12. "엘리 엘리 라마 사박다니……다 이루었다" 말씀하고는 숨을 거둔다.
13. 예수님의 몸이 십자가에서 내려진다.

14. 예수님의 몸은 아리마대 요셉의 동산 새 무덤에 장사된다.

아무리 되새겨 보아도 이름뿐인 비아 돌로로사이며 고난의 자취를 찾아볼 수는 없었다. 눈을 감고 걸어도 걸려 넘어질 곳이 없을 정도로 석조 타일을 깔아 아름다운 길을 만들었고 골목길 양쪽으로 즐비한 점포에서는 서로 자기 물건을 사라고 순례자들을 잡아끌고 있다. 낮에는 부산 남포동 거리만큼 좁다란 길에 붐비는 사람들이 어깨를 부딪치며 길을 빠져나가기에 바쁘고, 어떤 이들은 각종 기념품과 양털 제품의 옷을 사기 위해 넋을 잃는다. 마치 복잡한 시장 골목을 지나가는 것 같은 비아 돌로로사에서 십자가의 길을 걷는 의미를 되새기는 마음의 여유를 가질 수 있는 사람은 아무도 없을 것 같다.

비아 돌로로사를 지나 예수님이 못박히고 그 몸이 묻혔다는 성분 교회에 들어서면 화려하고 너절한 장식들을 볼 수 있다. 이 화려한 장식물들을 단순히 그들의 정성으로 본다면 그만이지만 불필요한 꾸밈이 주님이 이 땅에 오신 의미를 왜곡한다면 그것은 또한 큰 문제가 아닐 수 없다. 인간들의 손에 의해 만들어진 못박힌 그 자리는 고난의 의미를 되새기는 데는 끝내 아무런 도움을 주지 못하고 말았다. 이런 느낌은 예수님이 태어난 베들레헴 말구유 교회에서도, 예수님이 자라난 나사렛 마을에서도 마찬가지였다. 예수님이 탄생한 자리는 은제로 된 별 표지와 대리석으로 호화롭게 장식되어 있고 구유가 놓였던 자리도 갖가지 장식 일색이었다. 이제 가난한 교회의 원형은 예루살렘에서는 찾을 수 없는 것 같다.

건너기 쉬운 요단강

　이스라엘 북쪽 끝 레바논과 시리아 국경 지대에는 해발 2천9백 미터의 눈 덮인 헬몬산이 있다. 이 산에서 녹아내리는 물에 예수님이 세례를 받았다. 이 물은 북쪽 요단강을 이루어 갈릴리 호수로 흘러 들어가고 다시 남쪽 요단강을 이루며 사해로 들어간다. 요르단 지역은 구약시대부터 많은 역사적 의미를 지닌 곳이다. 아브라함과 롯이 분가할 때 롯이 먼저 선택한 곳이 요단 들이며(창세기 13장 10절), 출애굽한 이스라엘 백성의 제사장들이 법궤를 메고 이 강물에 들어서자 넘쳐흐르던 요단강물이 멈추어 이스라엘 백성들이 마른 땅처럼 건넜다.(여호수아 3장 14절~17절) 나아만 장군의 문둥병이 깨끗함을 받은 곳이 요단강이며(열왕기하 5장 14절), 엘리사가 물에 빠진 도끼를 강물 위에 떠 오르게 기적을 행했던 곳이기도 하다.(열왕기하 6장 1절~7절)

　신약시대에 들어와서도 세례 요한이 이 요단강에서 세례를 베풀었고 예수님도 여기서 세례를 받았다. 요단강의 실제 폭은 대체로 3~5미터 정도이고 어쩌다 10미터 정도의 넓은 곳이 간혹 나타나기도 한다. 요단강은 강이라고 하기보다는 시내라는 표현이 더욱 적합할 것 같다.

　"며칠 후 며칠 후 요단강 건너가 만나리 ……"(찬 606장).

　기독교인이면 누구나 알고 있으며 임종이나 장례식 때 자주 불리는 이 찬송으로 인해 요단강이 큰 것처럼 우리에게 인식되어왔기에 이러한 생각으로 요단강을 찾는 사람들은 크게 실망할 수밖에 없다. 대부분 사람은 이생과 내생, 삶과 죽음과의 거리는 너무도 멀고 아득하다고 생각한다. 그러기 때문에 힘들여 건널 것조차도 없는 요단강은 너무나 어울리지 않는다는 말이 나올 수도 있다. 그러나 삶과 죽음이 종이 한 장 차이만큼 가깝고 눈 깜짝할 사이에 삶이 죽음으로 변할 수 있다는 것을 생각하면 요단강의 상징적 의미는 더욱 적절한 것인지도 모른다. 아무튼 구약에 나타난 건너기 힘든 요단강과 오늘의 요단강은 너무나 차이가 있는 것 같지만 성서학자들은 옛날과 현재의 요단강이 그 크기에 있어 별 차이가 없다는 데 의견이 일치하고 있다고 한다.

요단강의 끝에 접해 있는 사해의 길이는 남북으로 약 75킬로미터, 폭은 16킬로미터, 너비는 서울시의 약 두 배쯤이며, 사해의 가장 깊은 곳은 약 400미터, 이 밑바닥에는 소돔과 고모라의 전설이 깔려있다. 사해는 문자 그대로 피라미 한 마리 살지 못하는 죽은 바다이지만 소금, 유황, 나트륨, 마그네슘 등의 광물 자원을 다량 함유하고 있어 중요한 가치를 지니고 있다고 한다. 그러나 오늘의 사해는 이스라엘 정부가 갈릴리 호수의 물을 끌어 올려 식수와 농·공업 용수로 전국에 급수함에 따라 수량이 줄어드는 데다 또한 강렬한 태양열에 의해 하루에도 엄청난 수량이 증발하기 때문에 그 수위는 해마다 줄어들고 있다. 서기 70년 예루살렘이 멸망할 당시 패주한 유대인들이 불굴의 투혼을 심어 놓은 마사다 앞쪽에는 사해 바닥이 드러나 지금은 남쪽 사해와 북쪽 사해로 갈라진 상태이다.

이에 따라 이스라엘 정부는 지중해의 물을 사해 서쪽 유대 광야를 통해 사해로 끌어들여 400미터의 낙차를 이용, 수력 발전도 하며 사해를 보존하기 위한 계획을 세워 놓고 있다고 한다. 그러나 마침 우리 일행이 벤구리온 공항을 떠나 그리스로 향하는 1월 23 일자 이스라엘 신문에서는 석유값 하락과 불황으로 인해 그 착공을 90년대 초반으로 연기한다는 보도를 볼 수 있었다.

초라한 여리고 성터

예수께서 요단강에서 세례를 받으시고 마귀에게 이끌려 광야에서 시험을 받으신 곳은 여호수아와 갈렙이 함락시킨 여리고 성 서쪽에 위치한다. 아침 일찍 예루살렘에서 여리고로 향하는 길 양쪽으로 펼쳐지는 유대 광야에는 때때로 6일 전쟁 때 폐허가 된 마을의 흔적이 보이고 팔레스타인 땅의 아랍 원주민인 베드윈들이 양떼를 몰고 집을 나서고 있었다. 이윽고 여리고 성터가 나타나고 이 성터 서쪽으로 야트막하게 보이는 산이 예수님께서 40일간 시험을 받은 곳이라 한다. 여리고 성역시 생각했던 것보다는 너무나 작은 허물어진 큰 왕릉 크기라고 하면 너무 작게 표현하는 것일까.

현재 조그만 언덕으로 남아 있는 여리고 성 앞에는 쓴물을 단물로 변하게 했다는 엘리사의 샘(열왕기하 2장 19절~22절)이 있다. 기원전 3000년에는 이 성이 가나안 땅의 아주 중요한 도시였으나 기원전 13세기 중엽에 이스라엘 사람들에 의해 여리고는 완전히 정복당하였다. 여리고 성터는 1907년 세계 고고학계의 관심을 집중시키며 발굴이 시작되기 전까지는 완전히 땅 밑에 묻혀 있었다. 성벽의 기초로는 큰 바윗돌을 사용하였고 그 위에 벽돌로 성벽을 쌓아 올린 것이 보인다. 그리고 정탐꾼으로 가나안에 들어갔던 여호수아와 갈렙을 숨겨 주었던 기생 라합의 집이 지하 5미터 아래에서 발굴되어있는 것이 보였다.

신약시대의 여리고는 구약의 여리고 성터에서 남쪽으로 약 3.6킬로미터 떨어져 있으며 이곳은 예수님이 예루살렘으로 오가면서 자주 들르던 마을이다. 신약의 여리고는 예수님이 탄생하실 때쯤 세워졌고, 3세기 말까지는 발전을 계속했으나 8세기에 들어와서 아랍인들이 이곳을 군사 기지로 이용하면서 점차로 아담한 여리고의 면모를 잃어버리게 되었다고 역사학자들은 말하고 있다. 여리고 지역은 이스라엘의 여느 지역과는 달리 땅이 비옥하여 바나나, 대추야자를 비롯해 여리고 산 특유의 맛을 내는 오렌지와 오늘날 전 세계 수요의 상당량을 차지하는 발삼향도 이곳의 명산물로 꼽힌다.

야자수, 백향목, 오렌지 나무들이 동쪽으로 요단강까지 풍요롭게 자라고 있는 이 오아시스를 내려다보며 예수님은 광야 언덕에서 마귀에게 시험을 받으셨다. 이처럼 먹음직스러운 열매들을 눈앞에 내려다보면서도 40일간의 금식을 할 수 있었던 예수님이기에 '돌로 떡을 만들어 보라'는 마귀의 유혹쯤은 이기고도 남음이 있었을 것이다. '봄직도 하고 먹음직도 한' 선악과에 이끌려 하나님의 명령을 잊어버렸던 인류의 조상 아담과 하와를 떠올린다.

갈릴리 호수에서

시험을 이기고 나서 세례 요한이 잡혔다는 사실을 알고 예수님은 북쪽 갈릴리로 가셨다고 신약성경은 기록하고 있다. 그 뒤 예수님은 나사렛을 거쳐 스불론과 납달리 지경 해변에 있는 가버나움에 일시 정착하면서 이때부터 "회개하라. 천국이 가까웠다."(마태복음 4장 12절~17절) 전도하기 시작했다. 바다 수면보다 200미터나 아래 위치한 갈릴리 호수는 예수님이 자라난 나사렛 북동쪽으로 버스로 30분 거리에 있었다.

예수님이 처음 물로 포도주를 만드는 이적을 행한 갈릴리 가나 마을을 오른쪽으로 하면서 고개를 넘으면 아름답고 푸른 갈릴리 호수가 나타난다. 바다처럼 넓고 푸르며 잔잔한 갈릴리 호수는 남북으로 길이가 23킬로미터, 폭은 가장 넓은 곳이 약 10킬로미터. 이 아름다운 지역을 중심으로 예수님은 천국 복음을 전파했다. 이처럼 잔잔한 바다가 때로 지중해의 태풍이 밀어닥치면 배를 뒤집히게 할 정도로 큰 풍랑을 일으키기도 하는데, 예수님이 말씀 한마디로 바람과 바다를 잔잔하게 했던 옛일을 되새겨 보게 한다.(마태복음 8장 26절)

이 바닷가 북동쪽 벳새다 광야에서 예수님은 보리떡 5개와 물고기 2마리로 5천 명을 먹였으며 수많은 병자를 고치셨다. 이 바다 위로 예수님은 걸었으며(마태복음 14장 25절) 밤이 맞도록 한 마리의 고기도 잡지 못한 베드로에게 순종의 도리를 가르치기도 했다.(요한복음 21장 5절~11절) 갈릴리 호수는 아름다운 경치로 인해 오랜 옛날부터 휴양지로 개발되었고 요즘도 5~8월 관광철에는 수상 스키, 유람선 등 화려한 위락지구의 모습을 그대로 보여 주고 있다. 갈릴리 서편 호반에는 주후 21년 헤롯 대왕의 아들이었던 헤롯 안티파스가 건설한 티베리아스 도시가 있다. 이 티베리아스는 안티파스가 로마 황제 티베리우스의 영광을 기리고 아첨을 하기 위해 그의 이름을 따서 붙인 것이다.

그러나 주후 70년 예루살렘이 멸망한 후 티베리아스는 유대인들의 수도처럼 중요한 역할을 했고 랍비들이 하나님의 말씀을 가르치는 중심지가 되었다. 이 도시는 주후 2세기까지는 예루살렘, 헤브론, 스팟과 함께 이스라엘의 거룩한 4대 도시로 손꼽혔다. 유대인들은 구전으로 전해 내려오던 유대의 전통적인 법전을 종합, 편집한 '미쉬나'를 주후 200년에 이곳에서 완성했고, 4세기 티베리아스 탈무드 학교에서는 '예루살렘 탈무드'를 편집했으며 많은 랍비와 학자들이 연구에 몰두했던 곳이다.

갈릴리 호수는 겨울에도 기후가 온화하여 연중 이름난 휴양지로 이용되며 관광객이 줄을 잇는다. 특히 티베리아스에 있는 섭씨 42도의 유황 온천은 갖가지 피부질환 치료와 미용을 위해 많은 사람들이 즐겨 찾는다고 한다. 그러나 우리 성지 연구단 일행이 도착했을 때는 (1월 중순) 불황의 여파로 관광객이 줄어들어 붐비는 모습은 보이지 않았다. 달이 없는 밤의 갈릴리 호수는 더욱 캄캄했고 티베리아스에서 건너다보이는 골란고원 위에 세워진 동네의 가로등은 외줄의 은하수처럼 반짝였다. 갈릴리 호수는 1967년 '6일 전쟁' 때 시리아와 요르단을 몰아내고 이스라엘이 완전히 장악하고 있지만 아직도 호수 연안에는 이스라엘 군인들이 두 사람씩 짝을 지어 순찰 보트를 타고 서치라이트를 비추며 해안을 경비하는 모습을 볼 수 있었다. 티베리아스 시내의 밤거리에서는 행인들을 거의 볼 수 없었으며 총을 멘 군인들이 요소요소에 모여 있었다.

예수님은 이 갈릴리 해변에서 수제자 베드로와 그의 형제 안드레를 부르고 갈릴리 온 지역을 두루 다니며 회당에서 가르치고 복음을 전하며 병약한 자를 고치셨다. 그 소문이 온 지역에 퍼지자 온갖 병든 사람들이 갈릴리와 데가볼리와 예루살렘과 유대와 요단강 건너편에서까지 구름떼처럼 몰려들었다. 예수님은 몰려온 사람들을 산 위에 모아 놓고 말씀을 가르쳤다. 산상 설교를 한 그 자리에는 크리스천인 무솔리니가 이탈리아를 통치할 때 그의 부하 베르로치를 보내어 세웠다는 8각형 돔식 팔복교회가 세워져 있었다.

갈릴리 호수가 한눈에 들어오는 팔복산에서 서쪽으로 내려다보면 예수님이 베드로와 요한과 야고보를 데리고 올라갔다는 다볼산으로 이어지는 길이 뻗어 있다. 팔복산에서 버스로 20분 정도 달리면 마치 큰 왕릉처럼 아담하게 생긴 다볼산이 시야에 들어온다. 베드로와 야고보와 요한을 데리고 이 산에 올라갔을 때 예수님의 모습은 그들 앞에서 변화되었다. 얼굴은 해같이 빛나며 옷은 빛과 같이 하얗게 되었다. 이때 모세와 엘리야가 나타나 예수님과 함께 이야기를 나누었다. 베드로는 이 황홀한 천국의 정경을 체험하면서 영원히 이 산에서 살고 싶어 했다. 베드로는 그곳에 초막 셋을 짓고 살고 싶다고 말했으나 예수님은 제자들의 말을 일축하고 헐벗고 굶주리며 병든 자들이 있는 산 아래로 내려왔다.

초막을 짓는 것마저도 거부하고 산 아래 고통당하는 사람들에게로 내려온 예수님의 뜻은 간 곳 없고 그 자리에는 기념 교회당이 세워져 있다. 3세기 때부터 사람들은 이곳을 '변화산'으로 생각해 왔지만 어떤 이들은 이스라엘 북단의 헬몬산을 변화산으로 생각한다. 다볼산에서 내려오다 중턱에서 앞을 바라보면 멀리 북쪽 산등성이에 예수님이 자란 나사렛 마을이 건너다보였다. 계속되는 전도 여행에 예수님은 식사할 겨를도 없었다. 3년 후엔 십자가 형틀에 달리게 될 시한부 삶을 알고 있으면서도 어떻게 그처럼 열정적인 삶을 살 수 있었을까. 갈릴리 지역에서 예수님이 가장 바쁘게 일한 곳은 갈릴리 호수 북쪽에 있는 가버나움이다. 이곳은 예수님의 갈릴리 선교의 중심지였으며 나사렛에서 자란 이후 상당한 기간의 생애를 여기서 보냈다.

예수님은 이곳에서 다시 마태를 제자로 불렀고 회당에서, 들에서, 또는 배를 타고 사람들을 가르쳤다. 가버나움 회당은 해변에서 300미터 정도 떨어져 있으며 석회석으로 지은 회당 가운데 가장 큰 회당이었던 것으로 알려진다. 주후 3~4년에 지은 것으로 보이는 이 회당은 다른 회당과 마찬가지로 예루살렘 쪽을 향하고 있으며, 폐허가 되었던 바실리카 형의 기둥들은 일부 복원하여 당시의 형태를 짐작할 수 있게 해놓았다. 고고학자들에 따르면 가버나움은 아주 부유한 마을이었으며 그들이 회당을 짓는 데 사용한 석회석과 검은색의 현무암은 멀리 다른 지역에서 운반해 온 것이라고 한다.

이곳은 베드로와 안드레와 빌립의 고향이며 지금도 회당 앞쪽 50미터 거리의 움푹 파인 곳에는 '베드로의 집'이라는 푯말을 세워 놓았다. 그리고 이 지역 해안은 대부분이 바다 쪽으로 향해 야구장 스탠드처럼 되어 있어 예수님은 배에 올라 해안에 몰려든 많은 사람들을 잘 가르칠 수 있었던 것 같다.

예수님은 예루살렘에 계시지 않았다

오늘의 갈릴리에는 예수님의 열정도, 그를 따르던 군중들의 그림자도 보이지 않는다. 그들의 후손들은 '디아스포라'가 되어 땅끝까지 흩어져 가고 있으나 이스라엘 땅에서는 찾아보기 힘들다. 인구 4백1만 5천 명(비 유대계 68만 명 포함) 가운데 비공식으로 집계되고 있는 유대계 크리스천은 불과 1천여 명, 이들 중 3백 명이 예루살렘에 살고 있다고 한다.

　이들마저도 크리스천 신분을 나타내기를 꺼리기 때문에 어떤 이들은 유대교 이름과 크리스천 이름 둘을 갖고 있다. 지금은 기독교 전도는 법적으로 금지되어 있으며, 유대인이 크리스천이 되면 다른 유대인들에게 배반자로 낙인찍혀 시민권을 박탈당한다고 한다. 뿐만 아니라 수년 전 예루살렘에 세워졌던 침례교회는 유대인 광신자들에 의해 불태워지기도 했다. 또한 갈릴리에서는 스코틀랜드인이 기독교를 전파할 목적으로 개신교 병원을 세웠으나, 유대인들이 이용하지 않고 외면했기 때문에 끝내 병원 문을 닫고 호텔로 신장개업을 했다고 한다.

　아직도 그들에게는 예수님이 문밖에 서서 두드리는 소리가 들리지 않는 것일까. 오랫동안 성지를 동경하다 마침내 그곳을 방문하는 사람들 대부분은 예루살렘에 가기만 하면 온통 예수님의 얼굴을 마주 대하여 볼 것 같은 부푼 가슴을 안고 입성을 하게 된다. 그러나 순례자들은 베들레헴에도, 나사렛에도, 갈릴리 바다에서조차도 예수님을 만나 보지 못하고 허탈감에 빠져 고국으로 돌아간다. 그것은 부활하신 예수님을 무덤 속에서 찾으려 했던 여인들의 심정과 같은 것인지도 모른다. 예수님은 예루살렘에 없었다. 오늘날에도 예루살렘에는 예수님이 찾아들 만한 곳은 보이지 않는다. 2천 년 전 요셉과 마리아가 다윗의 동리 베들레헴에 들어갔을 때는 그래도 가축이 잠자던 마구간이라도 얻어 들 수가 있었다. 그래서 아기 예수는 말구유에서 탄생했다.

　나는 '통곡의 벽' 앞에서 행여나 하고 예수님의 모습을 찾아보았다. 예루살렘 성벽을 마주하고 서서 기도하는 그들의 모습은 멀리서 보면 정말 통곡하는 모습처럼 보인다. 그러나 가까이 가서 보면 구약 성경책을 읽으며 몸을 흔드는 의식에 불과하다. 아버지를 따라 성경 읽기를 배우고 있는 '하시딤(유대인 경건파)'의 2세들도 책을 읽을 때 몸을 흔드는 의식부터 익히고 있는 것을 볼 수 있었다. 나는 하시딤에게 "예수님을 아십니까?" "그리스도를 아십니까?" 물어보았다. 그들은 이상하다는 표정을 지으면서 "예수가 누구냐?"고 되물었다. 예수님이 이 땅에 그리스도로 오신 지 2천 년이 되는 오늘까지 유대인들은 예수를 이단시하며 새로 오실 메시아를 기다리고 있다. 2세들에게는 아예 예수님에 대해 가르치지도 않고 있다고 한다. 이곳에 사는 외국인들도 예수님에 대해 무관심한 것은 마찬가지였다. 남미 니카라과에서 왔다는 예루살렘 시내의 택시 운전사마저도 '예수'라는 이름을 알지 못하고 있었다.

그러나 유대교에 대한 유대인들의 신앙심은 철저했다. 금요일 해가 지면서부터 안식일이 시작되면 호텔 교환원은 전화도 받지 않으며 금요일 하오 1시부터 유대인의 모든 점포는 문을 닫고 회당에 예배하러 갈 준비를 한다. 안식일의 예배를 위한 일 이외에는 모든 것이 정지된다. 안식일엔 전등을 미리 켜 놓고, 필요한 곳에 전기가 켜져 있지 않으면 그들은 유대교인이 아닌 사람에게 대신 불을 켜 달라고 부탁하며 자기는 안식일을 범하지 않으려고 한다는 것이다. 이 얼마나 가증스러운 일인가.

유대교인들은 모두 613가지 규례를 그대로 지켜야 하는데 이 중 365가지는 '~을 하지 말라'는 부정적인 것, 248가지는 '~을 하라'는 의무적인 것이다. 그리고 저들은 종족이 다르다고 할지라도 이 모든 것을 지키고 유대교를 믿으면 누구나 유대인으로 받아들이고 있다.

유대인들은 성경 말씀보다는 유대교의 전통적인 의문(儀文)을 더욱 중시한다. 그들은 구약성서에 나오는 월력을 그대로 쓰기 때문에, 미국, 영국 등 세계 각국이 지키는 11월 하순의 추수감사절도 지키지 않는다. 그들은 유대인 외에는 아무도 신뢰하지 않으며, 신앙생활도 그들의 방법만이 절대적으로 여긴다. 오늘날 만약 예수님이 다시 메시아로 예루살렘에 온다고 할지라도 예수에 대한 그들의 태도는 2천년 전과 전혀 달라질 수 없을 것이라는 생각을 하며 이스라엘을 떠났다.

사도들의 발자취를 따라

예수님의 참모습은 사도들의 피 흘린 발자취를 따라 예루살렘 밖으로 퍼져나갔던 이방 교회에서 찾아야 할 것 같다. 사도 바울이 목숨을 걸고 전도 여행을 다니던 그리스 아테네의 첫인상은 너무나 자유로운 별천지 같았다. 세계에서 가장 낙천적인 민족으로 꼽히는 그리스인들은 직장에서는 대개 상오 8시부터 하오 1시까지 근무하고 퇴근하며, 모두가 점심 식사 후에는 만사를 제쳐놓고 2~3시까지 낮잠을 즐긴다. 그리고 금요일 오후부터는 가족과 함께 주말을 즐긴다. 1주일에 5일간, 그것도 오전만 근무하는데도 1인당 국민소득은 4천5백 달러나 되며(당시 우리나라 국민소득은 1,870달러로 그리스가 2.4배 높았다.) 깡패나 소매치기가 없는 나라로 알려져 있다. 길가에 즐비한 오렌지 나무 가로수의 탐스런 열매를 따 먹는 사람은 아무도 없고, 나무 밑에 떨어진 열매도 주위 가지 않는다. 그들의 생활 속에 진실과 정직이 스며 있는 것을 볼 수 있었다.

그러나 그들의 생활은 너무나 자유분방해 어쩌면 무질서의 문턱까지 이르렀는지도 모른다. 포르노 영화가 도시 중심가 극장에서 버젓이 상영되고 각 업체 노조들은 파업을 다반사로 하고 있었다. 우리 일행이 도착한 첫날은 약국들이 스트라이크를 하여 문을 닫았고, 이튿날은 택시 노조가 파업하여 운행하지 않고 있었다. 파업은 질서를 파괴하는 것이 아니라 강력한 의사 표시이며 파업 기간이 끝나면 저들은 또 성실하게 일을 한다고 한다. 그리스의 대통령은 신변의 위협을 느끼지 않는다. 대통령이 살고 있다는 집은 일반 시민들이 함께 사는 아파트 3층이었다. 공식행사 외에는 경호원도 없이 대통령이 직접 차를 운전하여 출근한다고 하는데 이것은 프랑스, 스위스 등 유럽 대부분의 나라에서도 마찬가지라 한다.

아테네시에서는 해발 165미터의 아크로폴리스 언덕에 있는 파르테논 신전을 어디서나 볼 수 있도록 고층 빌딩이 규제되고 제우스를 비롯한 희랍 신화에 나오는 많은 신들을 섬겼던 신전들이 그리스 곳곳에 수없이 산재해 있었다. 이처럼 수많은 이방 신들을 섬기는 이곳에서 2천 년 전 사도 바울은 목숨을 걸고 그리스도의 복음을 전파했다.

"바울이 아레오바고 가운데 서서 말하되 아덴 사람들아 너희를 보니 범사에 종교심이 많도다. 내가 두루 다니며 너희의 위하는 것들을 보다가 '알지 못하는 신에게'라고 새긴 단도 보았으니 그런즉 너희가 알지 못하고 위하는 그것을 내가 너희에게 알게 하리라."(사도행전 17장 22절~23절).

바울은 파르테논 신전이 눈앞에 올려다보이는 아레오바고 바위 언덕 한가운데 서서 그리스인들에게 하나님을 소개했고 아테네에서 80

킬로미터 떨어진 고린도를 중심으로 하여 인근 지역에 복음을 전파했던 것이다. 고린도 유적 가운데는 바울이 에피큐리언과 스토아학파 철학자들과 변론하며 연설했던 비마(BEMA)가 뚜렷한 글자와 함께 보존되어 있었다. '범사에 종교성이 많은' 그리스인들은 바울의 전도를 받아들여 오늘에는 동방 정교회를 국교로 삼고 있다. 그러나 그들이 로마 가톨릭처럼 크고 화려한 교회당을 지은 흔적은 보이지 않았다. 화려하고 거대한 코린트식의 건물을 지을 수 있는 후예들이지만 이들은 신전을 짓는 것처럼 거대한 교회당 건물을 더 이상 짓지 않고 하나님의 말씀을 생활 속으로 받아들인 것으로 보였다.

로마 가톨릭은 사정이 달랐다. 면죄부 발행으로 종교개혁의 불씨가 되었던 세계 최대 규모의 로마 성 베드로 성당이나 성 요한 성당을 보면 한국 교회당의 규모를 두고 대형화라고 말했던 것은 엄청난 실수라는 생각이 들었다. 어떻게 그처럼 크게, 어떻게 그처럼 아름답게 짓고 조각했을까. 예수님의 열두 제자를 실물 4~5배 크기의 대리석으로 한 사람씩 따로 조각해놓았고, 성당 천장에는 성경 내용을 주제로 한 아름다운 그림들이 그려져 있으며, 거의 모든 창은 스테인드글라스로 화려하게 장식해 놓았다.

미켈란젤로의 유명한 작품 '삐에따'도 성베드로성당 안에서 볼 수 있었다. 세계 명화 전집에서나 볼 수 있었던 미켈란젤로의 천장화 '천지창조'나 라파엘의 벽화 등 온갖 세계적인 유물들로 가득 찬 바티칸 박물관을 보면서 '모든 길은 로마로 통한다'는 말을 다시 한번 되새겼다. 그러나 이 모든 걸작과 유적, 유물들에서 예수 그리스도와 성서의 주제들을 송두리째 빼버린다면 유럽의 모든 문화와 예술은 하나의 쓸모없는 포장지로 남게 될 것이란 생각이 들었다.

유물이 된 거대한 교회당들

"선지자가 자기 고향과 자기 집 외에서는 존경을 받지 않음이 없느니라".(마태복음 13장 57절) 이스라엘 땅에서 배척당한 예수님은 이방 세계에서 존귀와 영광을 한 몸에 받고 있다. 12세기 중엽 프랑스의 루이 9세가 예루살렘 성지를 순례하고 돌아온 뒤에 뜨거운 신앙심으로 1163년에 착공했다는 파리의 노트르담이나 이보다 앞서 7세기 초에 창건되었다가 11세기에 재건되었다는 영국의 웨스트민스터 사원 등을 통해서 예수 그리스도의 이름은 온 세계에 전파되어 왔으며, 오늘도 예수의 이름으로 땅끝까지 교회들이 세워지고 있다.

이처럼 화려하고 거대한 사원들을 통해 후세의 사람들은 그 시대의 신앙을 어느 정도나마 가늠해 볼 수 있고, 그 찬란한 기독교 문화는 오늘 우리들에게 더할 수 없는 감동을 안겨 준다. 어린아이들이 감동적인 영화를 보고 나서는 자신도 그 주인공이 되려고 하는 것처럼 이러한 선진들의 자취를 돌아본 사람들은 누구나 그것보다 더 큰 교회당이나 아니면 그에 버금가는 교회를 건립하고 싶은 충동을 느끼게 될 것이다. 선진국들의 이름있는 교회들이 거의 크고 아름답다는 점에서 교회당 건물을 최선을 다해 크고 아름답게 짓는 것을 부정적으로 볼 수만은 없을 것 같다. 그러나 그 화려한 대성전들이 오늘 우리들에게 어떤 영향을 끼치고 있는지를 생각해 보면 앞으로 현대교회가 나아가야 할 답을 얻게 된다.

4~5천 명이 한꺼번에 예배를 드릴 수 있는 베드로 성당이나 노트르담, 웨스트민스터 사원들에는 요즘 주일날에는 불과 40~50명이 모여 미사를 드릴 뿐이다. 국가적인 종교 행사나 부활절, 성탄절 때

함께 모여 예배하는 것 외에는 이러한 성당들은 하나의 유물로 존재할 뿐이다. 전 국민의 90퍼센트 이상이 가톨릭과 개신교 신자들인 프랑스, 독일, 이탈리아의 경우 대부분 신자들이 교회에 출석하는 날은 태어나 세례를 받을 때와 결혼식, 장례식 때를 합해 일생에 세 번밖에 되지 않는다고 한다. 프랑스의 경우 성탄절, 부활절에는 교회들이 거의 문을 닫고 일부 신자들은 예루살렘이나 로마 등 성지를 찾아 순례를 떠난다. 성지를 찾지 못하는 사람들을 위해 노트르담 사원은 문을 열고 독실한 신자들만이 모여 축하 예배를 드릴 뿐이다. 을씨년스러울 정도로 한산하던 성당도 이날만은 붐빈다고 한다.

유럽 지역의 교회들은 대체로 비슷한 처지에 놓여 있다. 독일의 경우 대학을 졸업할 때까지 세례를 받지 않으면 졸업을 시키지 않으며, 모든 국민은 자기 수입의 5~10퍼센트를 종교세로 국가에 바친다. 종교청에서는 이 돈으로 교회를 관리하고 목사의 봉급을 지불하고 기타 운영비로 쓰고 있다. 목사는 1년에 한 차례씩 종교청에서 실시하는 자질 향상을 위한 교육을 받아야 하며, 교인들의 심방 등에 관심을 쏟는다. 독일의 목사들은 매 주일 설교를 위해 고심할 필요도 없다. 종교청에서 보내 주는 메시지를 약간씩 첨삭하여 강단에서 읽어 주기만 하면 된다는 것이다. 그러기 때문에 교인들의 숫자나 헌금 액수에 전혀 신경을 쓰지 않는다.

유럽의 교회에서는 하나같이 살아서 움직이는 열정을 찾아볼 수 없다는 말들이 나오고 있다. 모이기를 힘쓰지 않기 때문에 성도의 교제가 없고, 개인주의만이 극도로 발달해 가고 있다. 마음을 터놓고 정을 주며 이야기할 상대를 찾지 못해 그들은 방황하고 있으며, 어쩌다 친절한 외국인이라도 만나면 어린 시절부터 계속 쌓여 오기만 했던 이야기들을 털어놓기에 시간 가는 줄 모른다고 한다.

가정으로 흩어져 간 유럽 교회

독일의 경우 8천~1만 명의 등록 교인을 두고 있는 교회의 주일예배 교인 수는 40~100명에 불과하다. 그들은 가정에서나 여행지에서, 또는 차 안에서 텔레비전을 보거나 라디오의 설교를 들으며 예배를 드린다. 이것은 유럽의 모든 교회의 공통적인 현상이라고 한다. 유럽의 교회는 예배하는 공동체로 모이는 것이 아니라 뿔뿔이 가정으로 흩어져 간 것이다. 그들은 학교에서 성경을 배우고 가정에서 부모님을 통해 하나님의 말씀을 익히며 사회 제도를 통해 말씀을 생활화한다. 그러나 그들 중 거의 독실한 크리스천이 되어 보겠다고 생각하는 사람도 없을 뿐만 아니라 하나님의 명령(계명)에 대한 두려움도 별로 갖고 있지 않은 것으로 보였다.

유럽인들은 대부분 자신이 의식하기 전에 가톨릭이나 개신교 신자가 되고, 또한 그렇게 살다가 죽어 간다. 인간이 하나님의 영광을 위해 존재하기보다는 자기 자신들의 평안을 더욱 추구하고 있다. 그래서 교회뿐만 아니라 부모님마저도 자신에게 부담스러운 존재가 되면 그들을 멀리하며 살아간다고 한다. 그러나 그들은 약속(법)을 지킬 줄 알며 진실하며 이웃을 신뢰한다. 남에게 조금도 피해를 주지 않으려는, 그리고 자신도 피해를 받지 않으려는 삶의 자세로 소극적이나마 이웃 사랑을 실천한다.

그러나 섹스에 대한 그들 나름의 인식은 도무지 이해가 가지 않았다. 프리섹스의 물결이 서구 사회를 휩쓸고 있는 것은 이미 오래된 일이다. 동양인의 사고방식으로는 이미 위험 수위를 넘은 지가 오래인 것 같다. 그들은 프리섹스에 대해서는 한국 교회가 주초 문제를 이야기하고 있는 것만큼도 문제로 삼지 않고 있다는 점에서 더더욱 이해가 가지 않았다. 사춘기의 여자아이를 가진 가정에서는 그 아이가 외출할 때 피임약을 소지하게 하는 것이 유럽에서는 보편화되어 있다고 한다. 18세 이상이 되면 부모의 곁을 떠나 독립하고 사랑하는 남녀끼리 함께 생활하는 것이 그들에게는 조금도 이상스럽지 않다.

한 달을 같이 살든지 1년을 동거생활 하다가도 서로 마음이 맞지 않으면 미련 없이 헤어진다. 왜냐하면 그것은 정식 결혼이 아니라 결혼으로 가는 과정인 '실험 결혼'이기 때문이다. 프랑스의 경우 이러한 실험 결혼으로 가정을 이루는 부부는 60퍼센트에 달한다고 한다. 결혼 전에 여자가 얼마나 많은 남자와 만났는지는 하등의 문제가 되지 않는다. 그러나 이렇게 하여 자기 짝을 결정한 후에는 서로를 위해 최선을 다하며 때늦은 정조를 지킨다는 것이다.

이들에게는 자식조차도 그렇게 귀중한 존재가 되지 못한다. 단지 부부만을 위해 모든 것이 존재하는 것처럼 보인다. 음악회나 극장에 갈 때, 또는 여행할 때 크게 불편을 주며, 몸매를 망치게 하는 자녀를 낳아 기르는 대신에 고양이나 강아지를 즐겨 기르는 사람들이 늘어나고 있다. 이것이 교회를 가정으로 옮겨 간 서구인들의 실상이라고 말한다면 지나친 비약일까. 하나님을 중심으로 하여 움직이기보다는 인간이 중심이 되는 생활 속에서 '서구의 몰락'의 그림자를 보는 듯했다.

한 사회와 한 국가의 건전한 발전이 건전한 가정에서부터 비롯된다는 것을 생각하면 오늘날 교회를 떠난 서구의 가정은 미래의 사회를 몰락으로 이끌어 갈 소지를 안고 있다고 해도 과언은 아닐 것 같다. 하나의 원인은 하나의 결과를 낳는 법이다. 중세 암흑시대의 교회들은 인간의 영혼을 사랑하기보다는 크고 화려한 교회당 짓기를 즐겨 했다. 정치 지도자나 종교 지도자들은 지극히 작은 자들을 돌보기보다는 자신들의 명예와 안일을 위한 도구로 신도들을 이용했다. 수백 개의 분수로 화려한 별장을 만들고 신부들의 휴식처로 이용했다는 이탈리아 티볼리시에 있는 빌라 데스떼 등에서 이러한 잔영을 찾아볼 수 있었다.

어느 목사는 "교회는 클수록 좋다."고 말하며 한국 최대의 교회를 꿈꾸고 있다고 하지만, 이것은 서구에 비해 적어도 4~5백 년이나 뒤떨어진 발상에 불과하다. 지금 한국에서 건축되고 있는 교회들 가운데 아무리 크게 내세운다 해도 지금은 유물처럼 되어 가고 있는 수많은 유럽의 교회들에 비길 바가 못 될 것이다. 더욱이 유럽 교회의 화려함은 세계 어느 나라에서도 따를 수 없을 것 같다. 성베드로성당은 하나만으로 족하다. 파리의 노트르담이나 영국의 웨스트민스터가 더 많아져서는 안 된다.

오늘의 한국 기독교계에는 크고 작은 수많은 베드로 성당이 우후 죽순처럼 돋아나고 있다. 오로지 큰 교회당 건축을 위해 자기의 전 재산을 바쳐야 충성스럽고 믿음이 있는 자가 되며 하늘의 보화를 기대할 수 있다는 신앙 풍토로 변해 가고 있다. 한 인간의 영혼을 사랑해서가 아니라 교회당 크기와 교인 숫자의 무모한 경쟁으로 채워진 새 신자들이 어떻게 참다운 신앙생활을 할 수 있을까. 오늘의 한국 교회들이 중세의 거대한 교회들처럼 유물로 남지 않도록 우리는 모든 선입견을 버리고 가장 순수한 자세로 하나님의 말씀으로 돌아가야 할 것 같다.

작은 교회의 복

프랑스 측의 칼레(Calais) 항구에서 배를 타고 1시간 30분 정도 걸려 도버 해협을 건너 영국 땅에 발을 들여놓았다. 그리고 성지 순례의 종착역이 된 요한 웨슬리의 교회당 앞에 섰다. 중세의 교회들에 비하면 세계의 감리교회를 낳은 어머니 교회로서는 너무 초라할 정도로 그 규모가 작았다. 이름부터가 '웨슬리의 채플'로 되어 있다. 3백 명 정도가 앉아서 예배드릴 수 있는 단층 교회 내부 좌우편 벽에는 웨슬리 형제와 관계되는 유물들이 전시되어 있었다. 입구 쪽 교회 마당 한가운데는 '세계는 나의 교구'(The world is my parish)라고 새겨진 웨슬리의 동상이 서 있다.

이 동상 왼쪽에는 요한 웨슬리가 살던 집이 그대로 보존되어 있으며 교회당 앞에서 길을 하나 건너면 번힐 필즈(Bunhill fields)라는 유명인들의 묘지가 있다. 이곳엔 「천로역정」의 저자 존 버니언을 비롯해 대니얼 디포, 조지 폭스 등 전 세계에 영향을 미쳤던 인물들이 지금은 조그만 하나의 묘비만 남긴 채 조용히 잠들어 있다. 이 무덤들 가운데는 웨슬리의 어머니 스잔나 웨슬리의 무덤도 버니언의 무덤에서 몇 발자국 떨어지지 않은 곳에 자리 잡고 있었다.

웨슬리는 그의 집 2층 침실에서 창 너머로 건너다보이는 그의 어머니의 무덤을 바라보며 죽을 때까지 12년간을 그 집에서 살았다고 한다. 그러나 평생 전도 여행에만 35만 킬로미터 이상을 뛰었고 4만 회 이상 설교를 하며 열정적인 삶을 살았던 웨슬리는 실제로 그의 집에는 1년에 3개월 정도밖에 머물지 못했다고 한다. 그는 무려 90만리 전도 여행을 하며 11년간을 하루도 쉬지 않고 설교를 했다는 계산이 나온다. 3평 남짓한 그의 침실 앞쪽은 반 평 정도의 기도실과 연결되어 있었다. 웨슬리는 그처럼 바쁜 일과 속에서도 매일 새벽 4시부터 2시간씩 새벽기도를 했다고 한다.

웨슬리의 생활을 조용히 거슬러 올라가면서 필자는 분주하게 뛰어다녔던 성지 순례의 길을 돌이켜본다. 그리고 조그만 교회와 복음 전도를 위한 열정적인 삶과 부모에 대한 효심과 끊임없는 기도의 생활을 통해 오늘도 수많은 크리스천의 가슴속에 뜨겁게 살아 있는 웨슬리를 생각한다. 천국 복음 전파를 위해 때로 식사할 겨를도 없었던 갈릴리의 예수님은 지상 교회의 형체마저도 남겨 놓지 않았다. 교회 건축은 이제 대성당에서부터 예배실로 바뀌어야 할 것 같다. 그래서 초대교회처럼 150~200명 정도의 성도들이 오순도순 모여 더 가까운 형제의 교제를 나눠야 한다. 서구인들은 마가 요한의 다락방처럼 성도가 서로 교통하는 참된 교제를 되찾기 위해 가정으로 돌아가는 것인가.

독일인 선교신학자 호켄다이크는 2천년대의 교회 건물은 온 도시에 흩어진 사람들을 위해 수없이 많은 조그만 채플로 생겨날 것으로 전망하고 있다. 그리하여 앞으로의 교회는 교회당 건물이 우리 사회의 중심 위치를 차지할 것이 아니라 우리들의 지친 영혼을 소생시키는 친숙한 부속 건물의 역할을 해야 한다는 것이다. 이렇게 보면 오늘날 비판의 대상에 오르고 있는 아파트촌에 밀집한 조그만 교회들은 자연 발생적으로 생겨난 미래의 교회상이 될 수 있지 않을까. 그러나 문제는 이들 작은 교회들이 성도의 교제와 예배하는 채플로서 남아 있으려는 것이 아니라 백이면 백 모두가 하나같이 대형 교회를 모방하여 대성전을 세워 보겠다는 꿈을 꾸는 데 있다. 무턱대고 크게 짓고 보자는 생각을 벗어 버리고 조그만 교회들을 알차게 가꾸는 목회자와 신자들이 많이 생겨나야 한다. 그리고 우리보다 가난한 이웃 교회들을 생각해야 한다.

"너희 안에 이 마음을 품으라 곧 그리스도 예수의 마음이니 그는 근본 하나님의 본체시나 하나님과 동등 됨을 취할 것으로 여기지 아니하시고 오히려 자기를 비어 종의 형체를 가져 사람들과 같이 되었고"(빌립보서 2장 5절~7절).

NEB 성경은 자신을 비우며 사는 것을 자기를 무(無)로 여기는 것(make himself nothing)으로 번역하고 있다. 현대인들이 오늘의 교회가 어디 있느냐고 묻는다면 우리는 그리스도를 본받아 자기 자신을 비우고 자기 자신을 무(無)로 여기는 사람들이 있는 곳에 진정한 교회가 있다고 대답할 수 있어야 한다. 교회는 스스로 존재하지도 못하고 또 교회 자신을 위해서 존재하는 것도 아니다. 이것은 메시아가 스스로 존재하거나 자신을 위해 존재하지 않았던 것과 꼭 같은 이치이다. 교회는 세상과 공존하는 것이며 다른 사람들을 위한(세계를 위한) 존재이다. 호켄다이크는 "교회는 자기 자신을 완전히 잃을 태세가 갖추어져 있을 때 만 구원받을 수 있다."라고 말했다. 교회가 자신을 구원하려고 애쓸 때는 벌써 자신의 생명을 잃어버린 것이 된다는 말이다. "교회가 참으로 행복할 때는 교회가 하나님의 약속 외에는 그 어떤 것도 중요시하지 않을 수 있을 때이다." 파스칼의 말이다.

거울 앞에서

산수를 넘기고 나서도 오랫동안 닫아둔 서랍을 열어보았다. 침묵하면 중간 어디쯤은 묻어갈 수 있다는 말을 생각하며 망설였다. 사람마다 삶의 자리가 다르고 생김새가 각 각인 것처럼 우리가 꾸는 꿈도 그만큼 다양하다. 내 꿈은 백일몽처럼 늘 꿈자리에만 머물렀고 밖으로 걸어 나오지 못했다. 누구나 계속 짐을 지고 서 있을 수는 없다. 언젠가는 내려놓고 주어진 삶을 살아야 한다. 오래된 미발표원고 「시가 돋아난 자리」를 이 책에 끼워 넣으며 많이 생각했다. 김현승과 박완서를 다시 읽으며 용기 아닌 용기를 얻었다. 그런 마음을 깊이 묻어두고 살아가는 사람들이 얼마나 많은가!

'농의 심포니'를 들으며 즐거울 때도 있었지만 한때 시대정신이었던 그 꿈은 많은 아쉬움만 남기고 말았다. G 박사(Chat GPT)에게 '나'를 물어보았다. 기자로, 목회자로, 소설가로 살아온 삶을 다 얘기해주었다. 심지어 결혼 초창기에 '작은 교회 건축위원회 회계'를 맡아 봉사했던 이력도 튀어나왔다. 그때는 컴퓨터도 사용하기 전인데, 나는 깜짝 놀랐다. 고맙게도 G 박사는 슬픔과 부끄러움은 하나도 말하지 않았다. 그런 것은 내가 덮어두고 싶은 것이었으니까.

농부에의 꿈이 기자가 되고, 목회자의 길을 걷다가, 이제는 글 쓰는 사람의 자리로 돌아왔다. 오늘까지 나는 여러분들의 사랑과 도움, 과분한 칭찬과 격려의 말씀을 들었다. 이런 말씀들이 나를 춤추게 했을까? 돌아보면 삶 속에는 달고 쓴 것들이 어우러져 있었다. 단 것은 즐거움과 행복으로, 쓴 것은 자기 성찰과 약으로 나를 붙잡아 주었다. "형통한 날에는 기뻐하고 곤고한 날에는 되돌아보아라. 이 두 가지를 하나님이 병행하게 하사 사람이 그의 장래 일을 능히 헤아려 알지 못하게 하셨느니라."(전도서 7장 14절)

'서시'는 시적 자서전이다. 시는 할 수 없는 말을 하게 하고, 닫힌 가슴을 열어주고, 물에 빠진 사람을 건져 올린다. 크고 작은 상처를 싸매어 위로하고 일어설 수 있게 힘을 공급한다. 나는 어렵고 힘들 때 10여 년 동안 시를 썼다. 시는 참으로 고마운 존재이다. 시는 문학의 영토로 나를 더 깊이 끌어들여 소설을 쓰게 만들었다. 즐겁게 수필을 쓸 때는 아무것도 몰랐다. 시를 쓰면서 인생을 깊이 생각하게 되었고, 문학은 어떤 얘기도 다 털어놓을 수 있는 스스럼없는 친구로 다가왔다.

서랍 속에 들어있던 원고와 발표한 글들을 모아 한 권의 책으로 묶어낸다. '문학의 시점'으로 다시 한번 나를 들여다본다. 변명 같은 글들로 내 어리석음을 드러내는 것은 무거운 짐을 내려놓으려는 안간힘이다. 김형석 교수님의 편지는 누구나 새겨들어야 할 말씀이다. 독후감으로 격려해주신 공재동, 한경동 선생님의 말씀은 감사하고 송구스러웠다. 다시 한번 감사드린다. 하고 싶은 일은 아직도 많이 있는데 해는 얼마 남지 않았다! '가야 할 때가 언제인가를/ 분명히 알고 가는 이의/ 뒷모습은 얼마나 아름다운가' 이형기 시인의 '낙화'가 정답게 들린다.

白餘 안유환

● 白餘 안유환

1942년 경북 포항에서 태어났다. 『상록수』, 『흙』 등 계몽소설의 영향으로 '브나로드 (Vnarod) 운동'에 이끌려 농학도가 되었으나 60년대 초 불기 시작한 이농 바람으로 오히려 흙으로부터 아스팔트 위로 밀려나고 말았다. 1969년에는 부산일보 수습기자로 입사하여 문화부에서 12년간 일했다. 1981년 2월에는 '오래된 부르심'을 따라 광나루 선지 동산에 올라 신학도가 되었고, 졸업 후에는 예장통합 목사로 23년을 목회했다. 1997년 월간 ≪수필문학≫ 천료, 2001년 ≪문예한국≫ 시 신인상, 2012년 ≪한국동서문학≫ 소설 등단. 동아대학교 농과대학 원예학과 졸업(B.A.1970). 장로회신학대학원 졸업(M.Div.1984). 장신대·맥코믹 신학대학원 공동 목회학박사(D.Min.1996). 경희사이버대학 미디어 문예창작학과 3년 수료(2013).

부산일보 문화부 기자(1969~1981). 청량리중앙교회 교육전도사(1년 6개월). 장신대학보 ≪신학춘추≫ 편집국장(1983). 대동교회 목사(5년 3개월), 부산평강교회 위임목사(12년), 금성동교회 목사(6년). 예장(통합) 부산노회사 편찬위원장(1998~2001). 부산 크리스천문인협회 회장(2003~2004). ≪한국기독공보≫ 등 기독교신문 칼럼 및 논설 집필. 월간 ≪문학도시≫ 편집위원(2019~2022). 부산문인협회 자문위원(현). 금정구문인협회 자문위원(현). 부산크리스천문인협회 고문(현).

소설집 : 『둥근별』(한숨. 2016), 『그는 언제나 맨발이었다』(수필과 비평사. 2017), 『하이네 자서전』(수필과 비평사. 2022). 장편소설 : 『주네브행 열차』(청어. 2021). 수필집 : 『매미 소리를 들으며』(쿰란출판사. 1999), 『마음을 건드리는 노래』(수필과 비평사. 2014). 시집 : 『천사들의 휴양지』(세종출판사. 2003). 『서설』(세종출판사. 2006), 『그림자의 귀향』(창조문예사. 2012). 에세이집 : 『발틱해의 일출』(쿰란출판사. 2010). 설교집·목회서신 : 『더 나은 본향을 찾아』(광야. 1990), 『흔적은 아름다워야 한다』(세종출판사. 2017), 『주님의 얼굴을 보는 사람들』(푸른별. 2019). 수상 : 제8회〈광나루 문학상〉(시. 2003). 제23회〈부산문학상〉(소설. 2016). 제21회〈한국해양문학상〉(소설. 2017). 제2회〈부산 크리스천문학상〉(2019).